国家社会科学基金（教育学）重大项目（VDA200004）阶段性研究成果
北京外国语大学"双一流"建设标志性项目（BW202018）阶段性研究成果

"一带一路"国家文化教育大系　　　　　总主编　王定华

印度
文化教育研究

भारत
संस्कृति और शिक्षा

田山俊　齐方萍　著

外语教学与研究出版社
FOREIGN LANGUAGE TEACHING AND RESEARCH PRESS
北京 BEIJING

图书在版编目（CIP）数据

印度文化教育研究 / 田山俊，齐方萍著． —— 北京：外语教学与研究出版社，2022.10（2023.10 重印）

（"一带一路"国家文化教育大系 / 王定华总主编）

ISBN 978-7-5213-3900-0

Ⅰ. ①印⋯ Ⅱ. ①田⋯ ②齐⋯ Ⅲ. ①教育研究－印度 Ⅳ. ①G535.1

中国版本图书馆 CIP 数据核字（2022）第 140861 号

出 版 人　王　芳
项目负责　孙凤兰　巢小倩
责任编辑　巢小倩
责任校对　孙凤兰
装帧设计　李　高
出版发行　外语教学与研究出版社
社　　址　北京市西三环北路 19 号（100089）
网　　址　https://www.fltrp.com
印　　刷　北京盛通印刷股份有限公司
开　　本　787×1092　1/16
印　　张　21.5　彩插 1 印张
版　　次　2022 年 10 月第 1 版 2023 年 10 月第 3 次印刷
书　　号　ISBN 978-7-5213-3900-0
定　　价　168.00 元

如有图书采购需求，图书内容或印刷装订等问题，侵权、盗版书籍等线索，请拨打以下电话或关注官方服务号：
客服电话：400 898 7008
官方服务号：微信搜索并关注公众号"外研社官方服务号"
外研社购书网址：https://fltrp.tmall.com

物料号：339000001

"一带一路"国家文化教育大系编写委员会

顾　　问：顾明远　　马克垚　　胡文仲

总主编：王定华

委　　员（按姓氏音序排列）：

常福良　　戴桂菊　　郭小凌　　金利民　　柯　静　　李洪峰
刘宝存　　刘　捷　　刘生全　　刘欣路　　钱乘旦　　秦惠民
苏莹莹　　陶家俊　　王　芳　　谢维和　　徐　辉　　徐建中
杨慧林　　张民选　　赵　刚

"一带一路"国家文化教育大系编审委员会

主　　任：王　芳

副主任：徐建中　　刘　捷

秘书长：孙凤兰

委　　员（按姓氏音序排列）：

蔡　喆　　柴方圆　　巢小倩　　杜晓沫　　华宝宁　　焦缨添
刘相东　　刘真福　　马庆洲　　彭立帆　　石筠弢　　孙　慧
万作芳　　王名扬　　杨鲁新　　姚希瑞　　苑大勇　　张小玉
赵　雪　　祝　军

泰姬陵

小泰姬陵

甘地（1869—1948）雕像

埃洛拉石窟

印度人庆祝洒红节

印度服饰

印度香料

泰戈尔（1861—1941）雕像

幼儿园做手工的小朋友

幼儿教师指导儿童拼读

足球比赛中的小学生

印度兰花国际学校的学生正在进行武术训练

贝拿勒斯印度教大学校园

德里的大学校园一角

昌迪加尔大学图书馆内学习的大学生

大学专业课教师指导学生撰写创业计划

印度留学生向中国学生学习太极拳

出版说明

2013 年 9 月 7 日，国家主席习近平提出共建"丝绸之路经济带"重大倡议。2013 年 10 月 3 日，习近平主席提出共建"21 世纪海上丝绸之路"重大倡议。两者合称"一带一路"倡议。以 2013 年金秋为起点，"一带一路"倡议作为构建人类命运共同体的伟大设想，在开拓和平、繁荣、开放、绿色、创新、文明之路的非凡征程中，孕育生机和活力，汇聚信心和期待，在世界范围内广受欢迎和响应。

文化交流、文明互鉴是构建人类命运共同体的人文基础。文化发展，教育先行。作为"共和国外交官的摇篮"、文化教育的主动践行者、"一带一路"倡议的踊跃响应者和构建人类命运共同体的积极参与者，北京外国语大学在党委书记王定华教授的带领下，放眼世界，找准坐标，勇于担当，主动作为，深耕文化教育相关领域，研究、策划并组织编写了"一带一路"国家文化教育大系（以下简称大系）。国内相关高校和研究机构的众多专家学者献计献策，踊跃参加，形成了一个范围广泛、交流互动、共同进步的"一带一路"国家文化教育学术研究共同体。大系旨在填补国内相关研究领域的学术空白，实现"一带一路"国家教育研究全覆盖，为中国教育"走出去"和相关国家先进教育理念"请进来"提供科学理论和实践指导，具有重要的学术价值。同时，大系服务国家重大战略，通过分期分批出版，形成规模和品牌，向中国共产党建党一百周年和"一带一路"倡议提出十周年献礼，具有深远的意义。

作为国家社会科学基金（教育学）重大项目"新时代提升中国参与全球教育治理的能力及策略研究"、北京外国语大学"双一流"建设标志性项目"'一带一路'国家文化教育研究"的课题研究成果和北京外国语大学党委的"奋进之举"，大系秉承学术性与可读性兼顾的原则，对"一带一路"国家文化教育理论与实践问题展开深入研究，从国情概览、文化传统、教育历史、学前教育、基础教育、高等教育、职业教育、成人教育、教师教育、教育政策、教育行政、教育交流等方面，全景擘画"一带一路"国家的教育风貌，帮助读者了解"一带一路"国家教育的历史与现状、经验与特点，为我国教育的发展和对外交流合作提供有益的借鉴、思考与启迪。

肆虐全球的新冠肺炎疫情严重影响了各国人民的生产生活，带来了二战以来人类面临的最严重的全球性危机，同时也再次阐述了人类命运共同体深刻内涵的世界性意义。在疫情防控常态化背景下，大系所有专家学者不畏困难，齐心协力，直面挑战，守望相助，化危为机，切实履行了响应和支持"一带一路"倡议的承诺。在此，特别感谢大系总策划、总主编王定华教授，以及所有顾问、编委和作者的心血倾注、智慧贡献和努力付出。

外语教学与研究出版社对大系的编写和出版工作给予了高度重视。自2019年项目启动以来，外研社抽调精锐力量成立大系工作组，多次组织相关部门和人员召开选题论证会，商建编委会，召开全体作者大会，制订周密、科学的出版计划，以保证项目的顺利开展和图书的优质出版。目前，大系的出版工作已取得阶段性成果，预计在2023年"一带一路"倡议提出十周年之前，将分期分批推出数量和规模可观的、具有相当科研价值和学术价值的系列专著。期望大系的编写和出版能为"一带一路"建设、中外教育交流及我国文化教育发展发挥基础性、服务性、广远性的作用。

外语教学与研究出版社

2021 年 4 月

总　序

王定华

改革开放以来，中国各项事业取得了巨大成就。中国经济和世界经济高度关联，中国一以贯之地坚持对外开放的基本国策，构建全方位开放新格局，深度融入世界经济体系。2013 年 9 月和 10 月，习近平主席在出访中亚和东南亚国家期间，先后提出共建"丝绸之路经济带"和"21 世纪海上丝绸之路"的重大倡议（以下简称"一带一路"倡议），得到国际社会的高度关注。其中，"丝绸之路经济带"东边牵着亚太经济圈，西边系着发达的欧洲经济圈，是世界上最长、最具发展潜力的经济大走廊；"21 世纪海上丝绸之路"串起连通东盟、南亚、西亚、北非、欧洲等各大经济板块的市场链，发展面向南海、太平洋和印度洋的战略合作经济带，以亚欧非经济贸易一体化为发展的长期目标。

一、精准把握"一带一路"倡议的时代意蕴

"经济带"概念是对地区经济合作模式的创新。其中经济走廊涵盖中蒙

俄经济走廊、新亚欧大陆桥、中国–中亚–西亚经济走廊、孟中印缅经济走廊、中国–中南半岛经济走廊等，以经济增长极辐射周边，超越了传统发展经济学理论。"丝绸之路经济带"概念不同于历史上所出现的各类"经济区"与"经济联盟"，同后两者相比，经济带具有灵活性高、适用性广以及可操作性强的特点，各国都是平等的参与者，本着自愿参与、协同推进的原则，发扬古丝绸之路兼容并包的精神。

"一带一路"倡议是我国在新时代推进全方位对外开放的重要举措，为当今世界提供了一个充满东方智慧、实现共同发展的中国方案，也是对历史文化传统的高度尊重，凝聚了世界各国利益的最大公约数。丝绸之路是起始于古代中国，连接亚洲、非洲和欧洲的古代陆上商业贸易路线，最初的作用是运输古代中国出产的丝绸、瓷器等商品，后来成为东方与西方之间在经济、政治、文化等方面进行交流的主要通道。1877 年，德国地质、地理学家李希霍芬（F. P. W. Richthofen）在其著作《中国》一书中，把公元前 114 年至公元 127 年，中国与中亚、中国与印度间以丝绸贸易为媒介的这条西域交通道路命名为"丝绸之路"，这一名词很快为学术界和大众所接受，并正式运用。其后，德国历史学家赫尔曼（A. Herrmann）在 20 世纪初出版的《中国与叙利亚之间的古代丝绸之路》一书中，根据新发现的文物考古资料，进一步把丝绸之路延伸到地中海西岸和小亚细亚，并确定了丝绸之路的基本内涵，即它是中国古代与中亚、南亚、西亚以及欧洲、北非的陆上贸易交往通道。进入 21 世纪，海上丝绸之路也被纳入丝绸之路的涵盖范围，即从中国沿海港口过南海到印度洋并延伸至欧洲，从中国沿海港口过南海到南太平洋。随着时代的发展，"丝绸之路"成为古代中国与西方所有政治经济文化往来通道的统称。

推进"一带一路"建设既是中国扩大和深化对外开放的需要，也是加强和世界各国互利合作的需要，中国愿意承担更多责任和义务，为人类和平发展做出更大的贡献。文明交流互鉴是构建人类命运共同体的重要途径，是推动人类文明共同进步、实现世界和平发展的重要动力。共建"一带一路"要顺应世界多极化、经济全球化、文化多样化、社会信息化的潮流，秉持开放的区域合作精神，致力于推动"一带一路"各国实现经济政策协调，开展更大范围、更高水平、更深层次的区域合作，共同打造开放、包容、均衡、普惠的区域经济合作架构，维护全球自由贸易体系和开放型世界经济格局。

"一带一路"贯穿亚欧非大陆，一头是活跃的东亚经济圈，一头是发达的欧洲经济圈，中间广大腹地国家经济发展潜力巨大。根据"一带一路"走向，陆上依托国际大通道，以中心城市为支撑，以重点经贸产业园区为合作平台，共同打造新亚欧大陆桥以及中蒙俄、中国-中亚-西亚、中国-中南半岛等国际经济合作走廊；海上以重点港口为基点，共同建设通畅安全高效的运输大通道。

"一带一路"建设是有关国家开放合作的宏大经济愿景，需要各国携手努力，朝着互利互惠、共同安全的目标相向而行：努力实现区域基础设施更加完善，安全高效的陆海空通道网络基本形成，互联互通达到新水平；投资贸易便利化水平进一步提升，高标准自由贸易区网络基本形成，经济联系更加紧密，政治互信更加深入；人文交流更加广泛深入，不同文明互鉴共荣，各国人民相知相交、和平友好。

"一带一路"倡议是具有开放性和包容性的友好建议。当今世界是一个开放的世界，开放带来进步，封闭导致落后。中国认为，只有开放才能发现机遇、抓住并用好机遇、主动创造机遇，才能实现国家的奋斗目标。"一带一路"倡议就是要把世界的机遇转变为中国的机遇，把中国的机遇转变为世界的机遇。正是基于这种认知与愿景，"一带一路"倡议以开放为导向，冀望通过加强交通、能源和网络等基础设施的互联互通建设，促进经济要素有序自由流动、资源高效配置和市场深度融合，开展更大范围、更高水平、更深层次的区域合作，打造开放、包容、均衡、普惠的区域经济合作架构，以此来解决经济增长和平衡问题。"一带一路"倡议的开放包容性是区别于其他区域性经济倡议的一个突出特点。

"一带一路"倡议是超越地缘政治的务实合作的广阔平台。"和平合作、开放包容、互学互鉴、互利共赢"的丝路精神是人类共有的历史财富，"一带一路"倡议就是秉承这一精神与原则提出的新时代重要倡议，通过加强相关国家间的全方位多层面交流合作，充分发掘与发挥各国的发展潜力与比较优势，形成互利共赢的区域利益共同体、命运共同体和责任共同体。在这一机制中，各国是平等的参与者、贡献者、受益者。因此，"一带一路"倡议从一开始就具有平等性、和平性特征。平等是中国坚持的重要国际准则，也是"一带一路"建设的关键基础。只有建立在平等基础上的合作才能是持久的合作，也才会是互利的合作。"一带一路"倡议平等包容的合作特征为其推进减轻了阻力，提升了共建效率，有助于国际合作真正"落地生根"。同时，"一带一路"建设离不开和平安宁的国际环境和地区环境，和平是"一带一路"建设的本质属性，也是保障其顺利推进所不可或缺的重要因素。这些就决定了"一带一路"倡议不应该也不可能沦为大国政治较量的工具，更不会重复地缘博弈的老路。

"一带一路"倡议是政府、企业、团体共同发力的项目载体。"一带一路"建设是在双边或多边联动基础上通过具体项目加以推进的，是在进行充分政策沟通、战略对接以及市场运作后形成的发展倡议与规划。2017年5月发布的《"一带一路"国际合作高峰论坛圆桌峰会联合公报》强调了建设"一带一路"的合作原则，其中就包括市场运作原则，即充分认识市场作用和企业主体地位，确保政府发挥适当作用，政府采购程序应开放、透明、非歧视。可见，"一带一路"建设的核心主体与支撑力量并不是政府，而是企业，根本方法是遵循市场规律，并通过市场化运作模式来实现参与各方的利益诉求，政府在其中发挥构建平台、创立机制、政策引导等指向性、服务性功能。

"一带一路"倡议是与现有相关机制对接互补的有益渠道。参与"一带一路"建设的国家要素禀赋各异，比较优势差异明显，互补性很强。有的国家能源资源富集但开发力度不够，有的国家劳动力充裕但就业岗位不足，有的国家市场空间广阔但产业基础薄弱，有的国家基础设施建设需求旺盛但资金紧缺。我国目前经济总量居全球第二，外汇储备居全球第一，优势产业越来越多，基础设施建设经验丰富，装备制造能力强、质量好、性价比高，具备资金、技术、人才、管理等综合优势。这就为我国与其他"一带一路"建设参与方实现产业对接与优势互补提供了现实可能与重大机遇。因而，"一带一路"倡议的核心内容就是要加强基础设施建设和促进互联互通，对接各国政策和发展战略，以便深化务实合作，促进协调联动发展，实现共同繁荣。由此可见，"一带一路"倡议不是对现有地区合作机制的替代，而是与现有机制互为助力、相互补充。实际上，"一带一路"建设已经与俄罗斯主导的欧亚经济联盟、印尼全球海洋支点发展规划、哈萨克斯坦光明之路经济发展战略、蒙古国草原之路倡议、欧盟欧洲投资计划、埃及苏伊士运河走廊开发计划等实现了对接与合作，并形成了一批标志性项目，如中哈（连云港）物流合作基地。作为新亚欧大陆桥经济走廊建设成果之一，中哈（连云港）物流合作基地初步实现了深水大港、远洋干线、中欧班列、物流场站的无缝对接。该项目与哈萨克斯坦光明之路经济发展战略高度契合。

　　"一带一路"倡议是促进人文交流的沟通桥梁。"一带一路"倡议跨越不同区域、不同文化、不同宗教信仰，但它带来的不是文明冲突，而是各文明间的交流互鉴。"一带一路"倡议在推进基础设施建设、加强产能合作与发展战略对接的同时，也将"民心相通"作为工作重心之一。民心相通是"一带一路"建设的社会根基。民心相通就是要传承和弘扬丝绸之路友好合作精神，广泛进行文化交流、学术交流、人才交流往来、媒体合作、青年和妇女交往、志愿者服务等，为深化双边和多边合作奠定坚实的民意基础。一是扩大相互间留学生规模，开展合作办学；国家间互办文化年、艺术节、电影节、电视周和图书展等活动，深化国家间人才交流合作。二是加强旅游合作，扩大旅游规模，联合打造具有丝绸之路特色的国际精品旅游线路和旅游产品。三是强化与周边国家在传染病疫情信息沟通、防治技术交流、专业人才培养等方面的合作，提高合作处理突发公共卫生事件的能力。四是加强科技合作，共建联合实验室（研究中心）、国际技术转移中心、海上合作中心，促进科技人员交流，合作开展重大科技攻关，共同提升科技创新能力。五是整合现有资源，开拓和推进参与国家在青年就业、创业培训、职业技能开发、社会保障管理服务、公共行政管理等共同关心领域的务实合作。六是充分发挥政党、议会交往的桥梁作用，加强国家之间立法机构、主要党派和政治组织的友好往来，互结友好城市。七是加强各国民间组织的交流合作，重点面向基层民众，广泛开展教育、医疗、减贫开发、生物多样性和生态环保等主题的各类公益慈善活动，改善贫困地区生产生活条件；加强文化传媒领域的国际交流合作，积极利用网络平台，运用新媒体工具，塑造和谐友好的文化生态和舆论环境；通过强化民心相通，弘扬丝绸之路精神，开展智力丝绸之路、健康丝绸之路等建设，在科学、教育、文化、卫生、民间交往等领域广泛合作，使"一带一路"建设的民意基础更为坚实，社会根基更加牢固。"一带一路"建设就是要以文明交流超越文明隔阂，以文明互鉴超越文明冲突，以文明共存超越文明优越，为相关国家人民加强交流、增进理解搭起新的桥梁，为不同文化和文明加强对话、交流互鉴织就新的纽带，推动各国相互理解、相互尊重、相互信任。

"一带一路"是促进共同发展、实现共同繁荣的友谊之路。共建"一带一路"旨在促进各国发展战略的对接和耦合，有利于发掘区域市场的潜力，推动经济要素有序自由流动、资源高效配置和市场深度融合，促进投资和消费，创造需求和就业，增进各国人民的人文交流与文明互鉴，从而让各国人民相逢相知、互信互敬，共享和谐、安宁、富裕的生活。共建"一带一路"符合国际社会的根本利益，彰显了人类社会的共同理想和美好追求，是国际合作及全球治理新模式的积极探索，将为世界和平发展增添新的正能量。中国政府倡议秉持和平合作、开放包容、互学互鉴、互利共赢的理念，全方位推进务实合作，打造政治互信、经济融合、文化包容的利益共同体、命运共同体和责任共同体。

"一带一路"倡议已经得到世界上众多国家和地区的积极响应，成为维护全球自由贸易体系和开放型世界经济的重要支撑。截至 2021 年 1 月 30 日，中国已经同 171 个国家和国际组织签署 205 份共建"一带一路"合作文件。[1] 特别是 2017 年 5 月第一届"一带一路"国际合作高峰论坛、2019 年 4 月第二届"一带一路"国际合作高峰论坛和 2019 年 5 月亚洲文明对话大会的成功举办，充分彰显了我国开放、包容的大国外交风范。在此背景下，我们一方面应致力于向世界介绍中国，推动中国文化"走出去"，讲好中国故事；另一方面也应加强对"一带一路"国家的历史、文化、语言、教育、艺术等方面的介绍和研究，让中国人民更多地了解"一带一路"国家的具体国情，特别是文化传统和教育体系。

"一带一路"倡议合作范围不断扩大，合作领域愈加广阔。它不仅给参与各方带来了实实在在的合作红利，也为世界贡献了应对挑战、创造机遇、强化信心的智慧与力量。

当今世界，新冠肺炎疫情带来诸多挑战，局部战争风险依然存在，经济增长动能不足，"逆全球化"思潮涌动，地区动荡持续，恐怖主义蔓延。和平赤字、发展赤字、治理赤字带来的严峻问题，已摆在全人类面前。这充分说明现有的全球治理体系面临结构性问题，亟须找到新的破解之策与应对方略。作为一个新兴大国，中国有能力、有意愿同时也有责任为完善全球治理体系贡献智慧与力量。面对新挑战、新问题、新情况，中国给出

---

[1] 中国一带一路网. 我国已签署共建"一带一路"合作文件 205 份 [EB/OL].（2021-01-30）[2021-02-23]. https://www.yidaiyilu.gov.cn/xwzx/gnxw/163241.htm.

的全球治理方案是：构建人类命运共同体，实现共赢共享。"一带一路"倡议正是朝着这个目标努力的具体实践。"一带一路"倡议强调各国的平等参与、包容普惠，主张携手应对世界经济面临的挑战，开创发展新机遇，谋求发展新动力，拓展发展新空间，共同朝着人类命运共同体方向迈进。正是本着这样的原则与理念，"一带一路"倡议针对各国发展的现实问题和治理体系的短板，创立了亚洲基础设施投资银行、丝路基金等新型国际机制，构建了多形式、多渠道的交流合作平台。这既能缓解当今全球治理机制代表性、有效性、及时性难以适应现实需求的困境，在一定程度上扭转公共产品供应不足的局面，提振国际社会参与全球治理的士气与信心，又能满足发展中国家尤其是新兴市场国家变革全球治理机制的现实要求，大大增强了新兴国家和发展中国家的话语权，是推进全球治理体系朝着更加公正合理方向发展的重大突破。

"一带一路"倡议涵盖了发展中国家与发达国家，实现了"南南合作"与"南北合作"的统一，有助于推动全球均衡可持续发展。"一带一路"建设以基础设施建设为着眼点，促进经济要素有序自由流动，推动中国与相关国家的宏观政策的对接与协调。对于参与"一带一路"建设的发展中国家来说，这是一次搭中国经济发展"快车""便车"，实现自身工业化、现代化的历史性机遇，有利于推动"南南合作"的广泛展开，同时也有助于增进"南北对话"，促进"南北合作"的深度发展。不仅如此，"一带一路"倡议的理念和方向同联合国《2030 年可持续发展议程》也高度契合，完全能够加强对接，实现相互促进。联合国秘书长古特雷斯表示，"一带一路"倡议与《2030 年可持续发展议程》都以可持续发展为目标，都试图提供机会、全球公共产品和双赢合作，都致力于深化国家和区域间的联系。

二、深入推动"一带一路"国家的教育交流

2020 年 6 月印发的《教育部等八部门关于加快和扩大新时代教育对外开放的意见》指出，教育对外开放是教育现代化的鲜明特征和重要推动力，要以习近平新时代中国特色社会主义思想为指导，坚持教育对外开放不动摇，主动加强同世界各国的互鉴、互容、互通，形成更全方位、更宽领域、更多层次、更加主动的教育对外开放局面。

教育为国家富强、民族繁荣、人民幸福之本，在共建"一带一路"中具有基础性和先导性作用。教育交流为各国民心相通架设桥梁，人才培养为各国政策沟通、设施联通、贸易畅通、资金融通提供支撑。各国间教育交流源远流长，教育合作前景广阔，大家携手发展教育，合力共建"一带一路"，是造福各国人民的伟大事业。推进"一带一路"国家教育共同繁荣，既是加强与各国教育互利合作的需要，也是推进中国教育改革发展的需要，中国愿意在力所能及的范围内承担更多责任和义务，为区域教育大发展做出更大的贡献。

（一）教育合作的原则

"一带一路"国家教育合作应遵循四个重要原则。

一是育人为本，人文先行。加强合作育人，提高区域人口素质，为共建"一带一路"提供人才支撑。坚持人文交流先行，建立区域人文交流机制，搭建民心相通桥梁。

二是政府引导，民间主体。政府加强沟通协调，整合多种资源，引导教育融合发展。发挥学校、企业及其他社会力量的主体作用，活跃教育合作局面，丰富教育交流内涵。

三是共商共建，开放合作。坚持共商、共建、共享，推进各国教育发

展规划相互衔接，实现各国教育融通发展、互动发展。

四是和谐包容，互利共赢。加强不同文明之间的对话，寻求教育发展最佳契合点和教育合作最大公约数，促进各国在教育领域互利互惠。

（二）教育合作的重点

"一带一路"各国教育特色鲜明、资源丰富、互补性强、合作空间巨大。中国将以基础性、支撑性、引领性三方面举措为建议框架，开展三方面重点合作，对接各国意愿，互鉴先进教育经验，共享优质教育资源，全面推动各国教育提速发展。

1. 开展教育互联互通合作

一是加强教育政策沟通。开展"一带一路"国家教育法律、政策协同研究，构建各国教育政策信息交流通报机制，为各国政府推进教育政策互通提供决策建议，为各国学校和社会力量开展教育合作交流提供政策咨询。积极签署双边、多边和次区域教育合作框架协议，制定各国教育合作交流国际公约，逐步疏通教育合作交流政策性瓶颈，实现学分互认、学位互授联授，协力推进教育共同体建设。

二是助力教育合作渠道畅通。推进"一带一路"国家间签证便利化，扩大教育领域合作交流，形成往来频繁、合作众多、交流活跃、关系密切的携手发展局面。鼓励有合作基础、相同研究课题和发展目标的学校缔结姊妹关系，逐步深化和拓展教育合作交流。举办校长论坛，推进学校间开展多层次、多领域的务实合作。支持高等学校依托优势学科和专业，建立"产学研用"相结合的国际合作联合实验室（研究中心）、国际技术转移中心，共同应对各国在经济发展、资源利用、生态保护等方面面临的重大挑战与机遇。打造"一带一路"国家学术交流平台，吸引各国专家学者、青年学生开展研究和学术交流。推进"一带一路"国家优质教育资源共享。

三是促进语言互通。研究构建语言互通协调机制，共同开发语言互通开放课程，逐步将国家语言课程纳入各国的学校教育课程体系。拓展政府间语言学习交换项目，联合培养、相互培养高层次语言人才。发挥外国语院校人才培养优势，推进基础教育多语种师资队伍建设和外语教育教学工作。扩大语言学习国家公派留学人员规模，倡导各国与中国院校合作在华开办本国语言专业。支持更多社会力量助力孔子学院和孔子课堂建设，加强汉语教师和汉语教学志愿者队伍建设，全力满足不同国家的汉语学习需求。

四是推进民心相通。鼓励学者开展或合作开展中国课题研究，增进各国对中国发展模式、国家政策、教育文化等各方面的理解。建设国别和区域研究基地，与对象国合作开展经济、政治、教育、文化等领域研究。逐步将理解教育课程、丝路文化遗产保护纳入各国中小学教育课程体系，加强青少年对不同国家文化的理解。加强"丝绸之路"青少年交流，注重通过志愿服务、文化体验、体育竞赛、创新创业活动和新媒体社交等途径，增进不同国家青少年对其他国家文化的理解。

五是推动学历学位认证标准联通。推动落实联合国教科文组织《亚太地区承认高等教育资历公约》，支持联合国教科文组织建立世界范围学历互认机制，实现区域内双边、多边学历学位关联互认。呼吁各国完善教育质量保障体系和认证机制，加快推进本国教育资历框架开发，助力各国学习者在不同种类和不同阶段教育之间进行转换，促进终身学习社会的建设。共商、共建区域性职业教育资历框架，逐步实现就业市场的从业标准一体化。探索建立各国教师专业发展标准，促进教师流动。

2．开展人才培养培训合作

一是实施"丝绸之路"留学推进计划。设立"丝绸之路"中国政府奖学金，为各国专项培养行业领军人才和优秀技能人才。全面提升来华留学人才培养质量，把中国打造成为深受各国学子欢迎的留学目的地。以国家公派留学为引领，推动更多中国学生到"一带一路"其他国家留学。坚持"出国留学和来华留学并重、公费留学和自费留学并重、扩大规模和提高质量并重、依法管理和完善服务并重、人才培养和发挥作用并重"，完善全链条的留学人员管理服务体系，保障平安留学、健康留学、成功留学。

二是实施"丝绸之路"合作办学推进计划。有条件的中国高等学校开展境外办学要集中优势学科，选好合作契合点，做好前期论证工作，构建科学的人才培养模式、运行管理模式、服务当地模式、公共关系模式，使学校顺利落地生根、开花结果。发挥政府引领、行业主导作用，促进高等学校、职业院校与行业企业深度产教融合。鼓励中国优质职业教育配合高铁、电信运营等行业企业"走出去"，探索开展多种形式的境外合作办学，合作设立职业院校、培训中心，合作开发教学资源和项目，开展多层次职业教育和培训，培养当地急需的各类"一带一路"建设者。整合资源，积极推进与各国在青年就业培训等共同关心领域的务实合作。倡议国家之间开展高水平合作办学。

三是实施"丝绸之路"师资培训推进计划。开展"丝绸之路"教师培训，加强先进教育经验交流，提升区域教育质量。加强"丝绸之路"教师交流，推动各国校长交流访问、教师及管理人员交流研修，推进优质教育模式在各国的互学互鉴。大力推进各国优质教学仪器设备、教材课件和整体教学解决方案的输出，跟进教师培训工作，促进各国教育资源和教学水平均衡发展。

四是实施"丝绸之路"人才联合培养推进计划。推进国家间的研修访学活动。鼓励各国高等院校在语言、交通运输、建筑、医学、能源、环境工程、水利工程、生物科学、海洋科学、生态保护、文化遗产保护等国家发展急需的专业领域联合培养学生，推动联盟内或校际教育资源共享。

3．共建丝路合作机制

一是加强"丝绸之路"人文交流高层磋商。开展国家间的双边、多边人文交流高层磋商，商定"一带一路"教育合作交流总体布局，协调推动各国建立教育双边和多边合作机制、教育质量保障协作机制和跨境教育市场监管协作机制，统筹推进"一带一路"教育共同行动。

二是充分发挥国际合作平台作用。发挥上海合作组织、东亚峰会、亚太经合组织、亚欧会议、亚洲相互协作与信任措施会议、中阿合作论坛、东南亚教育部长组织、中非合作论坛、中巴经济走廊、孟中印缅经济走廊、中蒙俄经济走廊等现有双边、多边合作机制的作用，增加教育合作的新内涵。借助联合国教科文组织等国际组织力量，推动各国围绕实现世界教育发展目标形成协作机制。充分利用中国–东盟教育交流周、中日韩大学交流合作促进委员会、中阿大学校长论坛、中非高校20+20合作计划、中日大学校长论坛、中韩大学校长论坛、中俄综合性大学联盟等已有平台，开展务实的教育合作交流。支持在共同区域、有合作基础、具备相同专业背景的学校组建联盟，不断延展教育务实合作平台。

三是实施"丝绸之路"教育援助计划。发挥教育援助在"一带一路"教育共同行动中的重要作用，逐步加大教育援助力度，重点投资于人、援助于人、惠及于人。发挥教育援助在"南南合作"中的重要作用，加大对相关国家尤其是最不发达国家的支持力度。统筹利用国家、教育系统和民间资源，为相关国家培养培训教师、学者和各类技能人才。积极开展优质教学仪器设备、整体教学方案、配套师资培训一体化援助。加强中国教育培训中心和教育援外基地建设。倡议各国建立政府引导、社会参与的多元化经费筹措机制，通过国家资助、社会融资、民间捐赠等渠道，拓宽教育经费来源，做大教育援助格局，实现教育共同发展。

三、精心组织"一带一路"国家文化教育大系的编著出版

在编写"一带一路"国家文化教育大系过程中，应当全面了解国内外对"一带一路"倡议的响应情况，关注进展，总结做法；应当在新冠肺炎疫情得到控制后到对象国去走一走，看一看，实地感受其教育情况和发展变化；应当广泛收集对象国一手资料，认真阅读，消化分析，吐故纳新；应当多方检索专家学者已经开展的相关研究，虚心参阅已有的研究成果。肆虐全球的新冠肺炎疫情，给人类身体健康和生命安全带来了巨大威胁，对世界格局和世界治理体系产生了重大影响，给全球各行各业带来了巨大挑战。教育置身其间，影响十分明显。因而，对"一带一路"国家文化教育进行研究时，必须观察分析疫情对相关国家文化教育和全球教育治理的深刻影响。

"一带一路"倡议提出后，中外已形成多个"一带一路"多边大学联盟。2015 年 5 月 22 日，由西安交通大学发起的新丝绸之路大学联盟成立，迄今已吸引 38 个国家和地区的 150 余所大学加盟。该联盟是海内外大学结成的非政府、非营利性的开放性、国际化高等教育合作平台，以"共建教育合作平台，推进区域开放发展"为主题，推动"新丝绸之路经济带"国家和地区大学之间在校际交流、人才培养、科研合作、文化沟通、政策研究、医疗服务等方面的交流与合作，增进青少年之间的了解和友谊，培养具有国际视野的高素质、复合型人才，服务"新丝绸之路经济带"及欧亚地区的发展建设。

2015 年 10 月 17 日，丝绸之路（敦煌）国际文化博览会筹委会文化传承创新高端学术研讨会在敦煌举行。中国的复旦大学、北京师范大学、兰州大

学和俄罗斯乌拉尔国立经济大学、韩国釜庆大学等 46 所中外高校在甘肃敦煌成立了"一带一路"高校战略联盟，以探索跨国培养与跨境流动的人才培养新机制，培养具有国际视野的高素质人才。46 所高校当日达成《敦煌共识》，联合建设"一带一路"高校国际联盟智库。联盟将共同打造"一带一路"高等教育共同体，推动"一带一路"国家和地区大学之间在教育、科技、文化等领域的全面交流与合作，服务"一带一路"国家和地区的经济社会发展。

2016 年 9 月，中国、中亚及丝绸之路经济带沿线 7 个国家的 51 所高校共同发起成立了中国–中亚国家大学联盟，旨在打造开放性、国际化互动平台，深化"一带一路"科教合作。

此外，高等教育合作研讨会也日渐增多，既有官方推动形成的研讨会，也有民间自发举办的研讨会。比如，中外大学校长论坛、新加坡–中国–印度高等教育论坛、"一带一路"教育对话论坛，以及北京师范大学举办的"一带一路"国家教育交流与合作高端研讨会，北京外国语大学举办的"一带一路"与行业国际化人才培养高峰论坛，北京理工大学主办的"一带一路"高等教育研究国际会议，浙江大学举办的"一带一路"背景下的工程科技人才培养国际研讨会等。这些多边研讨会的召开，不仅吸引了大量"一带一路"沿线国家的教育研究者与实践者参会，推动了研究与实践合作，而且创新了教育合作模式，促进了国际化高端人才培养，为"一带一路"建设奠定了民意基础。

"一带一路"倡议提出之后，中国学术界迅速开展了关于"一带一路"的研究活动，有关"一带一路"主题的图书主要有以下五类。第一类是倡议解读类图书，一般是梳理"一带一路"倡议的提出、发展及其理论内涵与外延。第二类是经济贸易类图书，专业性较强，主要为理论研究型图书。第三类是国情文史类图书，多为介绍"一带一路"国家国情概览、历史情况、发展概况的工具书，语言平实，部分图书学术性较强。第四类是丝路历史类图书，一般回顾古代丝绸之路的形成与发展、丝绸之路上的人物和大事记等，追古溯源，以便更好地开启"一带一路"新篇章。第五类是法律税收类图书，多为法律指引、税务规范手册等。

可以看出，国内对"一带一路"国家的研究已有一定基础，但是囿于语言翻译的障碍，已经出版的"一带一路"图书，大多是政策解读、数据报告、概况介绍等，对对象国的研究广度和深度还很不够，尤其是针对"一带一路"国家文化教育的系统研究还比较少。

在"一带一路"国家中，遴选具有代表性的对象，对其文化、教育进行系统性的研究，并在此基础上编写"一带一路"国家文化教育大系，分期分批出版，对于帮助中国普通读者和研究人员了解"一带一路"国家的文化教育情况，以及对于拓展我国比较教育研究领域、丰富比较教育研究文献，乃至对于促进中外文明互通、更好地参与推进"一带一路"建设，都具有重要意义。基于对选题背景与意义、相关出版产品调研和北京外国语大学比较优势的分析，"一带一路"国家文化教育大系坚持学术性、可读性兼顾原则，分批次推出，不断积累，以形成规模和品牌。

大系在内容上，一方面呈现"一带一路"国家的文化概貌，展示"一带一路"国家教育发展的文化背景和社会依托。大系采用专题形式，力求用简洁平实的语言生动活泼地介绍"一带一路"国家的自然地理、人文景观、历史发展、风土人情、文化遗产等内容，重点呈现对象国独有的文化现象和独特风貌，集中揭示其民族文化内涵、民族精神、人文意蕴。另一方面，大系重点研究、评价、介绍"一带一路"国家教育的基本情况、发展历史、发展战略、政策法规、现存体系、治理模式与师资队伍等，这方面内容占较大篇幅，是全书的重点和主要内容。

"一带一路"倡议正在成为我国参与全球开放合作、改善全球治理体系、促进全球共同发展繁荣、推动构建人类命运共同体的中国方案。作为国家社会科学基金（教育学）重大项目"新时代提升中国参与全球教育治理的能力及策略研究"的部分研究成果和北京外国语大学"双一流"建设重大标志性成果，"一带一路"国家文化教育大系计划在 2021 年中国共产党建党 100 周年和北京外国语大学建校 80 周年之际，推出首批图书。2023 年"一带一路"倡议提出 10 周年时，推出该项目二期成果。同时积极参与党和国家相关主题纪念活动，以及国家重大图书项目的申报评选工作。

北京外国语大学以外语见长，国际交往活跃，被誉为"共和国外交官的摇篮"，先后培养了 400 多位大使、2 000 多位参赞，以及更多的外交外事外贸工作者。凡是有五星红旗飘扬的地方，都能看到北外人的身影。北外不仅承担着培养各类国际化人才的任务，更担负着向中国介绍世界、向世界介绍中国的历史使命。迄今为止，北外已获批开设 101 种外国语言，成立了 37 个区域与国别研究中心，丰富的涉外资源正在助力"一带一路"国家的研究。

大系由外研社具体组织实施。外研社隶属北外，多年来致力于"一带一路"国家的合作交流，服务讲好"中国故事"，在中华思想文化传播、打造中外出版联盟、推动中外学术互译等方面积累了丰富经验，对于协助研究、编著、出版"一带一路"国家文化教育大系具有良好的工作基础。这也是北外及外研社的使命和担当之所在。

大系编著者以北外教师为主。服务国家重大战略，北外人责无旁贷。同时，国内有研究专长和研究意愿的专家学者也踊跃参与，他们或独自撰著一书，或与北外同仁合作。大系还邀请了驻外使领馆的同志和对象国的学者参加撰写或审稿，他们运用一手资料，开展实地调研，力图提升大系的准确性。

四、结语

"一带一路"倡议植根历史，更面向未来；源于中国，更属于世界。"一带一路"作为文明互鉴的桥梁，从亚欧大陆延伸到非洲、美洲、大洋洲，与世界各国发展战略及众多国际和地区组织的发展实现对接联通，在通路、通航的基础上更好地通商，进而开展文化教育交流与沟通，加强商品、资金、技术、文化、教育流通，达成互学互鉴的文明愿景。"一带一路"倡议的目标是中国与"一带一路"国家在互联互通基础上分享优质产能，共商项目投资，共建基础设施，共享合作成果，内容包括政策沟通、设施联通、贸易畅通、资金融通、民心相通"五通"。"一带一路"倡议肩负重大使命，它要探寻经济增长之道，将中国自身的产能优势、技术与资金优势、经验与模式优势转化为市场与合作优势，实行全方位开放，共享中国改革发展红利；它要实现全球化再平衡，鼓励向西开放，带动西部开发以及中亚、蒙古等内陆国家和地区的开发，在国际社会推行全球化的包容性发展理念，主动向西推广中国优质产能和比较优势产业，惠及沿途、沿岸国家，避免西方国家所开创的全球化造成的贫富差距和地区发展不平衡情况，推动建立持久和平、普遍安全、共同繁荣的和谐世界；它要开创地区新型合作，强调共商、共建、共享原则，超越了马歇尔计划和传统的对外援助活动，给 21 世纪的国际合作带来了新的理念。所以，新时代中国的教育学者应当将"一带一路"国家文化教育研究作为比较教育新的增长点，全面深入开展研究，以自己的聪明才智丰富学术，为国出力，服务国家重大发展战略；在加强与"一带一路"国家的交流合作中，推动"一带一路"建设高质量发展，努力建设高质量的中国教育体系，并积极参与全球教育治理体系改革，加快构建以国内大循环为主体、国际国内双循环相互促进的新发展格局。

2021 年春
于北京外国语大学

（王定华，北京外国语大学党委书记、博士、教授、博士生导师，国家督学。历任河南大学教师、中国驻纽约总领事馆教育领事、教育部基础教育一司司长、教育部教师工作司司长等。）

本书前言

自古以来，中国与印度就在教育、贸易、科技、佛教、哲学、语言学、文学、艺术等方面有着交往。2015 年 3 月，国家发展改革委、外交部、商务部联合发布了《推动共建丝绸之路经济带和 21 世纪海上丝绸之路的愿景与行动》。共建"丝绸之路经济带"和"21 世纪海上丝绸之路"是党中央、国务院应对全球变化趋势，全方位对外开放，推动构建人类命运共同体的重要举措。"一带一路"倡议以政策沟通、设施联通、贸易畅通、资金融通、民心相通为主要内容，旨在促进经济要素有序自由流动、资源高效配置和市场深度融合，共同打造开放、包容、均衡、普惠的区域经济合作架构。为实现此目标，从文化教育角度而言，梳理、研究"一带一路"国家文化教育的历史与现状，在此基础上探讨如何实现国际教育交流与合作的共赢，探索促进共同发展的新路子，实现共建国家互利共赢的目标，可谓意义重大。2019 年，北京外国语大学党委书记、大系总主编王定华教授策划、主持"'一带一路'国家文化教育大系"的撰写工作。作为编写组成员，我承担了印度卷的撰写工作，希望本书能为国内的印度文化教育研究添砖加瓦，为深化印度国别研究贡献力量。

在新时代中国特色社会主义建设中，中国始终秉承"和平合作、开放包容、互学互鉴、互利共赢"的丝路精神与印度往来，致力于推进人类文明进步。印度是"一带一路"国家文化教育大系的典型对象，本书以印度文化、教育为研究对象，探讨印度的教育发展以及中印教育交流的过去、现在和未来。

本书主要采用文献分析、案例分析等方法，借鉴国内外已有的研究成果，从横纵维度重点对印度的教育历史发展、教育现状，与中国进行国际教育交流与合作的领域、途径等问题进行研究。就横向层面而言，研究的关注点包括印度的学前教育、基础教育、高等教育、教师教育、成人教育、职业教育、教育政策与行政，以及中印教育交流等内容；就纵向层面而言，研究贯穿横向层面的各个领域，涵盖了每个主题的历史、现状与未来发展的思考与建议。因此，本书的章节内容也是按照上述思路呈现的。在整体把握印度教育的同时，我们尝试提出中印两国教育交流合作中应注意的问题与应遵守的原则，为未来两国在"一带一路"倡议推进过程中的教育交流、合作与发展提供有益的启示和建议。

本书是研究团队协同努力的结果。全书由田山俊、齐方萍撰写、统筹。河北大学教育学院博士生陆军搜集大量一手资料，同时做了部分章节的统稿工作；北京师范大学教育学部硕士生张理强、潘紫荆、王梦达、姚丽霞等承担了前期大量的资料收集工作，为本书的撰写提供了很大帮助，在此一并致谢。

本书在编写过程中参考了国内外学者的一些研究成果，未能一一列出，特此致谢。北京外国语大学党委书记、中国教育学会国际教育分会理事长、大系总主编王定华教授牵头抓总，外语教学与研究出版社常务副社长刘捷编审统筹规划，孙凤兰编审、巢小倩副编审为本书编辑、出版付出了辛勤劳动，在此深表谢意。由于作者才疏学浅，加之时间有限，本书编写工作可能有所疏漏，恳请各位专家和广大读者不吝赐教。

田山俊

2022 年 8 月于河北大学教育学院

目 录

第一章 国情概览

第一节 自然地理

一、地理位置

印度位于南亚次大陆，东临孟加拉湾，西濒阿拉伯海，东部和缅甸为邻，西北部与巴基斯坦交界，东北部与中国、尼泊尔和不丹接壤，孟加拉国夹在东北国土之间，南隔保克海峡和马纳尔湾与斯里兰卡相望。面积约为 298 万平方千米，居世界第 7 位，南亚第 1 位。

二、地形地貌

印度北部以高山为主，南部以高原为主，中部为广袤的平原，按地形结构大致可以分为五部分：北部高山区，属喜马拉雅山脉南坡，海拔大多在 4 000 米以上；中部平原区，由印度河、恒河和布拉马普特拉河三大水系的盆地组成；西部沙漠区，主要为拉贾斯坦邦与巴基斯坦信德省交界一带；

南部高原区，即德干高原，也称半岛高原，海拔在 300—800 米；东西海域岛屿区，散布着安达曼群岛、尼科巴群岛和拉克沙群岛等岛屿。

三、河流湖泊

印度的河流分为四个水系：喜马拉雅水系、南部半岛水系、沿海地区水系和内陆河水系。喜马拉雅水系通常由高山冰雪融化而形成，终年有水，当雨季来临时，河水猛涨，容易造成洪灾；南部半岛水系由雨水形成，因而水位时涨时落，旱季时许多河流干涸；沿海地区水系主要是印度西海岸的河流，流程短，汇水面积也小；内陆河水系主要位于拉贾斯坦邦西部，河流数量少，水流时间短，而且河水很快被沙土和盐碱地吸收，只有卢尼河终年有水。

印度的湖泊主要分布在喜马拉雅山脉一带、南方半岛地区和沿海地区。印度天然湖泊很少，多数为拦河而成的人工湖，主要包括以下湖泊：桑珀尔盐湖，印度最大的内陆盐湖，位于西北部拉贾斯坦邦首府斋浦尔以西 65 千米处；戈莱鲁湖，位于印度安得拉邦东北部；泰伯尔湖，实际是拉贾斯坦邦东南部阿拉瓦利山区的大型水库；吉尔卡湖，位于奥里萨邦东部、默哈讷迪河口三角洲西南，实际上是与孟加拉湾相通的潟湖；布利格德湖，是安得拉邦科罗曼德尔海岸的咸水潟湖。

四、气候条件

印度的气候在很大程度上受喜马拉雅山脉和塔尔沙漠的影响。巍峨的喜马拉雅山脉阻挡了来自中亚的寒冷的下坡风，每年 6—10 月的西南季风则为印度带来了全年大部分的降水。印度是世界上最热的国家之一，全国大部分地区属于热带季风气候，夏季高温，冬季干燥。由于地形不同，印度全境气温因海拔高低而异。喜马拉雅山区的年平均气温为 13—15℃；东部地区为 28—30℃；以首都新德里为中心的中部平原地区平均最高温度为 35℃，平均最低温度为 28℃。4—5 月是印度最热的时候，最高温度一般在 34—38℃，夜里稍凉。

印度年均降水量地区差异很大，乞拉朋齐高达 11 000 毫米以上，是世界上年均降水量最多的地区之一，而塔尔沙漠的年均降水量不足 150 毫米。孟买北部至特里凡得琅是印度降水量最多的地区之一，西北部沙漠地带则是降水量最少的地区，终年炎热干燥。

五、自然资源

印度产出的矿物有 95 种，其中包括 4 种燃料、10 种金属、23 种非金属、3 种核燃料和 55 种次要矿物（包括建筑和其他材料）。[1] 印度煤炭、铝土矿、钛铁矿、金红石等资源较丰富，多种矿产的储量和产量居世界前列。印度主要矿产的储量及产量见表 1.1 和表 1.2。

表 1.1 印度主要矿产储量（单位：万吨）[2]

矿产	储量	矿产	储量
重晶石	5 134.7	锰矿石	9 347.5
铝土矿	65 642.2	磷酸岩	4 580.7

[1] 资料来源于印度政府矿业部 2021—2022 年度报告。

[2] 资料来源于印度矿业部门 2021/22 财年报告。

续表

矿产	储量	矿产	储量
铬铁矿	10 221.0	钛铁矿	1 381.4
铜矿石	20 776.7	高岭土	22 946.9
铁矿石（赤铁矿）	542 175.1	白云石	67 788.4
铁矿石（磁铁矿）	5 269.9	石膏	3 662.1
铅锌矿石	10 611.6	石灰石	1 633 575.3
菱镁矿	8 227.6	云母	11.4

表 1.2 2019 年印度在世界主要矿产和金属产量中的贡献和排名 [1]

类别	计量单位	产量		贡献率（％）	世界排名
		世界	印度		
金属矿物					
铝土矿	万吨	34 710	2 182.4	6.29	5
铬铁矿	万吨	3 860	392.9	10.18	3
铁矿	亿吨	30.4	2.46	8.09	4
锰矿石	万吨	5 660	290.4	5.13	7
工业矿物					
菱镁矿	万吨	2 970	9.8	0.33	17
磷灰石和磷酸岩	万吨	22 600	140	0.62	16
金属					
铝（初级）	万吨	6 290	363.5	5.78	3

[1] 本表编译自印度矿业部门 2021/22 财年报告（表 2.4）。根据原表注释，表中世界产量数据来自英国地质调查局《2015—2019 年世界矿产产量》（印度的世界排名亦据此推算）；除精炼铅外，印度的产量均为 2019/20 财年统计数据；印度的精炼铅产量为估计值，其中包含初级与次级精炼铅，以及铅锑合金中的铅含量。

类别	计量单位	产量		贡献率（%）	世界排名
		世界	印度		
铜（精炼）	万吨	2 410	40.8	1.69	13
粗钢/铁水	亿吨	18.14	1.09	6.00	2
精炼铅	万吨	1 250	59.9	4.79	4
锌板	万吨	1 350	51.6	3.82	4

印度拥有较丰富的煤炭资源。根据印度地质调查局的测算[1]，印度的煤炭资源储量为 3 265 亿吨。印度的煤炭资源主要分布在西孟加拉邦、贾坎德邦、比哈尔邦、奥里萨邦、切蒂斯格尔邦、中央邦、安得拉邦、特伦甘纳邦、马哈拉施特拉邦和东北地区的一些邦。尽管储量丰富，但印度煤炭资源的质量不好，仍然需要大规模进口煤炭。

印度的经济地理研究表明，南亚次大陆属于古老的岩浆台地，这样的地质结构使得南亚次大陆缺乏石油、天然气生成的陆地褶皱，印度的石油、天然气等能源资源因此极度匮乏。截至 2020 年 4 月 1 日，印度已探明的原油及当量天然气达到 108.99 亿吨，其中可采储量为 42.37 亿吨，但印度国内仍有约 85% 的原油以及约 52.74% 的天然气需求依赖进口。[2]

六、世界自然遗产

截至 2019 年，经联合国教科文组织审核被批准列入《世界遗产名录》的印度世界遗产共有 38 项，其中自然遗产若干项，如加济兰加国家公园、

---

[1] 最大探测深度为 1 200 米。本自然段数据来源于印度煤炭部门 2020—2021 年度报告。

[2] 资料来源于印度政府石油与天然气部门 2020—2021 年度报告。

马纳斯野生生物保护区、盖奥拉德奥国家公园、孙德尔本斯国家公园、大喜马拉雅国家公园、干城章嘉国家公园 [1] 等。

第二节 国家制度

印度是联邦制共和国，总统是国家元首，但其职责是象征性的。国家的总统及副总统任期 5 年，由一个特设的选举机构间接选举产生。印度副总统在总统无法行使权力时，并不能自动接任总统。若总统因去世、辞职或被罢免等而出缺，印度宪法第 65 条规定由副总统代行总统职务。当新总统被选定并就职后，副总统恢复原有职务。行政权力由以总理为首的部长会议（内阁）行使。议会多数党向总统提名总理人选，由总统任命总理，然后再由总理向总统提名其他内阁成员。总理是印度政府的首脑，与部长会议执掌国家的实际权力，可连选连任。宪法中没有规定设副总理一职，但组阁的政党在进行权力分配时，有时为了缓和矛盾而设置副总理。[2]

一、国家象征

（一）国名

印度是世界四大文明古国之一。"印度"一词来自南亚河流印度河。在古代，"印度"不是国名，而是代表南亚次大陆的一个地理名词，大体指喜

---

[1] 干城章嘉国家公园同时属于自然遗产和文化遗产。

[2] 任佳，李丽. 印度 [M]. 北京：社会科学文献出版社，2016：115-120.

马拉雅山以南、伊洛瓦底江以西、伊朗高原以东的广大地区。[1] 当代所称的"印度"指印度共和国（The Republic of India）。

（二）国旗

印度国旗为长方形，长宽之比为 3∶2。全旗由橙色、白色和绿色三个全等的长方形组成，其中橙色象征勇气、献身与无私，白色代表真理与和平，绿色代表繁荣、信心与人类的生产力。旗面正中心有一个"阿育王法轮"，是印度孔雀王朝阿育王在位期间修建于佛教圣地的石柱柱头的狮首图案之一，象征着真理与道德，也代表了印度古老的文明；法轮内含的 24 根蓝色轴条代表一天的 24 小时，象征国家时时都向前进。

（三）国徽

印度国徽图案来源于孔雀王朝阿育王石柱顶端的石刻作品。原作雕刻在一块抛光砂岩上，基座上方有四只背靠背站立的狮子，基座上有象、马、牛、狮和法轮的浮雕。图案下面有一句用梵文书写的古印度格言"唯有真理得胜"。1950 年 1 月 26 日，印度人民将这个古老的雄狮图案用在国徽上，以此来弘扬印度悠久的文化和历史。

（四）国歌

印度国歌的词曲作者是印度文化巨人罗宾德拉纳特·泰戈尔。歌词源于诗歌《人民的意志》，该诗最初是用孟加拉语写成的，后被翻译成印地语。国歌在 1950 年 1 月 24 日召开的国民代表大会上被选定。

---

[1] 朱昌利. 当代印度 [M]. 昆明：云南大学出版社，2016：79.

（五）国庆日

印度的国庆日包括独立日、共和国日和甘地诞辰日三个节日。

独立日是为庆祝印度 1947 年摆脱英国统治并成为主权国家而设立的节日，日期定在每年 8 月 15 日。庆祝活动的主会场设在首都新德里，印度总理会在红堡举行升国旗仪式，并发表电视讲话。

共和国日为 1 月 26 日。1950 年 1 月 26 日，印度议会通过印度宪法，宣告印度共和国成立。这一天对印度而言具有重要的意义，被定为共和国日。每逢此日，印度各邦首府都会举行庆祝盛会和巡游活动，其中以新德里的大巡游最为壮观，包括总统、总理在内的政界要员、各国外交使节都会出席。巡游基本由阅兵和文艺表演两部分组成，历时两个多小时，充分展现了现代印度的国威军容和丰富多彩的民族文化。

甘地诞辰日为 10 月 2 日。莫罕达斯·卡拉姆昌德·甘地出生于 1869 年 10 月 2 日。作为印度民族独立运动的领袖、印度国民大会党（以下简称国大党）的创始人，他曾于 20 世纪 40 年代领导了"非暴力不合作"运动，使印度摆脱了英国的殖民统治并获得独立。印度人民尊称他为"圣雄"，并在每年的 10 月 2 日举行活动，纪念这位现代印度的"国父"。

（六）国花、国鸟、国树

印度的国花是荷花，也称莲花，象征着灵性、多产、财富、知识和光明，也象征着精神和心灵的至真至纯。印度的国鸟为蓝孔雀，1963 年 1 月，印度政府将蓝孔雀定为国鸟并列为保护动物。印度的国树是菩提树，"菩提"一词为梵文 Bodhi 的音译，意思是觉悟、智慧，用以指人顿悟真理、达到超凡脱俗的境界等。

二、政治体制

（一）宪法

印度独立前，英国殖民政府为维护其殖民统治，曾先后颁布《东印度公司管理法》（1773 年）和《印度政府法》（1919 年）。1934 年 5 月，印度国大党正式通过了要求建立制宪会议的方案。1935 年，英国议会又通过了新的《印度政府法》以继续对印度进行统治。1936 年，国大党建议成立制宪会议。1939 年 9 月，英国为动员印度人民参加第二次世界大战，被迫同意印度在战争结束后成为英国的自治领。同期，国大党工作委员会在其决议中宣布印度人民必须拥有制定自己宪法的自决权。由于印度民族独立运动日益高涨，英国殖民政府于 1946 年 3 月同意在印度召开制宪会议。1946 年 5 月 16 日，英国内阁使团与国大党和穆斯林联盟进行磋商，提出建立印度统一联邦和制定印度宪法的"内阁使团计划"。同年 12 月 9 日，制宪会议第一次会议在新德里举行，拉金德拉·普拉沙德当选制宪会议主席。

国大党在宪法的制定过程中起到了决定性的作用，在 389 名代表中，国大党代表有 211 人，制宪会议的制宪目的也因此从制定自治领宪法转变为制定国民政府宪法。1947 年 1 月召开的第二次制宪会议通过了《目标决议》，明确宣布印度将成为"主权共和国"。国大党在目标决议、联邦与各邦权力、以联合选举区代替单独选举区、邦改组等事项上都贯彻了其历来主张，体现出压倒一切的影响力。国大党领袖尼赫鲁（1889—1964）、帕特尔、普拉沙德、阿萨德 4 人发挥了决定性的作用。尼赫鲁为制宪会议注入人道主义思想和渊博的政治理论，帕特尔则坚定秉持现实主义和实用主义信仰，这些理念与哲学思想都反映在印度宪法之中。

历时两年多，制宪会议于 1949 年 11 月 26 日通过了印度宪法，宪法于 1950 年 1 月 26 日印度共和国宣告成立之时正式生效。印度宪法在制定过程中，主要参考了 1935 年的《印度政府法》、英国为加拿大制定的 1867 年《英属北美法案》和 1900 年的《澳大利亚联邦宪法》。印度宪法的很多条文内容都与这三部宪法有相同或相似之处。该宪法的一个显著特点是在第五部分确定了"国家政策的指导原则"。自 1951 年以来，印度国会经常对印度宪法进行修改和补充。截至 2015 年，已通过约百次宪法修正案。

（二）政体、选举与议会

独立后，印度实行议会民主政体。印度为联邦制，中央政府高度集权。总统为国家元首，拥有广泛的权力，而实际权力由政府总理掌握。印度独立以来的大部分时间由国大党执政，政局基本上保持稳定。反对党曾在 1977—1979 年、1989—1991 年短暂执政。1996 年后，印度政局不稳，到 1999 年先后举行 3 次大选，产生了 5 届政府。1999—2004 年，以印度人民党为首的全国民主联盟上台执政，瓦杰帕伊任总理。2004—2014 年，国大党领导的团结进步联盟执政，曼莫汉·辛格任总理。2014 年 4 月 7 日至 5 月 12 日，印度举行第 16 届人民院选举，印度人民党赢得人民院过半席位，成为第一大党，在中央单独执政，纳伦德拉·莫迪出任总理。2019 年 4 月 11 日至 5 月 19 日，印度举行第 17 届人民院选举，印度人民党领导的全国民主联盟赢得过半席位，莫迪成功连任。

联邦议会由总统和两院组成。总统为国家元首和武装部队的统帅，由两院及各邦议会当选议员组成选举团选出，任期 5 年，依照以总理为首的部长会议的建议行使职权。两院包括联邦院（上院）和人民院（下院）。联邦院由总统指定 12 名具有专门学识或实际经验的议员和不超过 238 名各邦及中央直辖区的代表组成，任期 6 年，每两年改选 1/3。联邦院每年召开 4 次会议，宪法规定副总统为法定的联邦院议长。人民院为国家主要立法机构，其主要职能为：制定法律和修改宪法；控制和调整联邦政府的收入和支出；

对联邦政府提出不信任案，并有权弹劾总统。人民院共 545 席，其中 543 席由选民直接选举产生，每 5 年举行一次大选。

（三）主要政党

印度人民党，1980 年 4 月成立，前身是 1951 年成立的印度人民同盟，代表北部印度教教徒势力和城镇中小商人利益，具有强烈的民族主义色彩和教派主义色彩。1996 年首次成为议会第一大党并短暂执政。1999—2004 年两度执政。2014 年再次赢得人民院过半议席，成为第一大党并单独执政。2019 年在人民院选举中的席位进一步增加，成功连任。

印度国民大会党（英迪拉·甘地派），通常称国大党。国大党成立于 1885 年 12 月，领导了反对英国殖民统治和争取印度独立的斗争，在印度独立后长期执政。1978 年，英迪拉·甘地组建新党，改用现名。2004 年和 2009 年在人民院选举中两次成为议会中第一大党。2014 年在人民院选举中遭受重挫，仅获得 44 个议席；2019 年在人民院选举中稍有起色，获 52 席。

德拉维达进步联盟，1949 年 9 月成立，泰米尔纳德邦地区性政党，主要政治力量在泰米尔纳德邦和本地治理中央直辖区。在 2019 年的人民院选举中位列第三大党。

草根国大党，1998 年 1 月成立，主要政治力量在西孟加拉邦，主要代表中低阶层利益。在 2019 年的人民院选举中位列第四大党。

印度共产党（马克思主义），简称印共（马），是印度最大的左翼政党。1964 年，由以孙达拉雅和南布迪里巴德为代表的一派从印度共产党分出后组建，曾在西孟加拉邦长期执政，2011 年 5 月结束在该邦连续 34 年的执政地位。

（四）政府

以总理为首的部长会议是最高行政机关。总理由总统任命的人民院多数党的议会党团领袖担任，部长会议还包括内阁部长、国务部长。总理和内阁部长组成的内阁是决策机构，其中内阁部长共 30 人。

（五）司法机构

印度最高法院是最高司法权力机关，有权解释宪法、审理中央政府与各邦之间的争议问题等。最高法院法官由总统委任。各邦设有高等法院，县设有县法院。总检察长由政府任命，其主要职责是就执法事项向政府提供咨询和建议，履行宪法和法律赋予的检察权，对宪法和法律的执行情况进行监督等。

（六）军队与国防

印军前身为英国殖民主义者的雇佣军。1947 年印巴分治后，印度始建分立的陆海空三军，1978 年创建独立的海岸警卫队。印度总统是名义上的武装力量统帅，实际内阁为最高军事决策机构。国防部负责部队的指挥、管理和协调。各军种司令部负责拟定、实施作战计划，指挥作战行动。印度实行募兵制，2021 年陆海空三军现役兵力为 146.035 万（其中陆军 123.70 万，海军 7.09 万，空军 13.985 万，海岸警卫队 1.26 万），宪兵及准军事部队 160.8 万，陆海空预备役部队 115.5 万。[1] 近年来，印度的国防支出保持增长趋势，2019 年为 714.7 亿美元，2020 年为 730.0 亿美元。[2]

[1] The International Institute for Strategic Studies (IISS). The military balance 2022[M]. London: Routledge, 2022: 226.
[2] 资料来源于斯德哥尔摩国际和平研究所网站。

（七）行政区划

独立前，印度分为16个省和500多个土邦，行政区划极不统一。独立后，印度政府为加强全国的统一，促进经济发展，对全国行政区划进行了全面调整。由于各邦的面积、人口、语言、经济和文化发展水平不同，各邦在邦及以下行政机构的设置上存在很大的区别。大体上，中央政府以下的行政区划分为中央直辖区和邦，为印度的一级行政区。中央直辖区下设县、发展区和行政村三级单位，邦以下设专区、县、发展区和行政村四级单位。中央直辖区直属联邦政府管辖，其地位相当于邦，行政长官称专员，由总统任命，任期5年。各邦设邦长，由总统任命，任期5年，在以首席部长为首的邦部长会议的建议下行使职权。邦长任命在邦议会选举中获胜的多数议会党团领袖担任首席部长，同时组成部长会议，各部长由首席部长任命。部长会议集体对邦立法院负责。

印度部分邦在邦与县之间设专区，由专员负责协调和监督行政工作。目前有11个邦设有专区。县长是县的行政首脑，由邦长任命，主要职能是维护法律和秩序、征收税收、审理刑事案件、负责执行县的经济发展规划和发展社会福利事业等。印度的县常有增设。发展区主要官员是发展官员，主要对本发展区评议会负责。印度的行政村实行独特的基层自治制度——潘查亚特制（Panchayat），即评议会制度[1]。

新德里是印度的首都，位于印度西北部，坐落在恒河支流亚穆纳河西岸，东北紧连德里，是全国的政治、经济和文化中心。

---

[1] 由一个或数个自然村的村民直接选举5—15人组成评议会，行使基层行政权。

第三节 社会生活

一、人口

从 1901 年起，印度实行人口普查制度，规定每 10 年在全国进行一次人口普查。2011 年人口普查的数据[1] 显示，印度总人口为 12.1 亿人，占世界人口总数的 17.5%，在世界各国中仅次于中国，居第二位，其中男性约 6.2 亿人，女性约 5.9 亿。全国人口最多的邦是北方邦，为 19 981 万人；人口最少的是拉克沙群岛中央直辖区，为 64 473 人。2011 年，印度人口密度约为每平方千米 400 人，人口密度最高的地区是德里，为每平方千米 11 320 人；其次是昌迪加尔，为每平方千米 9 258 人。就性别比来看，2011 年印度的男女比例为 1 000：943，女性人口占比较 2001 年的 1 000：933[2] 有所上升。就识字率来看，2011 年印度 7 岁以上人口的识字率为 74.04%，其中男性识字率为 82.14%，女性识字率为 65.46%，男女识字率的差距比 2001 年（男性识字率 75.3%，女性识字率 53.7%[3]）有所缩小。受到新冠肺炎疫情的影响，始于 2020 年的人口普查工作进展缓慢。

印度是一个人口大国，20 世纪 80 年代以来，其人口增长率有所下降。根据联合国《世界人口展望 2019》[4] 的数据，1980—1985 年印度的人口自然增长率是 22.9%，2010—2015 年为 12.3%，而 2015—2020 年预计将降至 10.8%；2020 年年中，印度总人口约为 13.8 亿人；预计到 2050 年，印度仍然是全球人口增长最快的国家之一。

---

[1] 本段 2011 年数据均来源于 2011 年印度人口普查官方网站。

[2] 2001 年人口普查数据来自印度注册总署和人口普查专员办公室网站。

[3] 2001 年人口普查数据来自印度注册总署和人口普查专员办公室网站。

[4] 资料来源于联合国经济和社会事务部"世界人口展望 2019"网站。

二、语言

印度并没有全国通用的语言，其官方语言为英语和印地语。印度 2008 年 12 月修订的宪法中认定的语言有 22 种，其中印地语是使用最广泛的语言，约有 41% 的人以印地语为母语，其他语言有阿萨姆语、孟加拉语、博多语、多格拉语、古吉拉特语、卡纳达语、泰米尔语、乌尔都语等。

三、民族

印度历史上曾多次遭受异族入侵，客观上造成了民族的大迁徙与大融合。除原定居于此的达罗毗荼人外，雅利安人、波斯人、大月氏人等先后来到这里，形成了人种繁多、血统混杂、民族复杂的现象。

印度有 100 多个民族。若按语言划分，属藏缅语族的民族主要有加洛族、那加族、米佐族、梅泰族、米基尔族，属印度语族的民族主要有印度斯坦族、孟加拉族、古吉拉特族、旁遮普族、阿萨姆族、奥里雅族、比哈尔族、锡克族、克什米尔族、马拉地族，属达罗毗荼语族的民族主要有泰米尔族、泰卢固族、坎拿达族、马拉雅拉姆族、贡德族、曾楚族，属蒙达语族的民族主要有桑塔尔族、蒙达族，另有属孟高棉语族的卡西族等。

四、经济

印度政府一直重视发展经济，独立后经济有较大发展，建立了公有、私营并列发展的混合经济体系，推行土地改革和绿色革命等一系列重大经济政策，农业由严重缺粮到基本自给，工业形成较为完整的体系，自给能力较强。20 世纪 90 年代以来，印度服务业发展迅速，占国内生产总值比重逐年上升。如今，印度已经成为全球软件、金融等服务业的重要出口国。1991 年 7 月，印度开始实行全面经济改革，放松对工业、外贸和金融部门的管制；1992—1996 年实现经济年均增长 6.2%；"九五"计划（1997—2002 年）期间，经济年均增长 5.5%。"十五"计划（2002—2007 年）期间，印度继续深化经济改革，加速国有企业私有化，实行包括农产品在内的部分生活必需品销售自由化，改善投资环境，精简政府机构，削减财政赤字，实现年均经济增长 7.8%，是世界上发展最快的国家之一。2006 年，印度推出"十一五"计划（2007—2012 年），提出保持国民经济年均 10% 的高速增长，创造 7 000 万个就业机会，将贫困人口减少 10%，大力发展教育、卫生等公共事业，继续加快基础设施建设，加大环保力度的目标。2011 年 8 月，印度国家计划委员会 [1] 通过"十二五"计划（2012—2017 年）指导文件，提出国民经济年均增速 9% 的目标。

2020 年，印度的国内生产总值为 2.6 万亿美元，在世界各经济体中排名第 6 位；经购买力平价调整后国内生产总值排名第 3 位，仅次于中国和美国；人均国民总收入为 1 920 美元，属于中低收入国家。[2]

（一）农业和工业

农业在印度经济中发挥着至关重要的作用，是印度约 58% 人口的主要生计来源。印度在独立以前是一个传统的农业国家，农业在国民经济中具有举足轻重的地位。独立以后，历届政府都注重工业与服务业的发展，使得产业结构发生了一定程度的变化，农业所占比重逐渐缩减，工业与服务

---

[1] 2015 年，印度政府顶着反对党的压力，正式宣布撤销已有 65 年历史的国家计划委员会，用全国改革印度学会取而代之。

[2] 资料来源于世界银行网站。

业所占比重逐步扩大。

印度轻工业、重工业门类齐全。轻工业在印度传统工业中占有重要地位，其产值占工业总产值的 20% 以上，主要为纺织工业和食品工业。印度食糖、茶叶和纺织品在世界上占有重要地位。由化工、制药、钢铁、水泥、采矿、石油和机械等构成的重工业在印度经济改革的刺激下迅速发展壮大。近几年，汽车工业、电子工业、航空和空间技术工业、IT 技术产业等新兴工业发展迅速，形成了比较完善的工业体系。

工业生产指数是印度经济的核心指标之一，是衡量印度工业生产增长的短期指标。当前的工业生产指数于 2017 年 5 月推出，以 2011/12 财年为基准年，覆盖包含采矿业、制造业和电力部门在内的 407 个项目组，其数据由印度国家统计局统计与计划执行部每月发布。制造业在工业生产指数中的权重约为 70%。2015/16—2018/19 财年，印度工业生产指数的增长徘徊在3.3%—4.6%。随着新冠肺炎疫情的爆发和为遏制疫情而在全国范围内启动封锁措施，印度的工业增长在 2019/20 财年放缓至–0.8%，并在 2020/21 财年进一步下滑至–8.4%。[1]

（二）交通运输

印度拥有世界第二大公路网，总里程约为 637.2 万千米，包括 14.1 万千米国道、17.1 万千米邦道以及 606.0 万千米的其他道路（高速公路、主要地区道路、其他地区道路和乡村道路）。[2]

印度拥有世界第四大铁路系统，仅次于美国、中国和俄罗斯，铁路是印度货运和客运的主要运输方式。印度铁路是一个由 7 349 座车站组成的庞大网络，拥有由 11 461 辆机车（包括 39 辆蒸汽机车、6 023 辆内燃机车和

---

[1] 资料来源于印度重工业部年报（2021/22）。

[2] 资料来源于印度道路运输及公路部年报（2021/22）。

5 399 辆电力机车）、53 453 辆客运服务车辆、6 714 辆其他客车和 277 987 辆货车组成的车队，[1] 在国家经济和社会发展中发挥了至关重要的作用。截至 2020 年 3 月 31 日，印度铁路的里程为 67 956 千米（其中电气化线路 39 329 千米），运行轨道长度为 99 235 千米，包括围场、侧线等在内的总轨道长度为 126 366 千米。[2]

交通运输部门是基础部门，相对于航空与铁路来说，印度公路对经济的贡献更大。就经济的总增加值而言，2019/20 财年交通运输部门对经济的贡献率约为 4.0%，其中公路部门的总增加值为 5.65 万亿卢比，比 2018/19 财年增长 5.3%，贡献率为 3.1%；铁路部门的总增加值为 1.37 万亿卢比，同比增长 10.6%，贡献率为 0.7%；航空部门的总增加值为 0.21 万亿卢比，同比增长 68.8%，贡献率为 0.1%。[3] 印度铁路与航空还有很大的发展潜力。

（三）财政与外贸

印度中央和地方财政分立，预算有联邦和邦两级。从 2015/16 财年以来印度中央政府的收支情况及其在当年国内生产总值中的占比来看，税收和非债务收入是政府收入的主要组成部分。为了应对新冠肺炎疫情的不利影响，印度联邦政府 2020/21 财年实行了一系列经济改革措施，累计投入金额达 17.2 万亿卢比，这使得印度的总债务高于 20 国集团（G20）中除巴西与阿根廷外的大多数发展中国家。[4]

印度近年外贸情况见表 1.3。

---

[1] 资料来源于印度年鉴，数据截至 2017/18 财年。

[2] 资料来源于印度铁路土木工程门户网站。

[3] 按现价计算，根据印度统计部门 2021 年国民经济核算数据整理。

[4] 资料来源于印度储备银行 2020/21 财年年报。

表1.3 印度近年外贸情况（百万美元）[1]

年度	2017—2018	2018—2019	2019—2020	2020—2021
出口额	303 526	330 078	313 361	291 808
进口额	465 581	514 078	474 709	394 436
差额	-162 055	-184 000	-161 348	-102 628

（四）医疗卫生

印度医疗卫生体系的发展自1947年以来受到了包括英国殖民时期政策在内的一系列政策的影响。殖民政府在1943年设立了卫生调查与发展委员会，由约瑟夫·波尔主持工作。该委员会于1946年提交的报告对印度来说具有里程碑意义，目前的卫生政策和系统即由此演变而来。

1983年，印度制定了第一项国家卫生政策，提出要在2000年之前建立初级医疗服务网络和转诊系统等，从而提供面向所有人的基本医疗保障。2002年修订的国家卫生政策进一步提出通过权力下放、发展私营部门和增加公共医疗支出向公众提供卫生服务的目标，并强调加强对阿育吠陀等自然疗法的使用。2017年，为了应对公共卫生事业的压力、医疗保健行业的强劲增长以及巨额医疗支出造成贫困等问题，印度卫生和家庭福利部推出了新的国家卫生政策，旨在以预防和促进卫生保健为所有发展政策的导向，让所有人都能获得优质的医疗保健服务，主要内容包括专业精神、公平、可负担、普遍性、权力下放等10个方面。[2]

印度的医疗卫生系统包括公立医院和私立医疗机构两部分。公立医院由政府控制并资助，只要在公立医院就医，无论社会地位高低，每个人都

---

[1] 资料来源于印度经济调查 2021/22。

[2] 资料来源于印度卫生和家庭福利部《国家卫生政策（2017年）》。

可以享受医院免费提供的基本药物，但一些较好的特效药则需要患者自行购买。经济条件较好的患者可以选择私立医疗机构付费诊疗，那里的医疗条件更好，但费用较贵。农村地区的医疗机构已根据人口标准发展为一个三层系统，包括社区卫生中心、初级卫生中心和次级卫生中心，此外在符合要求的地区医院、分区医院和社区卫生中心还设有第一转诊单位。2018 年，印度总理莫迪宣布在全国推行新的医保计划"国家健康保护计划"，这项计划将覆盖印度 1 亿贫困家庭，为 5 亿民众提供每年最高 50 万卢比（约合人民币 5 万元）的二级和三级医疗服务。[1] 作为配套的基础设施，印度计划在全国建立 15 万个健康与福利中心，以向民众提供广泛而免费的综合初级医疗服务。[2]

截至 2020 年 3 月 31 日，印度共有近 20 万所现代医疗机构：274 所医学院、810 所地区医院（有床位 287 025 张）、1 193 所分区医院（有床位 143 538 张）以及 5 649 家社区卫生中心（其中农村地区 5 183 家，城市地区 466 家），以上 4 类机构分别配备了 118 个、668 个、821 个和 1 706 个第一转诊单位；30 813 家初级卫生中心，分布在农村地区的有 24 918 家（其中 16 635 家已转型为健康与福利中心），分布在城市地区的有 5 895 家（其中 3 350 家已转型为健康与福利中心）；157 921 家次级卫生中心（包括农村地区 155 404 家，城市地区 2 517 家），其中 18 610 家已转型为健康与福利中心。[3]

（五）科学技术 [4]

印度是一个具有悠久历史的文明古国，古代印度在数学、天文学、医学等领域都曾对人类文明做出过突出贡献。近现代以来，印度也曾涌现出

[1] 资料来源于印度政府网站。

[2] 资料来源于印度卫生和家庭福利部健康与福利中心网站。

[3] 资料来源于印度卫生和家庭福利部农村卫生统计 2019/20。

[4] 除非特别说明，这部分的"科学"指自然科学领域。

一批对世界科学技术进步做出重要贡献的杰出科学家，如 1930 年诺贝尔物理学奖获得者钱德拉塞卡拉·拉曼；社会科学领域也产生了杰出学者，如 1998 年诺贝尔经济学奖获得者阿马蒂亚·库马尔·森。

印度政府大力发展高等教育，造就了大批优秀的科学技术人才。据印度科技部统计，2018/19 财年，印度共有 993 所大学（包括国家重点机构）、124 个研究机构或被认定的大学（Institutes/Deemed to Be Universities）以及 39 931 所学院在全国开展高等教育；2015—2017 年，印度每百万人口中的研究人员数量（全职当量）从 218 人增加到了 255 人；2018 年，印度的研发机构雇用了约 55 万人，其中 61.1% 从事研发活动，17.9% 从事辅助活动，20.3% 提供行政和非技术支持；研发人员总数达到 34.2 万人，其中 56 747 名女性直接从事研发活动（占比约 16.6%）。[1]

近年来，印度科技发展取得了丰硕的成果。从科技论文数量来看，2020 年发表数量为 149 213 篇，比 2010 年的 60 555 篇增长了 146%，占 2020 年全球科技论文发表总数的 5.07%，在主要国家和地区中排名第 3 位，仅次于中国和美国。[2] 从专利数量上来看，2020—2021 年度，印度共收到 58 502 项专利申请，授予专利 28 391 项。[3]

2014 年以来，印度科技部门采取了一系列措施推动科技发展，如增加对科技领域的投入，从 2014—2015 年度的约 290 亿卢比增长到 2021—2022 年度的 607.2 亿卢比；推出资助计划以吸引海外博士和博士后，发起"高级联合访问学者"教师计划以吸引海外科学家，开放研究项目助理申请以提升国内高校教师的积极性和流动性；配合全国的发展计划，推动超级计算机、先进制造业、瑜伽与冥想科技等领域的发展。[4]

---

[1] 资料来源于印度科技部研发统计 2019/20。

[2] 资料来源于美国国家科学基金会的研究报告。

[3] 资料来源于印度工业和内贸促进部年报（2021/22）。

[4] 资料来源于印度科技部网站。

第二章 文化传统

第一节 历史人文

印度是东方文明古国之一,历史悠久。约公元前324年,印度就出现了统一的孔雀帝国。大约在3—4世纪,印度进入封建社会并延续了1 000多年。18世纪中期,印度沦为英国的殖民地,印度人民为了争取国家的独立和民族的解放,进行了长期英勇的反对英帝国主义的斗争,于1947年8月15日宣告独立,结束了英国在印度近两个世纪的殖民统治。查阅已有专著,林太所著《印度通史》对印度各个时期的发展历史进行了详细论述,分期极为细致。《季羡林全集(第十卷)》将印度历史发展分为原始公社时代、奴隶制度时代、封建制度时代、近代印度和现代印度。分析比较后,本书借鉴季羡林先生对印度文化历史的论述,呈现印度文化历史的大体轮廓。

一、原始公社时代

印度文化始于印度河沿岸和印度南部土地农业社区中的神秘文化。印度的文化因移民人口与印度周围多种文化不断融合。南亚次大陆的史前文明至少可以追溯至石器时期。[1] 现有证据表明，在相当早的时期内，铁、铜和其他金属的使用在南亚次大陆上很普遍，印度当时已成为发达的文明地区。

二、奴隶制度时代

（一）印度河文明

印度河文明又称哈拉帕文明，公元前 2500 年左右兴起于南亚西部（今印度西部和巴基斯坦），约在公元前 1500 年左右终结，其原因可能包括洪水泛滥或地震等。20 世纪 20 年代，印度考古部门在印度河谷发现了摩亨佐–达罗和哈拉帕两座古老城市的遗址。建筑物废墟和出土物品表明，该地区在 4 000 多年前已经产生了高度发达的城市文明：人们生活在精心规划和建造的城镇中，这些城镇同时也是贸易中心；城中道路宽阔，排水系统发达，房屋用烧制的砖建成，有两层或多层；文明程度很高的哈拉帕人掌握了种植谷物的技巧，除了将小麦和大麦作为主食外，还食用蔬菜和水果，以及羊肉、猪肉和鸡蛋。

（二）吠陀文明

吠陀文明因印度的早期文献"吠陀"得名，繁盛于萨拉斯瓦蒂河流域（位于今印度的哈里亚纳邦和旁遮普邦）。印度雅利安人编纂了四部"吠陀"，其中最古老的一部是《梨俱吠陀》，一般认为其形成过程在公元前

---

[1] 薛克翘. 印度古代文化史 [M]. 北京：中国大百科全书出版社，2016：1.

1500 年—公元前 1000 年，学界通常把这一时期划为吠陀时代的早期；其余三部《娑摩吠陀》《耶柔吠陀》《阿闼婆吠陀》产生的时期被称为后吠陀时期（约公元前 1000 年—约公元前 600 年）。

（三）列国时代

在后吠陀时期，雅利安人各部落逐渐合并，各王国的规模不断扩大。约公元前 600 年，印度中部和南部出现了 16 个小王国，其中多数在恒河流域，少数在中印度及印度河中游地区。这些小王国为争夺霸权而争斗不已，在此过程中，位于恒河平原的摩揭陀国力日盛，成为最强大的国家。这一时期，印度遭遇了波斯军队和希腊军队的两次入侵。外族入侵在给印度带来灾难的同时，也为其打开了与西方接触的通道。留守的希腊军队留在印度西北部，希腊文明开始对印度产生影响。同时，印度的哲学、宗教思想及数学和天文知识也传到希腊。

（四）孔雀王朝

亚历山大在印度西北部的征服活动削弱了众多当地的部落和王国，为孔雀王朝的建立创造了有利条件。公元前 324 年，月护王旃陀罗笈多推翻难陀王朝的统治，建立了孔雀王朝。

为了统治广阔的领土，孔雀王朝建立了中央集权制，国王的权力被加强和神化。国王之下设大臣会议，由首相、税务官、军队司令和主祭司等大臣组成。完成对羯陵伽国的征服后，孔雀王朝的统治者阿育王放弃了战争和杀戮，以新政巩固帝国的统治。阿育王还广兴佛寺，在华氏城举办第三次佛教大集会，并派使团到偏远地区和国外传播佛教。阿育王去世后，有实力的地方统治者开始独立，孔雀王朝最后一位统治者布里哈德拉塔仅能在原摩揭陀地区维持统治。公元前184年，布里哈德拉塔被他的将军普什亚米罗·巽伽杀害，孔雀王朝的统治结束。

（五）巽伽王朝至贵霜王朝

孔雀王朝终结后，印度陷入分裂。北印度和南印度兴起了许多小国，各据一方。在北印度地区，普什亚米罗·巽伽杀害孔雀王朝最后一位国王后，建立了巽伽王朝。公元前73年，伐苏提婆·甘华废黜巽伽王朝最后一位国王，建立甘婆王朝。公元前27年，新崛起的安得拉王朝征服甘婆王朝，对摩揭陀地区进行统治。公元前200年前后，居住于中国西北部的大月氏被匈奴人击败，西迁至阿姆河和锡尔河一带。1世纪初，大月氏中的贵霜一支打败其他各支，建立贵霜王朝。随后，贵霜首位国王丘就却率军征服印度西北部地区，势力扩张到印度河上游。其子闫膏珍即位后，继续开拓疆土，建立了对旁遮普至恒河流域的统治。到迦腻色伽统治时，贵霜王朝的疆域达到顶峰。同阿育王一样，迦腻色伽改宗佛教后，举行了第四次佛教大集会。因其信奉佛教内部新出现的派别——大乘佛教，致使大乘佛教得以迅速发展，逐渐成为印度的主要佛教流派，并传播到中亚地区以及中国和日本等国。

三、封建制度时代

印度的封建制度时代大约从5世纪到17世纪60年代，其中5—7世纪为封建制度的形成时期。在此时代，国王是土地的最高所有者，大部分土地都为其所有。此外还有世袭的封建领地和采邑。封建制度时代的印度经历了种姓制度发展、南北印度发展，阿拉伯人入侵、突厥人入侵、德里苏丹王朝建立、欧洲人入侵、莫卧儿帝国建立等过程。在此，简要论述南北印度时期、突厥人入侵和德里苏丹王朝时期，以及莫卧儿帝国时期的文化发展情况。

（一）南北印度时期

6—11 世纪，北印度基本上是处在分裂割据的状态，没有出现像古代那样占领广大领土的帝国。同北印度一样，南印度也不统一，同时并存着许多国家，互相征伐，形成了分裂混乱的局面。

6 世纪的时候，巴达米的遮娄其兴起，占据了德干高原的大部分地区。与之同时并存的是般底耶。此时，梵文文学在南印度得到很大的发展，建筑、音乐和绘画领域也有极其辉煌的成就。

8 世纪中叶，遮娄其逐渐衰微，代之而起的是拉施特拉库塔。拉施特拉库塔王朝在雕塑和建筑方面有很大的成就，著名的艾娄罗的开拉莎庙就是这个时期建造的。11 世纪初，伊斯兰教在北印度已经有了相当大的势力，外来的文化对本土文化的发展起了一些阻碍作用。此时，南印度的注辇王国大力弘扬印度本土文化，奖励梵文的研究，致使北印度许多梵文学者都跑到南方。虽然南印度的老百姓说的是与梵文完全不同的语言，但是这并不妨碍南印度成为梵文研究的中心。梵文文学史上许多有名的作品都产生于南印度，且梵文研究传统一直保持至今。南印度语言中大量的梵文借字也足以证明梵文的影响是非常巨大的。

（二）突厥人入侵和德里苏丹王朝

继阿拉伯人入侵而来的是突厥人入侵，外族入侵在印度历史上有过多次，以前希腊人、塞种人都侵入过印度，也带来与印度文化不同的文化。

但是此前的外族文化都融入了印度文化中，并没有留下很显著的痕迹。而这次突厥人的入侵却大不相同。突厥人建立伽色尼王国，他们带来了伊斯兰教，也带来了伊斯兰文学和艺术。这种文学和艺术有悠久的传统、深厚的根基，无法融入印度文化。尽管外来统治者和本地人民在政治上形同水火，但是在文化上他们互相尊重，互相学习。伊斯兰学者努力研究瑜伽和吠檀多哲学，印度天文学者也从伊斯兰天文学那里借来了一些术语。

12世纪70年代，西哈伯·乌·丁开始侵略伽色尼，到13世纪初占领了全部印度河流域和恒河流域的土地。西哈伯·乌·丁死后，他的部下脱离伽色尼建立了独立的政权，即德里苏丹王朝。苏丹王朝不是一个拥有强大中央集权的国家，所有的土地名义上为国家所有，但事实上有一些土地分给了当地的封建主，成为世袭的私产。另一些土地则分封给伊斯兰封建主，他们的土地不是世袭的，只是终身享用，死后缴还，再由苏丹重新分配。但是时间一久，这些土地也逐渐成为世袭的私产。苏丹王朝崇尚波斯文字和文学，因此许多印度作家用波斯文创作，同时也有许多伊斯兰作家用印地语写作。大诗人阿弥尔·胡思罗就写过不少印地文作品。在这样互相学习的气氛中，印度文化和伊斯兰文化开出了许多新的花朵。现在巴基斯坦的国语乌尔都语即便在印度也有很多人使用，可以说就是花朵之一。[1]

（三）莫卧儿王朝

16世纪初，印度遭受来自西北方的侵袭。1526年，莫卧儿帝国建立。莫卧儿帝国实行文化融合和宗教宽容政策。伊斯兰文化和印度文化是广博精深、高度发达却又截然不同的两种文化，但是它们在南亚地区共存并且融为一体。穆斯林兴起研读、翻译梵文经典的热潮，传教士们研究印度哲

---

[1] 季羡林. 季羡林全集：第10卷 [M]. 北京：外语教学与研究出版社，2009：40-50.

学，学习瑜伽，探讨印度的医学和天文学。反之亦然，印度教教徒学习穆斯林的经纬度计算法、日历及十二宫的推算，借鉴他们在化学和医学上的成就。在文学方面，承袭印度古典传统的梵文文学及后来兴起的印地语文学，都得到了一定的发展。大约在 1300 年，米斯拉写了几部关于弥曼差派的著作，此外还有一些研究瑜伽派、正理派与胜论派的论著。戏剧方面有贾章苏里的《扫荡哈米尔》、瓦乌纳·巴纳的《雪山女神出嫁》等作品。鲁巴·哥斯瓦米的梵文剧作多达 25 部左右，较为出色的有《靓丽的马陀瓦》《智慧的马陀瓦》等作品。

较之梵文文学，印地语文学得到了更大的发展。印地语文学是用不同的方言撰写的。16 世纪的盲人诗人苏尔达斯是虔诚文学的代表人物，他用布拉贾语写作，以朴实和生动的语言创作了《苏尔诗海》。杜尔西达斯（约1532—1623）用印地语阿沃提方言写的《罗摩功行录》，看似是译本，实际是创造性的改写本，渗入了对人性的理解以及对人心的探讨，是北印度最为盛行的文学著作之一。17 世纪印地语诗人哈里拉尔以《七百对句诗集》著称于世，他凝练的诗体新颖并充满美感，显现出对自然的沉思。此外，埃克纳特促进了马拉塔语文学的发展，对《薄伽梵歌》进行了评注。米拉·巴伊的布拉贾语诗歌被人们广为传唱。金迪达斯和维迪亚帕蒂是孟加拉语文学的有功之臣。瓦里斯的《希尔与郎卡》是旁遮普语写就的浪漫故事的典范。[1]

四、近代简史

从印度发展简史来看，近代印度经历了英国殖民统治的建立、印度民族主义运动的兴起、第一次民族运动高潮、印度自治运动的兴起、第二次

---

[1] 林太. 印度通史 [M]. 上海：上海社会科学院出版社，2012：189-191.

民族运动高潮、英国殖民统治的结束与印巴分治的历史过程。这一时期，印度的文化教育也逐渐启蒙与发展。印度人在被征服的过程中，认识到欧洲人船坚炮利及军事素养的优越性，在传统农业、手工业、商业被摧毁的现实中，意识到科学技术及良好的经营管理的重要性。就在这些血和泪的教训中，印度人的近代意识开始萌发，逐渐学习和吸纳一些先进的东西。

西式教育对于印度近代意识的启蒙发挥了很大作用。18 世纪中叶，印度的高等教育仍然因袭传统，古典文学、逻辑学、传统哲学、宗教经典及梵文、波斯文、阿拉伯文依然是主要的学科和研究项目。不管是自然科学，还是政治学、经济学、历史、地理等人文学科，都没有列入课程，导致印度人对南亚次大陆之外的世界几乎一无所知。普拉西战役后，英国人开始了侵占全印度的进程。为了更好、更深入地了解这个东方国度和古老民族，殖民当局、传教士以及东印度公司开办了一些学院和研究机构，在这些机构中，有些人旨在新形势下复兴印度教育，有些人则对印度人种学、语言学、历史学等展开全面深入的研究。

现代新闻事业的开展和报纸的创办，对传播先进思想起了重要作用。1780 年，第一家英文报纸《孟加拉新闻》创刊。1813 年后，传教士大量进入印度，其中有些人创办了印度文字的报刊。1818 年，印度总督参事会废除了出版预审制度，自由办报风气日盛。办报者不仅有东印度公司前职员、传教士，还有印度近代意识的先驱们，如拉姆·莫汉·罗易，他在 1821 年创办了孟加拉语周刊《明月报》。新的思想意识逐渐为人们接受，一些社会陋习受到人们的厌恶。1795 年颁布的《孟加拉管辖条例》宣布杀婴溺婴为犯罪；1829 年，寡妇焚身殉夫陋习被废除；1843 年，奴隶条例被废除。

印度穆斯林的近代启蒙始于 19 世纪中叶。赛义德·艾哈迈德汗（1817—1898），印度近代伊斯兰教改革家、哲学家和教育家，是启蒙运动的主要活动家之一。他深受西方科学文化的影响，创办杂志、学校等，用于宣传宗教和社会改革的主张，培养在印度复兴伊斯兰教的人才，力图把伊斯兰教义和西方的科学文化结合起来，使伊斯兰教适应变化了的时代。

赛义德·艾哈迈德汗看到，穆斯林传统的教育体系在铁路、电报和新式企业盛行的时代里已穷途末路。1857年，穆斯林的统治结束，其在政治、经济、文化上的特权亦随之失去。英语替代波斯语成为官方用语，传统的穆斯林教育失去了财政来源，教职人员的雇用也面临危机。墨守成规的穆斯林教育改革已是刻不容缓。1864年，赛义德创办了科学社，将西方自然科学和社会科学的一些名著译成乌尔都语，还出版了双语对照杂志介绍西方科学。赛义德在教育改革上有更远大的目标，他认为只在传统教育的基础上自我更新是不够的，应提倡西方教育，用英语、西方的艺术和科学进行教育，使穆斯林社会取得更快更好的进步。因此，他致力于创建一所采用西方教育模式的穆斯林大学。1875年，他在阿利加尔建立了英国-东方伊斯兰教学院，后努力把该学院升格为穆斯林大学。

自赛义德·艾哈迈德汗起，印度穆斯林在思想上、理论上逐渐成熟起来，坚持自身是独立力量的信念越来越强。由于看到穆斯林对于西方学识的了解远逊于印度教教徒，政府中的高级职位基本上由印度教教徒垄断，因此赛义德等启蒙活动家始终致力于在穆斯林中推广西式教育。

五、当代简史

进入当代，印度经历了从自治领到共和国成立、尼赫鲁执政时期、英迪拉·甘地执政时期、拉吉夫·甘地执政时期，经历了哈里发运动、甘地的不合作运动、国民不服从运动等政治活动，经历了从自由到分治，从分治到共和的过程。此后，印度文化教育活动回归正轨，本书将在后面章节从不同方面论述相关内容，在此不再赘述。

六、世界文化遗产

截至 2019 年，经联合国教科文组织审核批准列入《世界遗产名录》的印度世界遗产共有 38 项，其中文化遗产 30 项，在此简要列出部分项目。

红色阿格拉古堡，与泰姬花园毗邻，是 16 世纪莫卧儿王朝重要的纪念建筑。它是由红沙石建成的坚固堡垒，围墙长 2.5 千米，把莫卧儿统治者的皇宫围在中间。古堡里有许多宛如童话故事中的建筑，如沙·贾汗修建的贾汗吉尔宫和两座非常秀丽的清真寺。

阿旃陀石窟群，始建于公元前 2 世纪至公元前 1 世纪，到 5—6 世纪的笈多时期，更多精心修饰的石窟被添加到原有的石窟群中。阿旃陀石窟群的绘画和雕塑是佛教艺术的经典之作，具有相当重要的艺术影响力。

埃洛拉石窟群，位于马哈拉施特拉邦，离奥兰加巴德不远。在高高的、陡峭的玄武岩壁上，34 座洞穴庙宇被开凿出来，一座挨一座，延伸 2 000 多米。这些保存完好、排列有序的遗迹可追溯到 4—11 世纪，生动完好地再现了古印度文明。埃洛拉石窟群不仅艺术造型独特，技术水准高超，而且作为佛教、印度教和耆那教的圣殿，是古代印度容忍、宽恕精神的体现。

泰姬陵，一座由白色大理石建成的巨大陵墓清真寺，是莫卧儿皇帝沙·贾汗为纪念他心爱的妃子在阿格拉修建的。泰姬陵是印度穆斯林艺术的瑰宝，是世界文化遗产中令世人赞叹的经典杰作之一。

默哈伯利布勒姆古迹群，由 7—8 世纪帕那瓦国王们沿着科罗曼德尔海岸开辟岩石而建，其中的拉特（战车形式的庙宇）、曼荼罗（岩洞寺庙）、名为"恒河的起源"的巨大露天浮雕以及里瓦治寺院（寺内有数以千计的关于湿婆神的雕像）尤为著名。

科纳拉克太阳神庙，位于孟加拉湾沿岸，依照太阳神苏利耶驾驶战车的样子建造。6 匹马拉着战车，24 个车轮饰有字符图案。这座神庙建于 13 世纪，是印度最著名的婆罗门庙宇之一。

法塔赫布尔西格里（胜利之城），为阿克巴皇帝于 16 世纪后半期所建，莫卧儿王国曾在此定都 10 年。城中的整体建筑和寺庙都遵循统一的建筑风格，其中包括印度最大的清真寺——贾玛清真寺。

第二节 风土人情

风土人情是一个地方特有的自然环境和风俗、礼节、习惯的总称。印度的风土人情集中表现在饮食、服饰、建筑、舞蹈、重要节日和礼节等方面。

一、饮食

印度的食物在世界上独具特色。印度人做菜喜欢用调料，如咖喱、辣椒、黑胡椒、豆蔻、丁香、生姜、大蒜、茴香、肉桂等，其中用得最普遍、最多的还是咖喱。咖喱是用胡椒、茴香等 20 多种香料调制而成的一种香辣调料，呈黄色粉末状。由于宗教的原因，印度人的饮食习惯也不尽相同。虔诚的印度教教徒绝对不吃牛肉，因为他们把牛奉为神牛，而穆斯林不吃猪肉。印度的素食者大约占人口的一半。印度人的主食主要有米饭和一种叫"加巴地"的薄饼。印度的蔬菜主要有花菜、圆白菜、西红柿、黄瓜、豆角、土豆、洋葱、冬瓜等。印度的豆子种类繁多，有大如蚕豆的红豆，还有黄豆、豌豆等，印度人每餐都有豆子汤。印度人进餐时一般是把米饭或饼放在盘内，将菜和汤浇在上面。多数印度人进食时不用刀叉或勺子，而是把菜卷在饼内，或用手把米饭和菜混在一起，抓起来送进嘴里。印度人喜欢喝奶茶，甜食种类很多，烟酒不太流行。

二、服饰

早在新石器时代，印度人就学会了纺线织布，开始使用棉织品。进入印度河文明以后，印度人对服饰开始讲究起来，棉、麻、毛、丝织品均成为制作服装的原料。到了吠陀时期，印度服装更为考究，色彩更为鲜艳，男女分别开始穿托蒂和纱丽。虽然殖民者进入印度以后带来了西装、领带等欧洲服饰，但传统服装在印度至今仍流行不衰。

印度男性的着装以白色为主，传统的服装叫托蒂，是一块缠在腰间的布，用棉、麻或丝制成，长度一般为 3.6—4.5 米，垂至膝盖或脚面。印度男性上身穿肥大过膝的长衫（古尔达），天冷时加一个坎肩。这种服装舒适宽松，至今仍很受欢迎。在正式场合，印度男子多数穿尼赫鲁服。这是在印度民族独立运动时期象征印度民族精神的服装，其特征是立领、单排扣，长及膝盖，下配窄腿长裤，多为白色或灰色。印度高级官员在涉外活动或大型庆典上多着尼赫鲁服。

印度男性多半包头巾，头巾的长度、颜色与包裹方法多样，拉贾斯坦人和锡克人的头巾最为艳丽。包头巾是锡克人的传统，锡克人从小到大都必须蓄长发、包头巾。小孩的头巾样式比较简单，成年人的头巾样式则比较复杂。

印度女性的服饰比较艳丽，主要有纱丽、长裙和紧身上衣。纱丽是印度女性最钟爱的传统服装，布料一般长 5—8 米，宽 1.25 米，一般由棉、纱、丝、毛、尼龙和混纺等制成，以质地"轻柔薄爽"为佳。纱丽色彩不一，装饰繁多。纱丽最早用于宗教仪式，后来演变成印度妇女的日常服装。纱丽的穿着方法繁简不一，有包头式、披肩式、垂挂式三种，随个人喜好，无硬性规定。除纱丽外，印度北部最常见的女性服装是旁遮普套装，上身是宽松的长及腰部的外衣，一般在领口、胸前和袖口处绣有美丽的图案，下身是紧腿长裤，在脖颈处从前往后披一条丝巾。穿上这种套装走起路来潇洒飘逸。

印度女性还会在额头正中点指面大的圆形吉祥痣，印地语称"迪勒格"。因女性的年龄和境遇不同，痣的颜色和含义也不尽相同。一般已婚妇女点红色，未婚女性点紫黑色，而寡妇则不点吉祥痣。

印度人喜欢佩戴各种各样的首饰，如发饰、耳饰、额饰、鼻饰、项链、腕镯、戒指等，这些首饰大多用金、银、宝石制成。在婚礼、生日宴会、朋友聚会时，女性尽量把自己打扮得珠光宝气。在马哈拉施特拉邦，佩戴穿有黑色珠子的吉祥金链是已婚妇女的标志；在西孟加拉邦，戴在头发中缝的星环是女子出嫁的标志。成年男性则至少人均一枚戒指，有的手腕上还戴着手镯或拴着红线，以保佑平安。

三、建筑

古印度是世界四大文明古国之一。经历数千年的盛衰更替，印度依然保留着悠久的历史与灿烂的文明。古印度遗留至今的建筑瑰宝数量庞大、种类繁多，它们不仅是印度文明的载体，也是世界建筑史中不可忽视的重要组成部分。

（一）印度殖民时期的建筑

印度殖民时期建筑的分布范围随着殖民者的脚步从沿海地区扩散至整个印度半岛。为开展贸易，欧洲殖民统治者重视在印度进行城市规划、建造堡垒工事和教堂及其他各种建筑。18世纪后期至19世纪，殖民者势力不断增强，为满足统治管理的需要，其建筑的类型也不断丰富，涵盖了社会生活的方方面面，具体包括宗教建筑、行政办公建筑、交通运输建筑、文化教育建筑、纪念建筑、商业建筑以及园林等。在此，主要介绍宗教建筑、行政办公建筑和纪念建筑。[1]

欧洲殖民者在印度大陆确立殖民统治之后，定居人口不断攀升，满足其精神需求的教堂类建筑开始变得重要起来。殖民统治者在不同定居点修筑了很多教堂，如孟买圣托马斯大教堂、加尔各答圣安德鲁教堂、加尔各答圣约翰教堂、马德拉斯圣托马教堂、西姆拉基督教堂等。

殖民者也修筑了多所行政办公大楼，如孟买市政大楼。市政大楼是孟买市政当局为庆祝其地位的提升，在 1888 年维多利亚火车站完工不久后，着手准备建造的一处新办公大楼。市政大楼采用的是哥特式建筑风格，因为这个城市的开拓者们认为这是最卓越的建筑风格，而且还认为这种风格有助于使孟买在整个南亚次大陆独树一帜。加尔各答作家大厦，正式名称为西孟加拉邦秘书处，起初是英国东印度公司文职人员的办公场所，后成为印度西孟加拉邦的政府大楼。西姆拉总督府，位于西姆拉天文台山上，1880 年开工建设，1888 年完工，起初为英国总督的官邸，1964 年后变身为西姆拉高级研究所。此外，著名的行政办公建筑还有加尔各答高等法院、马德拉斯高等法院、新德里总统府、新德里秘书处大楼等。

殖民统治时期的纪念建筑比较著名的有维多利亚纪念堂和孟买印度门。维多利亚纪念堂坐落在加尔各答胡格利河边的麦丹公园，是一座专门用来纪念维多利亚女王（1819—1901）的大理石建筑。纪念堂于 1906 年开工，1921 年建成，现为博物馆。孟买印度门位于阿波罗码头，正对着孟买湾，是印度的标志性建筑。印度门是为纪念乔治五世和皇后玛丽的访印之行而建，高 46 米，外形酷似法国的凯旋门，是大英帝国"权力和威严"的象征。早年，它是乘船抵达孟买的游客看到的第一个建筑物，如今成为孟买的象征，也被称为孟买的"泰姬·玛哈尔陵"。现在这里是市政府迎接各国宾客的重要场地，成为印度重要旅游景点之一。

---

[1] 汪永平. 印度殖民时期城市与建筑 [M]. 南京：东南大学出版社，2017：85-110.

（二）印度独立后的建筑

20世纪40—80年代，印度主要解决的是全国范围内的社会问题。阶级、种姓和社会资源流动等问题一旦解决，整个国家的重点就转到经济一体化建设上来。20世纪90年代之后，印度开始发展一体化经济，而基础设施建设被认为是实现经济一体化的有效手段，因此受到高度重视。到21世纪初期，印度的建筑业蓬勃发展。

印度独立后的建筑多是政府部门主持建设的公共建筑，如贾特拉帕蒂·希瓦吉国际机场2号航站楼、珀尔时尚学院、卡尔沙遗产中心等。此外，大量的摩天楼、购物中心、信息技术产业园等也快速涌现。如今，印度由国际著名建筑师和著名建筑师事务所设计的建筑也越来越多，孟买、班加罗尔等城市已经呈现出一幅国际化都市的面貌。除了国际风格的建筑，印度的区域性建筑也有其特点，如设计注重遮阳和通风、低造价、使用本土的技艺、外观朴实无华等。

四、舞蹈

印度舞蹈文化基本上由三部分构成：古典舞蹈、民间舞蹈、流行舞蹈。古典舞蹈是雅文化的结晶；民间舞蹈是印度本土文化的瑰宝；而流行舞蹈正是我们业已从印度电影中所熟悉的俗文化的产物。三种舞蹈中，古典舞蹈是本，民间舞蹈是源，流行舞蹈则是流。按照受众分，古典舞在当代属于精英艺术，民间舞和流行舞则偏向于大众娱乐。

印度古典舞主要是在宗教的氛围中发展起来，最初只服务于宗教目的。印度各古典舞派在形态风格上各有不同，婆罗多舞稳健，卡塔克舞潇洒，奥迪西舞柔媚，曼尼普利舞清新，乔舞威猛，呈现出风格上的互补。印度古典舞有诗、乐、舞三位一体，纯舞段、叙述性舞段与哑剧三位一体，手、脚、眼三位一体，佩戴脚铃等特点。[1] 除古典舞蹈外，印度各地还有许多著名的民间舞蹈。印度的民间舞蹈历史悠久，在古典文献中都有记载。有些民间舞蹈世代相传，内容丰富多彩，各具特色，深受国民欢迎，如彭戈拉舞、格塔舞、秋莫尔舞、波瓦依舞等。印度流行舞蹈的发展离不开宝莱坞。宝莱坞是印度电影的发源地，也是印度歌舞普及的重要场地。这也就不难理解为什么印度电影里会有那么多随时随地的载歌载舞，无论是表达快乐还是悲伤，都能看到一场众人齐舞的场景。[2] 印度舞蹈通过现代化方式进入国民生活，同时流行舞蹈的兴起与发展也是对印度舞蹈文化的宣扬与传承。

五、重要节日

印度的节日众多，除了全国性的节日外，各地区还有地方节日，这些节日大多来自不同的宗教，节日的具体日期取自不同的历法，随年份而异。

印度法定节假日有 22 天，主要有共和国日、独立日、甘地诞辰日、安贝德卡尔诞辰日、公历新年、丰收节、甘尼许节、屠妖节、开斋节、宰牲节、劳动节、圣诞节，以及各宗教的新年。另外，印度还有很多不属于公共假期的一般节日，如哈奴曼诞辰日、逾越节、佛祖诞辰日、那纳克诞辰日、湿婆神节、洒红节、桑格拉提节、恒河女神下凡节、乘车节、兄妹节、十胜节，以及情人节、母亲节、父亲节、复活节、教师节、万圣节、儿童节等。在此仅介绍部分节日。

屠妖节，也称"排灯节"或"光明节"，起源于《罗摩衍那》中的故事，是印度教、耆那教与锡克教共同庆祝正义击败邪恶、光明战胜黑暗的日子，

---

[1] 江东. 印度舞蹈通论 [M]. 上海：上海音乐出版社，2004：46-50.

[2] 许菀楠. 印度宝莱坞电影中的歌舞元素研究 [D]. 南昌：江西财经大学，2020.

一般在公历 10 月下旬或 11 月上旬，为期 5 天。节日期间，人们会穿上新衣，与亲友分享糖果和点心。

开斋节是穆斯林庆祝斋月结束的节日，在伊历闪瓦鲁月的第一天。节日当天，穆斯林一般很早起床，身着节日服装，在早祈祷后就可以吃一些东西，象征斋月结束，然后他们出去团拜，互相拥抱问候，恢复和亲友之间的联系。

洒红节，也叫霍利节、泼水节或色彩节，源于印度著名史诗《摩诃婆罗多》记载的一个故事，是印度的传统节日，也是印度的传统新年。节日在公历 3—4 月，庆祝时间长短不一。节日期间，人们互相抛洒彩色粉末和有颜色的水，以庆祝春天的到来。

六、礼节

印度人在交往时十分注重礼节。与友人见面时，人们通常是双手合掌或举手，口念"纳马斯卡拉"，意为"向你致意"。合掌或举手的姿势、高低大有讲究：对长辈宜高，以示尊敬；对同辈宜平，以示对等；对幼辈则低，以示关怀。有时也相互拥抱，两手互搭对方的肩膀，以示亲热。迎候嘉宾时则往往敬献花环，将花环套挂在客人的脖子上，表示由衷的欢迎。

印度人还有尊重长者的风气，人们一般不在长者面前喝酒抽烟。长辈有所吩咐时，晚辈应答应一声"是"，并把头昂起来，以示乐从。对老人或父辈，在名字后面要加上尊称"若伯"（意为"老翁"），或称"巴布"（意为"大伯""父亲"）。印度人对伟人、老人和大师更为推崇，如对师长、导师称"古鲁"，称甘地为"圣雄"（意为"国父"），称博学家、梵学家为"潘迪特"，对一般学者称"斯利"（意为"先生"），对精通伊斯兰教义和阿拉伯语的穆斯林学者称"毛拉"或"大毛拉"。

在与印度人打交道时，一般不要询问对方的家庭、工作、收入，以免引起对方的不悦，也不要以政治话题开始谈话，特别是一些敏感的问题。印度人喜欢谈文化成就、传说、宗教、社会风俗、历史，这样的话题有助于和对方建立起良好的伙伴关系。

在印度教教徒眼中，牛是神圣不可侵犯的，每年僧侣要举行"波高节"，以表示对牛的崇拜。这种仪式不允许妇女参加。印度教忌食牛肉和使用牛皮制品。此外，很多印度人崇拜蛇，他们把蛇看作自己的祖先，也有不少人认为将蛇打死是触犯神明的行为。

进入印度教庙宇或清真寺，要脱鞋，经过门槛要跨过去而不能踩过去。光脚进寺庙时，事先要在入口处洗脚以示礼貌。进入清真寺时，不能穿短裤或无袖背心。进入锡克教寺庙时，要先戴上头巾或帽子，然后脱鞋才可进入。

第三节 文化流派与文化名人

人类传统观念认为，文化是一种社会现象，是由人类长期创造形成的产物，同时又是一种历史现象，是人类社会与历史的积淀物。确切地说，文化是凝结在物质之中又游离于物质之外的，能够被传承和传播的国家或民族的思维方式、价值观念、生活方式、行为规范、艺术文化、科学技术等，是人类相互之间进行交流的普遍认可的一种能够传承的意识形态，是对客观世界感性上的知识与经验的升华。作为世界四大文明古国之一，印度文化源远流长。论及印度文化流派的发展，势必不可回避印度思想史和哲学流派的演进。

一、文化流派

（一）吠檀多派

"吠檀多"一词是梵文 Vedanta 的音译，意思为"吠陀的末分"。吠檀多派哲学是以《奥义书》为主要研究对象，还包括《薄伽梵歌》和《梵经》两部经典著作。吠檀多一词最早见于《秃顶奥义书》和《白骡奥义书》。按照两种奥义书的说法，吠檀多是关于修行的"知识"，是教派内部不宣于人的"密义"。这主要是早期的理解，实际上到了稍后时期，吠檀多讨论的都是深奥的哲学道理，因此吠檀多便具有两个层次的意义：从历史沿革来看，它仍属于吠陀体系，因为它研究的文献都是"吠陀的末分"；从思想内容上来看，它已经超越了早期哲学的实在论的范围，提出了更高层次的哲学问题，对上古时代的吠陀思想已经做了终结，其哲学思想走向了新的时代。吠檀多派哲学自《梵经》的现存形式出现算起，至少有 1 500 年的历史，出现了各种流派。时至今日，吠檀多派哲学仍然对印度社会乃至世界思想界产生着不可估量的影响。

（二）数论派

数论（Samkhya）一词源自梵文 sam-Vkhya，其原意为"计数"，后转为"思索研究"一意。世界数论哲学研究权威伽尔比（Garbe）认为，数论哲学因为持二元论及二十五谛思想，它对世界万物皆以数量来解释，因此被别的学派笑称为"计数派"，故称为数论。关于数论的开祖，一般都认为是迦毗罗，二祖为阿修利，三祖为般尸诃。但是关于这三人在数论发展史上的地位，却难以评判。根据《金七十论》中的排列，到自在黑为止，数论的主要理论家为迦毗罗、阿修利、般尸诃、褐伽、优婆、跋婆利、自在黑。

（三）瑜伽派

瑜伽（Yoga）的词根是 Yuj，该词在《梨俱吠陀》中的原意是给牛马套上驭具，后转为活动、结合、联系、冥想、心的统一等意思。印度古代经典对这些意思各有不同的使用。一般说来，瑜伽修炼就是使人们的精神和注意力集中，从而获得超自然的力量，特别是在苏摩祭典之前的"净身"苦行，当修至身体感到灼热时即获得了超自然力。古代奥义书认为苦行是婆罗门的义务之一，修行者可以获得认识梵的神秘知识，甚至认为苦行就是梵。

通常判断一派是否成立或成熟主要有三个标准，一是该派有了根本经典，二是出现了与其他派别相对立的自成一派的学术主张，三是在学术界具有了相当的地位。印度六派哲学除了上述三派，还有胜论派、正理派、弥曼差派。由于篇幅有限，在此不详细展开。原则上说，弥曼差派和吠檀多派出现最早，其次为数论派与瑜伽派，最后是胜论派与正理派。

二、文化名人

在历史的长河中，不乏对印度历史文化做出卓越贡献的人，在此简要介绍三位闻名遐迩的印度名人：佛教创始人释迦牟尼、第一位获得诺贝尔文学奖的亚洲作家泰戈尔、印度民族解放运动的领导人"圣雄"甘地。

（一）释迦牟尼

释迦牟尼是佛教的创始人，是印度佛教文化的集大成者。释迦牟尼本名乔达摩·悉达多，意为"义成就者"。相传释迦牟尼 29 岁出家，35 岁在菩提树下悟道，修道成佛后，称"牟尼"，意为释迦部落的"圣贤"。他也被称为"佛陀",意为"获得正觉者"。释迦牟尼在世宣佛法口授身传,没有文字记录。释迦牟尼去世后,他的弟子们为了避免佛教教义日久散失,对他的言教进行了整理,是为"结集"。释迦牟尼的学说内容可归纳为三法印、四谛、八正道、十二缘起、三十七道品等。

(二)泰戈尔

泰戈尔是印度近代伟大的诗人、作家、艺术家、哲学家和社会活动家。除诗歌外,泰戈尔还写了小说、小品文、游记、话剧和2 000多首歌曲。他的诗歌主要是用孟加拉语写成的,在孟加拉语地区非常普及。他的散文主要是关于社会、政治和教育的。泰戈尔的诗歌除了宗教内容外,最主要的是描写自然和生命。在泰戈尔的诗歌中,生命本身和它的多样性就是欢乐的原因。同时,爱(包括对国家的爱)也是他的诗歌的主题之一。印度国歌《人民的意志》和孟加拉国国歌《金色的孟加拉》的歌词都使用了泰戈尔的诗句。英国诗人威尔弗雷德·欧文和爱尔兰诗人威廉·巴特勒·叶芝被泰戈尔的诗打动,鼓励泰戈尔将他的诗集《吉檀迦利》(意为"饥饿的石头")译成英语。1913年,他凭此获得了诺贝尔文学奖。泰戈尔还是印度近代中短篇小说的创始人。他的小说多取材于孟加拉河流域,多以抨击殖民主义统治、斥责封建道德习俗为主题。《太阳与乌云》《妻子的信》都是受人喜爱的名篇。《沉船》《戈拉》是泰戈尔长篇小说的代表作,也是伟大的孟加拉文小说。《沉船》通过青年大学生罗梅西曲折复杂的恋爱、婚姻故事,揭示了封建婚姻制度与争取婚姻自主的青年男女之间的尖锐矛盾,批判了包办婚姻以及不允许青年男女婚前见面的陋习。《戈拉》则通过着力塑造爱国知识分子戈拉的形象,提出克服宗教偏见、实现各民族解放才是爱国主义的课题。两部小说所提出的问题,都是当时印度社会迫切需要解决的问题,具有重要的现实意义。

（三）甘地

　　莫罕达斯·卡拉姆昌德·甘地出生于印度西海岸卡提阿瓦邦的波尔邦达城，家族世代经商。甘地的祖父弃商从政，担任卡提阿瓦几个小邦的首相。甘地的父亲卡拉姆昌德 25 岁时继承父业，成为波尔邦达土邦的首相。卡拉姆昌德两度丧偶，第三任妻子生了一女三子，其中最小的儿子就是甘地。甘地母亲笃信印度教，这给他后来的思想成长打下了深刻烙印。1887 年，18 岁的甘地中学毕业后升入萨玛达斯学院。1888 年 9 月，甘地从孟买起航，赴英留学，三个月后进入伦敦大学，主修法律。1891 年 6 月，甘地通过律师考试，正式取得英国高等法院的律师注册证，随后启程回国。留英三年，正逢各种新思潮广泛传播，甘地接触到了自由主义思想、费边社会主义思想、克鲁泡特金的互助论。此时，马克思的《资本论》第一卷、第二卷已出版，达尔文的进化论正在英国热烈讨论，这些大大开阔了甘地的思想和眼界。回到印度后，甘地从事律师工作。因业务不兴，1893 年 4 月，他应聘南非一家印度侨民的公司，以 105 镑的年薪出任其法律顾问。此后他在南非生活 21 年，积累了丰富的斗争经验。

　　南非也是英国的殖民地，印度侨民因是有色人种，受到双重的不平等待遇。甘地以他的法律知识和奉献精神，全力领导印侨进行反歧视斗争。他组织"印度人协会"，创办"凤凰村"等新村，发行《印度舆论》周刊，发动大规模的群众反抗运动，代表印侨赴伦敦请愿抗议，为印侨的利益抗争。甘地在 1913 年曾经因有学生品行堕落而自谴绝食七天，最后该生悔改。通过这些活动，甘地显露出了卓越的组织才能和领导才能。他在斗争实践中不断总结经验，用"爱"来团结群众，创立了"消极抵抗"（又称"坚持真理"）的新的政治斗争方式，并逐渐形成非暴力的思想体系。甘地严于律己的品德、全力奉献的高尚人格、坚忍不拔的斗争精神，使他不仅成为印侨的领袖和精神旗帜，而且在印度也博得了同胞的敬重和崇高的声誉。

43

1915 年 1 月，甘地因病回到印度，此后步入印度政坛，并以其独具特色的思想为指导，结合日臻成熟的斗争艺术，唤起民众，组织民众，为印度的民族解放和独立立下不朽功勋。同年，甘地被冠以"圣雄"的尊称。

糅合宗教与政治，是甘地思想的一大特色。甘地的宗教思想是以印度传统宗教为基础、吸收西方宗教以及近代西方思想而形成的。甘地是虔诚的印度教教徒，他的宗教思想主要来源于吠檀多哲学及其他一些经典。如尼赫鲁描述，甘地"每当危急之际，心灵被忧虑所苦恼、被责任的冲突所困惑时，便格外转向《薄伽梵歌》寻求光明的导引。甘地曾将他非暴力的坚固信仰奠基于此"。甘地也十分欣赏佛教和耆那教的一些教义，如泛爱众生、无人我之分，专注慈爱、拯救众生等，因此他认为，自我牺牲赎救世人不是寻求自我解脱，而是历经磨难，奉献牺牲，服务社会与民族，是最积极而决非消极的行为。

甘地将这种出世的泛爱精神，作用于入世的政治主张，使得宗教的理想与现实的政治相结合，拓展了宗教的现实性和政治的理想化。这在甘地身上具体表现为：前期以坚持真理和非暴力为斗争手段，力图纠正英国殖民政府所施行的种种不义；后期以追求真理和非暴力不合作的方式，通过合法与和平的手段，获得印度民族的解放和独立。

如何追求真理，甘地表示："非暴力是实现真理的唯一途径。"甘地认为，暴力有它自己的倾向，如发怒、自私等，但暴力无法使我们实现目标。非暴力不是一个否定的概念，它是一个远远比暴力更有效的实在的力量。这是因为，暴力之源是恨，而非暴力的核心是爱。因恨而得到的，终究是一种精神负担；因爱而获得的，亦是无所谓获得，反而是永存的，所以"对真理与非暴力应笃信不疑"[1]。甘地甚至认为："非暴力应该被认为是印度对于世界最大的贡献。"[2]

[1] 林太. 印度通史 [M]. 上海：上海社会科学院出版社，2012：291.

[2] 林太. 印度通史 [M]. 上海：上海社会科学院出版社，2012：289-291.

第三章 教育历史

第一节 历史沿革 [1]

一、古代印度教育

古代印度时期始于公元前 2500 年，止于公元 3 世纪。早在公元前 3000 年左右，在印度河流域就产生了最早的城市文明，但在古代印度，由于生产力水平低下，人们认识社会和自然的能力较低，宗教传播就成为人们培养认识的主要方式之一，因此，宗教决定了教育，且教育为宗教服务。

（一）婆罗门教教育

公元前 1000 年前，雅利安人进入印度河流域，随着不断征战，其活动区域又扩展至恒河流域，并建立起了国家。印度古籍吠陀记述了当时这段历史的发展，因此这段时期被称为吠陀时期。由于农业生产的逐步发展，印度于吠陀时期中叶进入奴隶社会。奴隶社会是阶级斗争残酷而尖锐的社

---

[1] 关于印度独立后的教育状况后文有专门章节系统论述，在此不再赘述。

会，也划分出了森严的等级与种姓制度，并根据种姓划分出不同地位的阶层：掌管宗教事务的僧侣贵族被称为"婆罗门"；执掌行政事务与军事大权的贵胄被称为"刹帝利"；从事农工商活动的平民被称为"吠舍"；奴隶被称为"首陀罗"。婆罗门在种姓中不仅地位最高，而且掌握着宗教大权，在当时教育为宗教服务的情况下，婆罗门种姓所接受的教育最全面。

1．教育对象

吠陀时期，四个种姓的人都可以获得受教育的机会，但非雅利安人和低种姓人群若想获得祭祀的权利，需要先获得吠陀知识。在此时期，家政教育是女性受教育的主要内容。妇女也可以创作颂诗，参加宗教仪式。女孩可以和男孩接受同样的教育，因此许多女孩最终接受了较高的教育，她们当中有些人还成为著名学者甚至先知。

2．教学方法与形式

吠陀时期，家庭教育占据重要的地位，教育的内容除了传授基本的生活知识、生产技能、道德教育外，最主要的教育内容是吠陀经。

古印度哲学将知识的获得分为三部分：听、冥想、意识。其中听又分为六个步骤：学习吠陀前进行的正规仪式、吟诵课文、完全掌握意思、对结果的理解、阅读解释性书本和得出最终结论。而吟诵学习的颂诗，在圣贤创作后进行保存，不仅要内省，而且要借助外部的学习方法，对颂诗进行最终的呈现。

吠陀教育有两种教育形式：口头自学与冥思。这两种形式使吠陀颂诗得以保存千年之久。当时的教学或由族长担任，或由父教子代代相传。由于吠陀被看作神的旨喻，不能书写，因此教学形式往往以口耳相传为主，教师说一句，学生念一句，再由教师进行纠错，直到功课圆满。其中，古儒[1]要求学生反复练习，做到发音准确，以帮助学生在日后的经文背诵中做到准确无误。吠陀时期的教育者认为，不准确的发音会破坏颂诗的效果，也会改变其原有意义。而冥思的意思是"天生的冥思苦想"。冥思可以帮助学生理解颂诗，并且规范发音。为了保持这种"冥思"的方式，教师会将冥思的技巧传授给出色的学生，以更好地传承。学生通过记忆的方式对内容进行学习，并通过冥思的方式达到理解。这种学习方式不仅推动了学生对颂诗的深刻理解，还有利于系统知识的学习。

3．教育内容

吠陀时期的教育内容主要以吠陀经为主。吠陀有四部经典，因为不允许抄写只能口耳相传，因此需十年左右才能学完一部经典，而四部学完需要数十年。此外，在吠陀时期，随着人们知识的不断积累，教育内容不仅局限于宗教内容，还包括生产斗争和生活实践中的各类知识，各门类学科应运而生，其中包括历史、祭祀规则、时间学、伦理学、词源学、礼仪学、药学、生理学、解剖学、外科学、天文学、占星术、数学、化学、几何学、美术等。而为了更好地解释吠陀经典，语音学、韵律学、文法学、哲学、逻辑学等也逐步纳入教学内容。当时所教授的内容主要以有利于达到自我实现的科目为主。

4．教育场所

在吠陀时期，婆罗门将家庭作为儿童学习和父母教育子女的首要场所。当时以家长制为主，父亲是一家之主，并可决定子女的命运，子女的教育更是处在父权的范围内。为了保证种姓的世袭，父亲需要在家中指导子女

---

[1] 古儒是对经义有专门研究并从事青少年教育的人。

记诵吠陀经，以便在祭祀活动中熟练诵读诗句，完成祭拜神灵的任务。由于学习吠陀经的难度大、时间长、过程繁琐、任务艰巨，需要付出大量的时间与精力，因此只有特权阶级才有条件去学习，而吠舍种姓子弟所学吠陀较少，他们逐渐将更多的时间用于学习实用性知识。

随着人们教育需求的日益增长，初期的家庭教育已不能满足需要，因此出现了吠陀学校和一些专门学校。最早的吠陀学校也称为僧侣训练学校，学生来源仅为婆罗门子弟，后来刹帝利和吠舍也可将子女送入吠陀学校学习。吠陀学校的教师由婆罗门出身的祭司担任。

8世纪后，随着各门类学科知识不断兴起与发展，古儒学校出现了。古儒在家中设校，教授那些父母不能在家中亲自教育的子女。学生在入学前，需参加"入法礼"，通过古儒的考试，及格后方能进入学习。入学后，学生在古儒家中进行吠陀经和其他知识的学习。除此之外，古儒学校同样重视学生的道德训练，对学生的行为规范有严格要求，学生师礼不周、学习不诚都有可能被开除。

此外，婆罗门教还设有文法学校、法律学校、天文学校、哲学学校等教育机构，以学习婆罗门教义为最高宗旨。学校教育和家庭教育的不同之处在于学校教育对吠陀经进行更深入的钻研与多种学科的教授。婆罗门学校以语音学、韵律学、文法学、字源学、天文学和祭礼作为学习吠陀经的基础，在学习这六科的基础上才能领会吠陀经典。另外，学校虽然仍以宗教内容为核心，但同时也涉及多类学科领域，这不仅带动了知识的发展，同时也促进了教师教学方法的改进。

5．教育特点

（1）种姓制度导致不同种姓间的教育鸿沟

古印度的种姓制度及宗教教义规定了教徒的责任、义务以及行为规范，每个人从出生那一刻起就被决定处于某一社会阶层，其未来发展、与他人及社会群体的关系也被固定。这些无形的规范，以一种心照不宣的方式束缚着不同种姓的人们。婆罗门种姓的人作为最高贵的种姓，有权享受完备的教育，教师也只能由婆罗门种姓的人来担任。而非再生种姓[1]的人群进行经典内容的学习，则会构成重罪。《高达摩法典》规定"假若首陀罗故意听人（诵读）吠陀，须向他的耳中灌以熔化的锡和蜡"。因此，在种姓制度下，教育也打上了阶级的烙印，并在印度历史上影响深远。尽管后来出现了佛教教育等教育，但是婆罗门和种姓制度依旧处在印度教育和文化的核心地位，而教育的任务就是维系种姓制度。

（2）教育内容以宗教精神为核心

这一时期的教育分为宗教教育和个人教育两个方面。宗教是古代印度教育的核心内容，教学科目包含吠陀经的四部经书，在教学过程中学生必须参加宗教仪式，在受教育的过程中必须遵守宗教所要求的行为处事准则等，古儒必须教学生如何祷告、如何祭祀、如何完成其年龄段应尽的义务。在当时人们认知不完备的情况下，种姓制度与宗教对印度的教育具有巨大影响。当时以口授为主的教学方法，加之吠陀经具有高度的权威性，虽然有利于传授积累较久、内容较深的宗教知识，但其实不利于激励个人的主动性和创造性。

（3）重视学生道德品质教育与生活习惯的培养

婆罗门时期的古儒重视学生的意志训练与思想道德教育，与此同时他们告诫学生，如果想有一个和平幸福的未来，就必须从小养成良好的习惯。因此，在跟随古儒学习期间，一方面，学生要进行艰苦生活的训练，在卫生、宗教、举止、言行等方面都遵守严格的规范与要求，禁止食蜜、食肉、饮酒、赌博、乘车、白天睡觉、贪财、发怒、恋爱、玩弄乐器、跳舞、诽

---

[1] 指除婆罗门、刹帝利、吠舍种姓外的首陀罗种姓群体。

谤、恐吓、吐痰、狂笑、打哈欠、伤害动物、凝视和接触妇女等；另一方面，有规律的日常生活是培养良好习惯的必需条件，学习期间，学生必须早起，履行每天的仪式，说实话，生活俭朴，与每个人友好相处。

（4）受教育年龄适当

在古印度时期，人们认为过晚地对孩子开展教育不会得到满意的结果，因此主张在童年时期就开始教育。吠陀时期，孩子很早就开始接受教育。婆罗门子弟的入学年龄为 7 岁，刹帝利子弟为 8 岁，吠舍子弟为 11 岁，入学之前须经过古儒考核，合格后方能入学。学习时间的长短则根据学习吠陀经卷的数目来决定，学习一部吠陀经需要花费 10 年左右，学期始于每年 7、8 月间月圆之时，除去假期、祭祀、典礼，所剩时间也就 4.5—5 个月。

（5）课程内容丰富多样

在吠陀时期，吠陀教育的内容虽以宗教内容为主，但也包含其他类别学科知识。就整体学习的课程而言，吠陀教育是多元性的，在掌握了众多必须学习的普通知识后再开始学习一门具体的学科知识。

（6）教育制度具有心理特点

吠陀教育制度是基于心理的。当时主要倡导口诵和冥思，同时也倡导自学和冥思，以便学生理解课文的意义。这两种方法都需要学生内化所学习的内容，并加以记忆、思考、理解。毕业时会举行毕业仪式。

（二）佛教教育

公元前 6 世纪，印度社会发生了巨大变化，逐步进入到列国时期。掌握军事权力的刹帝利日渐壮大，并对长期以来处于统治地位的婆罗门逐渐产生不满，对婆罗门的统治地位提出了挑战。为了打破吠陀的绝对权威，佛教与耆那教应运而生。佛教打破了婆罗门教对教育的垄断，使得教育逐渐走向民主化。

1．佛教教育产生的历史背景

公元前 600 年至公元前 324 年，是恒河流域城市发展较快的时期，同时也是古印度的列国时期，印度由原始的部落社会发展成为拥有 16 个奴隶制城邦的国家。这一时期，社会矛盾集中在种姓制度的斗争上，恒河东部产生了两个新兴奴隶主阶层——刹帝利王家贵族与吠舍大商人。刹帝利王家贵族反对婆罗门教居于种姓之首，长期处于统治地位且地位在自己之上；而吠舍大商人则需要国家权力的支持。新宗教在反对婆罗门教与种姓制度的进程中逐渐兴起。

佛教由释迦牟尼创立，吸收了婆罗门教的灵魂转世和羯摩等概念，从缘起理论出发，创造出系统的宗教哲学和教义。其真实目的是批判婆罗门教的"梵我合一"，认为万物处于方生方灭的变化中，因此种姓制度也是可以改变的，其本质是为刹帝利所代表的王权奴隶制度服务，并不是要消除种姓制度。

2．佛教教育概况

（1）教育场所

佛教采取修院的教育制度，将寺院作为主要的教育机构，主要包括寺庙与尼庵，只有僧侣有权传授知识。这样寺院既可以是教育的场所，也可以是司祭人员的培养场所，更是当时印度生活文化的中心。寺院中佛教弟子的修行方法就是当时的教育方法。佛教寺院的规章制度沿袭婆罗门教，类似吠陀制度。

4—8 世纪是佛教教育的鼎盛时期。世界闻名的高等学府——那烂陀寺，是古代印度规模宏大的佛教寺院和最高学府。那烂陀规模巨大，有数千间宿舍，100 个讲堂，3 个内藏丰富的藏经楼。学僧的数量达 1 万以上，仅传道授业者就有 1 500 余人，师生都具有很高的学术水平和文化水平。

（2）入学要求与条件

佛教寺院的入学要求大体上是从吠陀制度演变深化而来。与吠陀时期相同，学生入学也需拜访教师，并且考核合格后方可进入寺院学习。入学时需举行简单的仪式，学生手捧黄衣去见方丈，随后穿上黄衣高声起誓，起誓完毕后才真正成为寺院的学生。进入寺院后，学生须改变以往的种姓、服饰、性格等。未得到父母同意者、身患疾病者、道德存在过失者、试用期内表现不佳者均不被寺院接纳。教师需要对学生负责到 20 岁。学生 20 岁时举行仪式，成为佛教团的终身成员。

（3）教学方法

佛教教育与吠陀教育类似，均注重学生道德的培养。学习的内容主要是佛教经典，此外也学习其他科目，如哲学、因明学 [1]、医药学、经书注释等。初学时主要由长老口授，学生学习诵记，学到高深阶段则采用讨论和辩经的形式进行。教学方法主要包括口头教育、辩论、出游、校会等。

（4）教师资格

佛教教育对教师的资格有严格的把控，认为教师应具备高尚的道德品质，须有至少 10 年的僧侣经历，且性格和善、心胸开阔，这样才有可能向学生传授宗教知识和高尚的品德，并与错误的宗教观念做斗争。在学生教育方面，教师对学生的教育和发展负责。学生在受教育期间，教师必须满足学生的要求，包括必需的物质需求，对学生态度要和蔼，为其身心发展负责。

3．佛教教育的特点

（1）倡导自律生活

佛教教育非常重视道德品格的培养和言行举止的训练，教师和学生都

---

[1] 指古印度的逻辑学。

需要严格遵守规定，学生的衣、食、住、行、学都有严格的清规戒律，并且不得与妇女接触。

（2）师生关系密切

教师和学生处于一种理想化的状态，学生视教师为父母，而教师视学生为子女。学生对教师毕恭毕敬，教师对学生也全心全意，双方关系相当融洽。

（3）教育具有平民性

佛教教育的平民性主要体现在教育对象的普及性、办学规模的广泛性、教学用语的大众性、教育目的的普度众生性等方面。佛教教育的对象包括所有人，不再把受教育权局限于婆罗门和其他再生种姓的人。除此之外，佛教为妇女广设尼庵，为女性提供修行与教育场所，扩大了教育对象。在办学规模上，一所佛教教育机构经常包括上千名学生和许多教师，是具有现代大学模式的联合教育机构，鼓励学生从事广泛的、集体的学术活动。

二、伊斯兰教育

8—9世纪，印度多种宗教兴起，佛教开始由盛转衰，而伊斯兰教的传入获得了统治者的重视，伊斯兰教育也因此在印度得到快速发展。这一时期，教育依旧建立在宗教之上，教育目的以推广伊斯兰宗教知识、传播教义和社会准则为主。

（一）伊斯兰教育概况

1. 教育机构

伊斯兰教育受到政府的大力支持，实施伊斯兰教育的主要机构有麦克

台卜和马德拉沙 [1]。其中麦克台卜对学生进行初等教育，马德拉沙进行高级教育。

2．教育内容

伊斯兰教育是基于宗教开展的，且将教育场所设在清真寺。除宗教教育外，麦克台卜和马德拉沙也教授其他学科。在初等教育阶段，麦克台卜的课程先教授读写，然后学习、记忆《古兰经》的部分内容，在掌握波斯语后开始进行语法与文学学习。马德拉沙也传授实用知识，如书信和会计知识。皇家子女为了成为有能力的管理者，还需学习政治学、法学、军事学。高种姓子女既可以学习到管理知识，又可以学习到实践知识。实践性科目包括军事教育、艺术教育、手工教育等。

3．教学方法

伊斯兰教育依旧以口头教育和内容背诵为主要的教学方法，学生必须背诵《古兰经》的部分内容。后来阿克巴对这种教育方法进行了改革。他不仅进行了教材改革，培养学生的写作能力，还提倡一种系统化的教学。伊斯兰教育也提倡学生间的合作，重视实践，会带领学生进行阶段性的实践教育。

4．学生管理

伊斯兰教育依旧采取较为严格但周到的管理方式，在生活上会为学生

---

[1] 麦克台卜为 Maktab 音译，阿拉伯语中意为"书写的场所"；马德拉沙为 Madrasa 音译，阿拉伯语中意为"研究的场所"。

提供良好的条件。在马德拉沙阶段，国家会对学生进行周到的照顾，会为学生提供学习用品、衣服、食物等，并配备医院、游泳池等基础设施。

在对学生生活进行管理的基础上，学校也制定了一定的奖惩措施。学生如果不遵守学校纪律，就会被教师施以体罚。反之，聪明勤奋的优秀学生会得到教师的奖励与尊重，或被委以政府职务。富人群体也以奖励品学兼优的学生为荣。

（二）伊斯兰教育的特点

1．义务教育性

求知是每个穆斯林义不容辞的责任，人们必须接受教育，特别是男孩。因此在这种宗教教义的影响下，民众的教育意识有了极大的提高，并且宗教也通过教育得到进一步的推广。

2．对宗教教育和世俗教育同等重视，且注重实用性

伊斯兰教育虽以宗教知识的传授和学习为主，但同样重视世俗教育和实用知识的教育。麦克台卜阶段会教授学生书信的写法，并进行道德教育，学生毕业后能够学以致用。莫卧儿帝国时期的阿克巴和奥朗则布两位君主尤其重视实用知识，反对高强度灌输式的教育，反对学生学习实用性较弱甚至无用的知识，并将医学、农学、商业和手工等课程引入教学。

3．师生关系融洽，尊重学者

伊斯兰教育十分重视师生交往，鼓励教师爱学生、学生尊重教师，师生

之间培养深厚的感情。师生之间的交往也能促进学生更好地学习与接受知识。

伊斯兰教育鼓励人们求学求知，鼓励学者到各个城市去传教和从事教育事业。尊师重教是穆斯林人民的普遍共识。学者到各地建立学校，招收学生，通过教学一代代地进行知识的传递。

除了以上特点，伊斯兰教育还有教育免费、重视学校建设（有能力的人热衷建设学校和专业教育中心）、对品学兼优的学生进行奖励、重视文学发展等特点。

三、殖民统治时期的教育

1498 年，葡萄牙水手首先来到印度，此后英国人、法国人、丹麦人、西班牙人等纷纷通过商业公司到达印度，并与印度开启商业往来。1600 年，英国东印度公司成立。东印度公司最初到达印度的目的是攫获商业资源，但随着在印度的扩张，其殖民企图逐渐显露出来。经过 90 多年的剥削与扩张，东印度公司在印度全境建立了许多商馆和居留地，并且攫取了加尔各答、孟买和马德拉斯三大港口。1757 年，以普拉西战役为标志，印度逐步沦为英国的殖民地。由于印度传统教育具有保守性，使得东印度公司在确立对印度殖民统治后很长一段时间内，远离海洋的内陆地区仍旧以印度传统教育为主。

（一）殖民统治时期印度的教育概况

1. 殖民时期教育的开端

东印度公司建立不久，为获得印度有影响人士的支持，进一步巩固其在印度的地位，东印度公司让有能力的印度教和伊斯兰教学者享受英国政府的财政资助，为他们提供高等教育和政府职务，以拉拢人心，并首先在加尔各答、马德拉斯和贝拿勒斯（瓦拉纳西）各建立了一所大学。[1]

加尔各答的高等教育学府马德拉沙得到了东印度公司的经费支持，主要为穆斯林上层提供教育，使其成为英国政府的忠心支持者。加尔各答高等院校以宗教课程为主，需修习 7 年，开设科目有伊斯兰神学、法律、哲学、逻辑数学、天文学和语法等，教学用语是阿拉伯语和波斯语。马德拉沙很快吸引了全国各地的学生。通过这所学府，东印度公司获得了穆斯林上层社会的支持。1791 年，乔纳森·邓肯建立了梵学院，设有印度教、法学和其他学科，以梵语为教学用语。

2．殖民时期教育的初步发展阶段

1813 年英国政府颁布的特许法在一定程度上促进了印度殖民地教育的初步发展。该法的出台同时也意味着东印度公司担负起了发展印度教育的责任。特许法规定东印度公司每年至少拿出 10 万卢比来发展教育，此举在一定程度上体现了印度殖民地教育政策的雏形。由于缪尔（Muir）勋爵意识到这 10 万卢比如何使用的问题没有明确说明，因此他申请东印度公司再拿出 10 万卢比来开办新学校，修复旧学校。经过修订，《1833 年特许法》出台。

《1833 年特许法》的主要内容包括：认可传教士在教育上所做的努力，且为传教士提供传教的条件；孟加拉行政长官的地位高于其他邦的行政长官，其他邦应仿效孟加拉邦所制定的政策；英帝国统治区内的印度人在东印度公司任职不受种姓、信仰和其他条件的影响；教育经费从 10 万卢比增至 100 万卢比。

---

[1] 王长纯. 印度教育 [M]. 长春：吉林教育出版社，2000：59.

3．殖民时期教育的成熟阶段

1853 年，东印度公司发布新的法案，并成立委员会调查印度教育现状。之后，查尔斯·伍德[1] 担任东印度公司管理委员会主席，其职责是对印度教育现状做一份详尽报告，以便在教育政策上做出适当调整。伍德在 1854 年向达尔豪西总督递交了一篇报告，即《伍德教育急件》[2]。这篇报告奠定了印度殖民地时期的教育政策，对于传播西方知识和促进印度妇女教育影响深远。

《伍德教育急件》在一定程度上是《1833 年特许法》的延续。伍德也强调西方教育的重要性，由于缺少印地语课本，所以教学语言使用英语，但是并不否定把其他语言例如梵语、阿拉伯语和波斯语纳入所学科目；对于教师的要求是能通过英语阅读来理解欧洲知识，只有具备这个条件才能担任教师。此外，为了培养合格的教师队伍，伍德还建议有条件的邦建立师范学院，以提高教师的数量。除了重视师范教育，《伍德教育急件》还重视职业教育，建议有条件的地方建立大学和学院提供职业教育。伍德还高度重视妇女教育，建议政府利用助学金和采取其他措施来资助和促进妇女教育的发展，这是以往的法案所未提及的。

1855 年，印度教育部成立，成为当时教育行政的最高机构。1857 年，殖民当局仿照英国伦敦大学，在加尔各答、孟买和马德拉斯各建立一所大学。这些大学皆有很多附属学院，本身只负责授予学位，具体教学则由各学院进行。伍德将英式学校移植到印度，确立印度公立学校的教育学制为小学 5 年制、中间学校和中学 3 年制、中间学院 2 年制、大学教育 3 年制。但是这一学制并不是唯一标准，各个地区由于教育环境和教育传统不一样有所不同。自《伍德教育急件》发布之后，印度教育尤其是初等教育发展迅速（见表 3.1）。

---

[1] 英国国会成员、政治家，1846—1852 年担任英国财政大臣。

[2] 英文为 Wood's Education Dispatch，印度国内称之为《印度教育大宪章》。

表 3.1 1851—1880 年印度初等教育学校数量与学生数量

年份	学校数量（所）	学生数量（人）
1851—1855	657	16 087
1856—1860	905	27 988
1861—1865	1 753	56 372
1866—1870	2 307	60 325
1871—1875	12 731	330 024
1876—1880	14 266	390 513

从表 3.1 可见，1856—1860 年，初等教育学校数量达 905 所，与 1851—1855 年相比增加了 248 所，到 19 世纪 70 年代学校数量增加至 1 万多所，可见增幅之大。此外，学生人数也随着学校数量的增加而增加，从 60 年代到 70 年代增长了 5 倍多。到 1882 年，印度中学增至 3 916 所。[1]

（二）殖民地时期印度教育的特点

英属殖民地时期的教育就其性质而言属于奴化教育，虽然在客观上促进了印度教育的发展，但是这种奴化教育归根结底是带有侵略性的，是特殊时期的非合法化措施。殖民地时期的印度教育具有以下三个特点。

1．教育具有明显的传教色彩

由传教士所建立起来的基础教育体系对于整个印度教育的发展起了较大的作用。他们在印度建立起大批初等学校，促进了印度教育的发展，其

[1] 王长纯. 印度教育 [M]. 长春：吉林教育出版社，2000：278.

中有一些传教团体，在为印度人提供英语教学方面做得非常出色。这一群体以传教为目的，所以《圣经》就成为必修课，但与此同时，他们也开设不少世俗课程，如历史、地理和语法。教会学校一定程度上是仿照西方学校的模式来建立的，具备一套完整的上课作息时间表，以及专业的管理方法。教会学校所使用的教科书一般由传教士编纂。为了让学生更好地吸收知识，学校一般以当地语言作为教学用语，高年级学生则开始学习英语。除此之外，传教士了解大量的印度宗教传统知识，深谙印度教、佛教和伊斯兰教哲学中的细微差别，可以将印度宗教知识体系与传教很好地联系在一起。[1]

2．情感内容占据教育主导位置

在课堂教学中，由于传教士具有神学知识，所以在传授知识时不可避免地会带有多元化的宗教色彩。在英语教育和西方科学引进教会学校时，西方科学知识粉碎了学生原有的宗教信仰，从而使宗教约束力失去效用，而情感内容的重要性逐渐得到社会的认可。在教学中，情感内容占据了主导位置，教师或校长在传教时，更加注重公共道德的重要性，强调要注重行动，而不是注重口头上的教义。从情感内容占据教育的主导位置开始，教会学校逐渐被世俗化。宗教道德课程也更加注重对学生个人品德的培养，而不以学生的数量多少为目标。教师们逐渐开始认同道德和行为不是死板的教条。对于他们来说，最重要的不是学生对宗教教义的掌握，而是能否学以致用。

3．重视女性的受教育权

西式教育在印度的传播和推广，维护和巩固了殖民统治的社会基础，也传播了西方资本主义的思想和文化。随着西方文化的冲击和印度旧的经

---

[1] 陈超萍. 传教士与印度殖民地时期的教育研究（1813—1915）[D]. 长沙：湖南师范大学，2018.

济结构的解体，很多印度人开始接受西方文化和思想。这部分接受西方文化和思想的知识分子非常羡慕西方中产阶级家庭里妻子既是助手又是主妇的家庭模式，认识到妻子能够在家庭里承担起相夫教子的责任，也清楚地意识到印度女性和英国女性在接受教育方面存在的差距。他们期待本国女性扮演新的社会角色。而 19 世纪以来的一系列社会发展和变革，为新型知识分子实现理想提供了越来越广阔的舞台。这些知识分子鼓励妻子接受教育，也希望借助教育的普及来提升女性的地位。[1]

第二节　教育流派

一、泰戈尔的教育思想

1901 年，为实现自己的教育理想，40 岁的泰戈尔在孟加拉博尔普尔附近的圣蒂尼克坦创办了一所静修学校。这所学校后来发展成为有名的国际大学——维斯瓦巴拉蒂大学。在大量创作诗歌、小说、歌曲的同时，泰戈尔写了许多关于教育方面的著作，如《教育的理想》《教育问题》《教育的兴衰》《我的教育任务》《新教育》等。在这些著述中，他深刻地批判了当时印度流行的教育制度，阐述了自己的教育思想和主张，并身体力行，努力付诸实践。

（一）自然主义的教育哲学

泰戈尔十分注重人的自然本性，认为每一个人都有其不同于他人的特

---

[1] 杨雅楠. 英属印度殖民教育及其双重效果 [D]. 开封：河南大学，2011.

性，有按照自己的方式来活动、生活的权利和自由。当时大多数的印度学校都处于喧嚣的城市，远离农村，且教学方法简单粗暴，教学内容枯燥乏味。因此，他认为，一切教育都要从我们对儿童天性的理解开始。自由、创造性的自我表达、与自然和人相和谐既是泰戈尔教育哲学的三条主要原则，也是他对儿童天性的理解。在他看来，现代教育中的主要弊端就是忽视儿童的自然需求。泰戈尔认为，首先要使儿童实现与自然的和谐，使他们的天性得到自由的发展。基于这样的认识，泰戈尔强调学校应该置于大自然的怀抱之中，而不应囿于深院高墙。泰戈尔创办的圣蒂尼克坦学校正是"净修林"般的宁静之处。这里曾是大片的荒原，居住着印度古老的民族山达尔人，远离城市的喧嚣和奢华的物质生活。学生们在这里换上朴素的衣服，内心随之平静，不被外在的欲望裹挟。[1]

1. 学校要亲近大自然，建在农村

为了与"大城市"中机械呆板的学校制度相区分，泰戈尔主张学校应与自然融为一体，设在郊区或者农村。国际大学所在地圣蒂尼克坦是梵文译音，意思是"和平之乡"。走进校园，看不到高大宏伟的建筑，却可以看到学生们席地坐在树下听老师讲课，校园气氛和平安谧。

2. 教学方法要灵活自如，因材施教

印度当时的教学方法是"填鸭式"的，学生只是被动地接受，缺乏主动性和创造性。泰戈尔认为对不同的学生应该采取不同的教育方式。泰戈尔还主张各民族应当有一套适合自己民族的教学方法，不应随便硬套别

---

[1] 邢雯. 始于森林的教育——泰戈尔教育思想探源 [J]. 世界文化，2019（5）：62-64.

人的，不同民族应该开辟自己的教育特色，开创一个多元化发展的教育气象。

3．师生关系融洽，互相尊重与理解

在泰戈尔的学校，一种新型的融洽关系自然而然地在教师和学生中建立起来。泰戈尔认为，只有教师亲自研究科学，学生才能亲眼看到科学，因此教师应当以身作则，言传身教。泰戈尔提倡尊师爱生，学生尊敬教师应该是因为教师的责任心和品质，而不是其所处的地位。[1]

（二）和谐论的教育目的

和谐与协调可以说是泰戈尔整个教育思想的核心。他主张人生的基本原理是和谐与协调，主张梵我合一、我与非我合一、人与自然合一。首先，他认为人要与自然相和谐。人之所以可以使用自然力达到自己的目的，是因为人的能力与宇宙普遍的能力相和谐，而"我们同万物相和谐是我们达到真理的唯一途径"。其次，因为人生活在现实社会中，所以必须与他人交往，并保持人与人之间的和谐和统一。任何人，只有当有限与无限、相对与绝对、瞬息与永恒在他的生活和思想中统一，他才可能是完美的。再次，要与社会生活相和谐。泰戈尔反对教育与社会和生活相割裂，强调二者要紧密联系。在《目标与教育》中，他说："我们成为怎样的人，我们学什么，这两个问题不可分，水缸愈大，盛水就愈多。"他建议学校教一些像家务活等实用的内容，还可以让学生做些力所能及的事，这样不仅锻炼了动手能力，而且也培养了热爱大自然的情感，和大自然"建立了感情"。最后，与

---

[1] 曾小翠，李雪平. 论泰戈尔的教育思想及其实践 [J]. 亚太教育，2015（30）：265.

文化和谐相处。泰戈尔认为，教育一方面要弘扬本民族文化，另一方面要促进世界文化交流，使二者和谐统一，共同发展。[1] 可以说，和谐论是泰戈尔的主要教育思想之一。在他看来，教育的主要目的就是使受教育者达到这种和谐。

（三）劳动、艺术和宗教教育

泰戈尔认为，当时印度的教育过分注重智力。泰戈尔把纠正这种片面强调书本知识的偏向看作自己的任务之一。在圣蒂尼克坦学校，泰戈尔一方面将教育与体力劳动联系起来；另一方面，他将教育与人性中对美和宗教的追求联系起来。泰戈尔十分赞美古代印度教育林间茅舍的生活方式。他认为，让学生参加纺织、木工、制陶之类的家庭手工业，既可以使他们学到知识，又可以使他们参与社会经济生活。因此，泰戈尔在离圣蒂尼克坦不远的地方创办了一个农场和一个工艺中心，以便学生参加劳动。

泰戈尔还认为，人性中有对美的追求的一面，而这种追求在很大程度上不可能仅在口头语言中找到表达方式。因此，他主张必须寻找别的方式去表达，如线条与色彩、声音与动作。泰戈尔把绘画、雕塑、音乐、舞蹈看作完美教育不可缺少的部分。为了使儿童得到和谐的发展，泰戈尔特别强调儿童精神方面的发展。他十分重视宗教教育，认为宗教可以为人的活动建立起合适的中心，给予它们永恒的意义。他又认为宗教的内在精神不可能通过学究式的演讲来传达，而只能通过实践予以传授。在圣蒂尼克坦学校，不同信仰的学生一起来到林中校舍，在那里共同投身于"精神和谐的宗教"。在泰戈尔的宗教教育思想中，宗教在教义、仪式和教规上的外在表现与具有普遍意义和普遍联系的内在精神是区别开来的。泰戈尔所思考

---

[1] 刘风云. 浅谈泰戈尔的和谐教育思想 [J]. 现代教育科学，2007（10）：25-26+18.

和所实践的正是这种能够充实教育进程的"内在精神"。

此外，泰戈尔强调教育要同社会生活实际相结合，认为任何脱离实际的教育都不可能保持生命力。泰戈尔还十分重视妇女教育，认为忽视妇女教育是违反自然法则的。他不仅强调妇女教育的重要性，而且较早地在圣蒂尼克坦学校里实行男女同校教育。

（四）儿童教育

泰戈尔十分重视教育，在教育方面也有自己独到的见解，其中儿童教育是泰戈尔最为重视的。在儿童教育方面，泰戈尔从人性的角度出发，充分尊重儿童的天性，认为只有给儿童充分的自由，让他们能够与大自然接触，去做游戏，去表现，去创造，才真正有益于儿童的成长发展。一味地将儿童束缚在学校中，给儿童灌输大量的知识，用强制力去约束儿童是对儿童生命的一种摧残，剥夺了儿童的快乐，剥夺了儿童体验生命无限性的权利。[1]

泰戈尔的教育思想是丰富的，他的许多看法是精辟的，他在圣蒂尼克坦学校的实践又是独特的。尽管他的教育思想未能得到广泛实践，在印度也没有出现第二所圣蒂尼克坦学校，但他的教育思想和教育实践在印度教育史上占据了重要的地位。

二、甘地的教育思想

甘地也是一名出色的教育家。甘地认为必须改革印度的教育制度，变贵族化教育结构为大众化教育结构，以建设一个没有剥削、人人平等的社会，

---

[1] 云思文. 泰戈尔的儿童生命教育思想研究 [D]. 上海：上海师范大学，2016.

使人人享有均等的教育机会。他主张根据印度的社会条件，建立以手工劳动为中心的基础教育制度。1937 年 10 月在华达召开的全印国民教育大会上，他为国大党拟定的四条教育原则被采纳：在全国实施 14 岁以下儿童 7 年免费义务教育，学校必须采用本国语教学，教育必须以手工劳动和生产性工作为中心，学校实现完全的经费自给。此后，印度全国开展基础教育运动。甘地的主要教育著作有《基础教育》《走向新教育》《真正的教育》等。[1]

（一）以基础教育为主的教育思想

1937 年，甘地在周刊《哈里真》上系统地阐述了自己的教育思想并冠之以"基础教育"之名。甘地设计的基础教育计划是一种既通过工作、在工作中接受的教育，又是能够使人在前者的基础上热爱工作的教育。

由于基础教育不同于以往的任何教育，所以甘地又称基础教育为"新教育"。甘地从批判当时的教育制度以及印度社会的现实出发，提出了自己的教育思想。甘地认为，印度从宗主国引入的外来教育模式使得原有的贵族化教育结构更加根深蒂固，教育与平民大众，尤其是占人口绝大多数的农民的生活、利益和需求毫不相干。因此，印度教育的根本出路就在于改革这种非人民性的教育。他认为，印度教育模式必须从根本上有别于西方教育模式，必须植根于印度的广大农村，其重点在于初等教育和成人教育。甘地十分明确地指出：初等教育规划必须首先考虑到农村，而初等教育的形式，在于通过职业和手工训练的手段来教育儿童。这种以手工劳动为中心的新教育，其目的是使人得到全面发展。为此，甘地提出了他的教育改革设想：人必须通过手才能使自己的头脑受到教育；教育必须更好地结合本地的自然和社会环境；教育要联系学生的实际生活，能满足儿童爱动好

---

[1] 王长纯. 印度教育 [M]. 长春：吉林教育出版社，2000：637.

问和探索环境的心理需求；手工劳动作为一种有益的社会活动，应成为学校教育的重要组成部分，并作为实现教育自给的一种手段；学校的课程设置应当与本地居民普遍从事的手工劳动相配合，必须注意使教育融入手工劳动之中并通过手工劳动去进行。[1]

根据上述教育改革设想，甘地提出了关于基础教育的具体主张，即应该实施免费的义务教育，教育应该以手工劳动为中心，教育应该是自助的；教育应该用民族语施行，教育应该以非暴力为基础。[2]

（二）教育中的"非暴力不合作"运动

非暴力不合作运动是甘地倡导的反对英国殖民统治、恢复印度民族自尊、争取民族自治的手段，其前提是遵守法律与拒绝使用暴力。在教育领域，甘地也对英国的殖民教育倡导非暴力不合作的抵制。

甘地尤其抵制英语作为教学语言。甘地是在英国，并通过英语来认识、了解自己的国家及其宗教的特征和传统的，虽然他为了印度的独立成为大英帝国的叛逆者，但他并没有忘却英国人民及其思想传统给他的启迪。在他生命的最后岁月里，他仍然表示自己从来没有反对过英国人或任何西方人，英语也不会从他的知识库中被驱逐。他所反对的是英语超出了它所应该占据的地位，认为印度不能把英语作为国语或教学语言。甘地认为，以英语作为教学语言的殖民教育政策给印度带来了"惨重的损失"和"无可估量的智力与道德伤害"。首先，英国殖民者给印度儿童从小灌输英国文化，以此来维护和巩固英国的殖民统治，这种文化统治比政治统治的影响更为长久。其次，英语作为教学语言阻碍了印度儿童智力的发展。儿童需要花费更多时间先学习英语再去学习知识，阻碍了学生知识获取的进程。

---

[1] 王长纯. 印度教育 [M]. 长春：吉林教育出版社，2000：653.

[2] 王长纯. 印度教育 [M]. 长春：吉林教育出版社，2000：653-654.

最后，英语作为教学语言而学生的母语在校园中被禁止使用，妨碍了印度语言的发展与传承，削弱了印度文化的根基。[1]

经过深入思考，甘地认为英语不应该成为印度的国语。英语只能作为诸多语言中的一种教给学生，并用于外交事务及国际贸易，而印地语是能够满足国语要求的语言。而且，民族语言是民族自尊的象征，当民族语言在国家教育制度中获得公正地位、成为学校的教学媒介，印度人就会恢复自尊。语言还将有助于民族自治，他认为，如果印度人对民族语言失去信心，就是对自己信心不足的标志，是衰落的标志。甘地从抵制英语作为教学语言出发，呼吁国人对印度的文化树立信心，从本国既有条件出发，创造并积累属于本国的文化财富。

（三）以手工劳动为中心的课程设置

手工劳动在甘地的思想中具有极为重要的地位。作为一个社会改革家，甘地希望建立的新印度是一个以手工劳动为基础的重视农村的国家，而且希望借助传统的手工业活动来组织全部教育活动。作为一个教育家，甘地更注重手工劳动对人身心的全面发展以及对人成为一个自立的人的重要作用。甘地强调，儿童的教育应始于"教他一种有益的手工劳动，并使他从一接受训练起就能生产产品，这样，每一所学校都可以成为自助的学校"，对学生个人来说，他们学会了手工劳动，走上社会便能自食其力。

由于甘地重视手工劳动的作用，因此手工劳动的课程设置和课时分配在甘地的基础教育构想中有着显著的位置。他认为，基础教育的课程设置主要有 6 项：一是基础手工劳动，如农业活动，纺纱，织布，木工、铁匠活等；二是民族语；三是数学，主要是与手工劳动和社区生活有联系的数学

---

[1] 吴式颖，等. 外国教育思想通史：第 9 卷 [M]. 长沙：湖南教育出版社，2002：620.

知识；四是社会常识，包括历史、地理和公民知识等；五是普通科学，如动物学、生理学、卫生学、物理、化学知识等；六是绘画和音乐。甘地提出，在1—5年级，男女童学习同样的课程，从6年级起，女生开始学家政学而不学普通科学。[1]

按甘地思想制定的"瓦尔达方案"规定，基础学校的课时每天5个多小时，其中基础手工劳动为3小时20分钟，音乐、绘画和数学40分钟，民族语40分钟，社会常识和普通科学30分钟，体育锻炼10分钟。手工劳动与文字教学不应分开进行，而应将文字教学寓于手工劳动之中，所有科目的教学都应鼓励手工劳动。

为与以手工劳动为中心的课程设置相适应，甘地强调"做中学"的教学方法，并将"做中学"作为自己教育思想的基本原则之一。他认为，这是把书本知识、手工劳动和生活环境联系起来的唯一方法。甘地自己在托尔斯泰农场和真理学院的教学活动中就是这样做的。[2]

甘地的教育思想对当时印度的教育尤其是印度农村教育的发展产生了十分重要的影响，而且对独立后的印度教育也一度起到了指导作用。随着印度独立后希望建设成为一个工业化的国家，甘地提出的以农村为主要服务对象的基础教育思想也就逐渐失去了它的现实意义，但这并不影响甘地的教育思想在印度教育史上的显著地位。

三、奈克的教育思想

奈克（1907—1981），印度教育家，被誉为印度教育改革的建筑师。奈克的教育观点在许多方面决定了20世纪70—80年代印度教育发展的状况。

[1] 王长纯. 印度教育 [M]. 长春：吉林教育出版社，2000：654-655.
[2] 王长纯. 印度教育 [M]. 长春：吉林教育出版社，2000：655.

奈克出身贫寒，做过农村小学教师，后来成为政府教育顾问，从事教育理论与实践方面的研究。在他的建议下，印度成立了由他领导的若干教育机构和研究中心。这些中心包括教育研究和师资培训国家委员会、教育计划与管理中央研究所、孟买高等教育和教育研究学院、德里尼赫鲁大学、浦那教育研究所。

奈克曾积极参加 1964—1966 年国家教育委员会的工作，是该委员会报告的主要作者，还多次参加全国和地方研究教育发展方向的会议，并与联合国教科文组织和其他国际文化教育团体合作。他出版的教育方面的著作有 35 部之多，包括《印度教育改革：历史的审视》《教育中的平等、数量和质量：虚幻的三角形》《教育委员会，下一步是什么？》《教育为人民：发展的基本方向（1978—1987）》。在这些著作中，他提出了自己的国家教育制度的构想。这一构想随着社会的变化、教育观点的改进和教育经验的积累逐步地完善起来。

奈克教育构想的实质在于：形成于殖民时期的教育制度必须由能反映民主印度社会与个人需要的真正的民主教育制度所替代。教育的主要任务是：增强建立在印度宪法所确立的原则上的社会巩固与稳定，使个性在民族文化系统内得到整合，接触世界文明成就，用现代的认识手段武装学生，形成科学的世界观，用全人类的道德来教育年轻一代。

奈克认为，教育是社会发展的决定性因素，对提高劳动生产力、民族统一和社会进步、民主个性的培养发挥着关键性的作用。这些任务如何从教育方面加以解决、学校教育为了使印度加强民族独立和经济自立应该做什么，相关重大问题都反映在主要由奈克撰写的 1964—1966 年国家教育委员会的报告《教育与民族发展》之中。报告指出，教育有巨大的经济价值，提高民族教育水平和培养专业技术人才会大大提高劳动生产力，并最终提高生活水平，因此可以增大教育投入，为提高教育质量创造有利条件。"教育与经济构成了不断上升的螺旋物，这个螺旋物的不同部分互相汲取营养，互相支持"。[1] 教育对经济的贡献可通过三条途径来实现：把科学变为教育的重要内容，承认对学生实施的普通教育中劳动教育的社会意义，把职业教育因素引进高中教育。

为了确立社会平等原则，实现"社会统一"，奈克建议消除教育中的二元论，建立针对所有社会集团的统一的教育制度。他认为，在印度国内为学生提供高质量教育的私立学校和国家所办的众多招收非富有家庭儿童的低质学校并存是不应有的状况。报告还认为，"质量教育取代了对所有儿童，或者至少是对所有阶层有才能儿童的教育，而只面向少数人。这些少数人通常不是由其智力决定能否上这种私立学校，而是由是否有能力缴纳学费来决定的。"[2]

奈克认为上述这种现象与民主社会的理想格格不入，所以他建议重新制定教育制度，以便使所有学校都对儿童开放，而不取决于儿童家长的社会与经济地位。

奈克认为教育制度应该建立在民族价值的基础上，同时还要考虑世界文明的成果。他强调在当代条件下，教育应该促进传统价值观的复兴，如非暴力、自我牺牲的能力、对真理的追求。教育的主要任务应该是培养自我意识、自我管理的技能和与周围世界和谐相处的能力。奈克提出了改革教育结构的一系列建议。他建议将学前教育机构纳入教育系统，并视其为个性发展的初始阶段和吸引妇女参加劳动和社会活动的手段。奈克设计了新的、非传统的学前教育形式，这种形式不需要大量的经费投入和组织工作。奈克建议的学校教育制度包括四个阶段：第一阶段是小学（1—5 年级），第二阶段是高级小学（6—8 年级），第三阶段是中学（9—10 年级），

---

[1] Education and National Development. Report of the Education Commission 1964—1966[R]. New Delhi NCERT, 1971: 11.

[2] Education and National Development. Report of the Education Commission 1964—1966[R]. New Delhi NCERT, 1971: 187.

第四阶段是高级中学（11—12 年级）。

奈克认为，学校不应该是教育的唯一场所，应该广泛地使用教学与教育的非传统形式，如非正规教育中心、学习班、函授学习、自学和校外考试制度等。他认为，改革后的教育制度，为了保证每一个想要学习的人都能够在自己方便的时间去学习，可以运用各种合适的形式，普通教育学校、非正规教育中心和自学应该具有相同的地位。同时，他认为普及初等教育只有与提高成年人的文化教育水平紧密相连才能得以实现，后者不能局限在读写算的范围内，目标应该更为广阔。

奈克为印度教学内容的根本性改造奠定了基础。按照他的想法，选择教材的基本原则是个人和社会的利益。教学内容应该能保证普通教育的实施、科学世界观和公民观的培养、成熟感情的培养和劳动的准备。他认为教学内容是由人文学科、数学–自然科学学科、劳动和综合技术教育培养组成的；在高级中学向青年学生提供广泛的现实课题选择很重要，这种课题应该考虑地方经济与社会和学生个人才能的需要。

奈克建议从根本上更新教学方法，从对学习材料的死记硬背转移到对内容的创造性运用，培养自我教育的技能和能力；在信息迅速扩展和科技全球传播的条件下，人应该运用不同的教育形式不断提高教育水平。奈克强调，对印度社会来讲，任何将教育整齐划一的尝试都是不能接受的，教育应当符合地方特点和民族教育制度的需求。

奈克认为在实施国家教育标准时，教育内容与形式应该考虑个人的兴趣。他建议制定普通教育学校的基础教学计划，以及根据联邦、地方和学校的不同水平选择教学内容的标准，地方机构和学校领导拥有根据地方条件编制教学大纲的权力。这种方法既兼顾了国家利益，也保护了地方、学生和家长的利益。[1]

---

[1] 王长纯. 印度教育 [M]. 长春：吉林教育出版社，2000：670-772.

第四章 学前教育

第一节 学前教育的发展和现状

一、学前教育的发展历程

19 世纪，欧洲传教士开始把幼儿园的概念传入印度。19 世纪下半叶，印度产生了近代社会学前教育。20 世纪 30 年代末，蒙台梭利的访问促进了印度幼儿教育的发展。不久，印度政府在塔拉百莫达克等地建立了几所蒙台梭利学校。

1945 年，受蒙台梭利的启发，印度政府在塔拉百莫达克开办了一家学前教育教师培训学院，其母婴中心为早期教育中心，为少数民族儿童服务。如今，母婴中心已成为一个专有名词，包括了政府赞助的最大的学前教育机构之一——儿童综合发展服务中心管理的所有早期教育中心。[1]

印度独立前，学前教育长期不受重视。1944 年，印度中等教育咨询委员会在《战后印度教育的发展》报告中首次强调了学前教育的重要性，并建议将学前教育作为全国教育系统必不可少的附属部分，但该建议没有被

---

[1] 周采. 比较学前教育 [M]. 北京：人民教育出版社，2010：218.

付诸实施。

印度独立后，学前教育日益受到关注。1953年，印度政府成立了一个负责学前教育的委员会，其职责是为政府制定关于未来学前教育机构的政策。同年，印度政府通过了社会福利部关于建立"巴尔瓦迪斯"[1]的建议，这是政府关心农村学前教育的开始。

20世纪70年代，印度政府开始积极发展学前教育，颁布相关的法律和政策。1974年颁布的《国家儿童政策》具有里程碑意义，标志着政府已经意识到儿童是有价值的人力资源，开始为儿童的成长负责。此举促进了联邦儿童委员会的成立。1975年，儿童综合发展服务中心项目开始由社会福利部赞助。1987—1988年，约465万名儿童在88 400个母婴中心接受教育。[2]

1986年，印度颁布的《联邦教育法》第一次明确了学前教育为"幼儿看护和教育"这一整体概念，强调了游戏在学前教育中的重要性，指出了教幼儿学习阅读、书写、美术的害处。在法令中，学前教育不仅被看作人力资源发展项目，而且被视为基础教育的准备阶段。

二、学前教育的现状

（一）学前教育的地位

1．将儿童的发展作为国家发展的第一要务

在宪法精神的指导下，印度在国家层面的发展计划和报告等文件中也

---

[1] 一种面向农村的小型幼儿教育班。

[2] GARY A W, JUDITH B, LAWRENCE P. International handbook of early childhood education[M]. New York: Garland Publishing, 1992: 277.

多次强调儿童作为国家宝贵财富的重要性以及学前教育对儿童发展的重要意义。印度政府认为，印度的未来发展在于儿童，而且是超越了收入阶层、地域限制、性别差异和社群差别的儿童。因此，印度第十个"五年计划"（2002—2007 年）明确宣称："儿童的发展是国家发展日程上的第一要务，这不是因为儿童是最脆弱的群体，而是因为他们是我们至高无上的财富，是我们国家未来的人力资源。"[1] 而印度妇女和儿童发展部在其 2007—2008 年度报告的开篇中也指出："儿童的早期是人生中最为关键的时期，这一时期奠定了认知、社会、情感、身体和运动发展以及终身学习的基础。儿童的生存、生长和发展是一个整体，缺一不可。因而，在提供适宜儿童发展的教育、健康和营养等服务的同时，还应该注意将这几个方面紧密地联系起来，并使之达到平衡状态。"[2] 印度第十一个"五年计划"（2007—2012）也提出把"儿童的发展作为中心任务"，"政府承诺不让任何一个孩子失去宝贵的童年，不管是因为工作、疾病，还是因为绝望。儿童从出生到 8 岁，都应该被赋予公平的对待，这段时间也是儿童为一生发展奠定坚实基础、认识并充分发挥自己潜能的最关键时期"。[3] 总而言之，以第十个"五年计划"和第十一个"五年计划"为代表的印度中央政府文件有效地提高了人们对学前教育重要性的认识。

2．制定多种政策法规和行动计划保障早期儿童保育和教育

印度早期儿童保育和教育的服务得到了多项政策法规和相关行动计划的保障。印度在 1986 年出台的《国家教育政策》中指出，早期儿童保育和

---

[1] 资料来源于印度妇女和儿童发展部官网。

[2] 资料来源于印度妇女和儿童发展部官网。

[3] Ministry of Women and Child Development. Working group on development of children for the Eleventh Five Year Plan (2007—2012)—a report, sub group report: early childhood education in the Eleventh Five Year Plan (2007—2012)[R]. 2007: 4.

教育"是人力资源战略所必不可少的投入，是基础教育的给养和支持，是对在职妇女的支持性服务"。在 1992 年出台的行动项目中，印度政府设置了关于早期儿童教育的运作和教师培训的具体目标。2000 年颁布的《国家健康政策》特别关注 0—6 岁儿童的健康问题，制定了到 2010 年将婴儿死亡率降低到 30‰、将孕妇死亡率降低到 1‰ 的目标。该政策还进一步说明，在宏观政策规定的指导下，政府以及私人部门项目计划者必须为满足妇女和儿童的需要而设计并调整专门的方案。在 2000 年正式通过的《国家人口政策》中，印度政府把儿童的健康看作稳定人口的重要策略。2001 年颁布的《国家妇女赋权政策》则强调要扩大儿童保育设施，包括工作场所的托儿所，从而为妇女儿童的发展创造良好环境。

3．政府部门重视学前儿童的发展与教育

印度宪法规定国家必须提供义务教育阶段前的学前教育，而且认为儿童的发展和教育是并行的主题，因此印度联邦政府各相关部门和各邦必须在早期儿童保育和教育服务的执行上承担各自的责任。印度联邦政府成立的教育委员会认识到学前教育的重要性以及它与儿童入学后学习成绩之间的重要联系，建议国家担负起学前教育的所有监管和指导职责，建立示范性学校，培训教师并进行关于早期儿童教育的科学研究。1968 年，儿童项目准备委员会首次建议政府应当加大对学前教育的投入力度。可见，印度政府对学前教育的设计、实施、监管和经费支持都相当重视。

印度政府对儿童的关注涉及多个领域，包括儿童的生存、发展、健康和教育等方面。2003 年颁布的《国家儿童宪章》重点关注以下内容：儿童的生存、生活和自由；推进儿童的健康和营养标准；保证儿童的最低需要和生命安全；儿童的游戏和娱乐；早期儿童保育；免费义务教育；保护儿童免受经济剥削和任何形式的虐待；保护女童；青少年权利；平等、表达

的自由；加强家庭和父母双方的责任；保护残疾儿童；加强对被边缘化和处境不利儿童的保育、保护和福利。

（二）学前教育的课程设置

2012 年 1 月，印度妇女和儿童发展部颁布了《儿童早期教育课程框架（草案）》[1]，对规范印度学前教育具有重要意义。

1. 课程目标

该框架明确了早期儿童教育的总体目的，即促进儿童潜能发展，为终身学习奠定基础。

具体课程目标包括：发展积极的自我认知；为身体发育、肌肉和运动技能发展奠定良好的基础；养成健康的生活习惯和培养基本生活技能；提高口语和书面表达能力；发展五种感觉和认知技能，为高级思维和推理奠定基础；通过提供充分的自我表达、探究和实验机会来发展儿童的创造性；为顺利实现幼小衔接、做好入学准备、发展正确的价值观和社会态度奠定基础。

《儿童早期教育课程框架（草案）》渗透了终身发展的理念，注重对儿童整体人格的培养，把课程实施看成一个不断激发儿童潜能的发展过程。在这个过程中，儿童有能力去获取他们终身需要的知识、技能、价值与理解，逐步提升表达力、想象力和创造力，发展积极的自我概念，进而不断完善认知能力。终身发展理念下的早期儿童教育课程着眼于儿童的内在兴趣与求知需求，通过适宜儿童发展的游戏、活动，不断丰富儿童的感觉体验，为儿童提供各种学习机会，满足其心理、生理、情感和社会的各种发展需要，对实现儿童健康、自信、愉快成长至关重要。

---

[1] 资料来源于印度妇女和儿童发展部官网。

2．课程内容

早期儿童教育课程必须是综合性的、基于游戏的课程，应该关注儿童生活技能的发展。课程内容包括六个方面：一是身体和精神发展，包括运能技能、肌肉协调、眼手协调、平衡感、身体协调、空间和方向感、营养、健康状况等方面；二是语言发展，包括听力和理解、口语与交流、词汇发展、文化技能、字母认知、句子和早期写作等方面；三是认知发展，即各种概念的发展；四是社会个性和情感发展，即自我概念的发展，包括自我控制、生活技能、习惯养成、社会关系、社会行为、表达感情、接受其他感觉等方面；五是感觉发展，即通过视觉、听觉和触觉经验等发展五种感觉能力；六是创造性和审美欣赏能力的发展，探索不同的艺术形式，提升艺术表达和欣赏能力。

基于儿童的年龄特征和兴趣需求，《儿童早期教育课程框架（草案）》强调，对3—4岁的儿童而言，课程内容应该包括一些必要而持续的指导，使儿童通过个人活动或团体合作与周围的环境相互作用，解决一些力所能及的问题，培养积极的自我概念；对5—6岁的儿童而言，课程内容应该包括阅读准备、写作准备、数学、运动发展、创造力与审美等，侧重为特定儿童入学做准备。

3．教学方法

在教学和学习方法方面，早期儿童教育课程采用的是基于游戏和活动的方法。儿童是有积极性的个体，他们自己建构知识，教与学的过程是知识建构的过程，成年人是促进者，教与学的过程是师生共建知识与分享体验的过程。在教学上特别要采取蒙台梭利方法，强调儿童的独立和自由，尊重儿童的天性和心理发展特征。

　　早期儿童教育课程不仅仅是完成活动任务或重复简单、机械的学习活动，而是教师有目的、有计划地促使儿童积极参与体验的干预活动。《儿童早期教育课程框架（草案）》展示了一些常见的教学方法，如蒙台梭利教学法、进步教学法和主题教学法等，早期儿童教育课程实施可采用其中的任何教学方法。

　　这些教学方法的采用主要基于以下学习原则。一是学习始于人的出生。从出生开始，儿童的身心就呈现出积极的发展状态，他们通过自我感知与外界刺激进行学习。二是儿童是主动的学习者，他们通过与环境动态的相互作用主动建构知识与经验，并经由心智加以组织。三是儿童有学习的好奇心与需求，与生俱来的求知欲能够驱使他们主动经历、了解周围的世界。四是游戏是儿童成长的重要活动，儿童的学习基于游戏。五是儿童的发展与学习有个体差异，与个体学习风格一样，每个儿童都有其成长、发展的模式和轨迹。六是儿童的学习反映了螺旋上升的规律，这种规律起于意识，逐步向探索、调查和应用发展。七是更多的成功体验有利于儿童建构积极的自我概念，与儿童身心发展水平相一致的学习体验能够增强其自信心。八是儿童的整体发展得益于全面的教育体验，他们的学习与发展是整体发生的。

　　《儿童早期教育课程框架（草案）》着重介绍了主题教学法。主题教学法以通过整合的主题和计划作为课程的核心内容，这些主题有助于儿童在不同概念之间进行有意义的连接，以发展儿童对周围世界的整体理解。早期儿童教育课程涵盖了一些重要的主题：自然世界与环境方面——我、我的家庭和社区，食物，健康，卫生和清洁；物质环境方面——植物、动物与禽类，水果和蔬菜，空气，水，宇宙，季节；社会环境方面——我的祖国，节日和纪念日，邻里，交通方式。围绕"动物"这一主题生成了网络状的发展结构，不同的教学活动都有目的、有计划地指向儿童不同领域的发展需求，儿童在参与、经历不同课程活动的过程中能够不断加深对"动物"的掌握与理解。在此过程中，教师给予儿童一些必要的指导和干预，帮助儿童更好地建构知识、驾驭知识，树立克服困难和解决问题的信心。[1]

4．课程评价

《儿童早期教育课程框架（草案）》提出，课程评价不只是为早期儿童教育项目的制定者和家长提供有关儿童学习和发展的有价值的信息，也有利于对儿童的发展障碍、具体需要和特殊能力进行早期诊断。早期儿童教育课程涉及儿童的兴趣、成就感及进一步学习可能遇到的困难，注重评价的过程性、真实性，为儿童提供一个持续发展的平台，体现了现代课程评价理念。早期儿童教育课程评价主要基于三个方面，即"儿童的兴趣与参与情况、儿童的技能与才能、儿童的社交互动"。对儿童这三方面的评价具有持续性，根据儿童的年龄特征与发展特点提供合理的评价。在课程评价过程中，教师通过观察、记录对儿童的行为与作品进行生成性、持续性评价，监测儿童知识技能的掌握程度，为儿童的发展指明方向。

《儿童早期教育课程框架（草案）》指出，"档案袋"评价是早期儿童教育课程评价的重要方法。"档案袋"是生成性、过程性的，具有个性化特征，包括儿童的轶事记录、发展清单及教师的观察笔记等，真实、完整地展示出儿童的认知能力、学习兴趣、努力程度和行为养成等一系列的成长过程。"档案袋"评价体现了儿童在评价过程中的主体地位，也加强了评价与教学的紧密结合，使教师以发展的眼光看待儿童的成长并合理地进行评价。

[1] 苏若菊. 印度《早期儿童教育课程框架（草案）》解析与启示 [J]. 教育评论，2016（7）：158-161.

第二节 学前教育的特点和经验

一、学前教育的特点

（一）公立学前教育机构是实施学前教育的主要机构

印度实施学前教育的主要机构是公立性质的，公立学前教育机构将目标群体指向弱势群体，尤其是那些处于偏远农村地区和被边缘化地区的处境不利儿童，特别关注妇女和女童。政府在公立学前教育机构中发挥着重要的作用，呈现出明显的保育与教育相结合的特点。

1. 保育和教育相结合

印度最著名的学前教育计划——儿童综合发展服务项目，是印度政府对儿童做出承诺并进行回应的重要标志。政府承诺一方面提供学前教育，另一方面打破由于营养不良导致儿童发病，从而降低学习能力并带来高死亡率的恶性循环。因此，儿童综合发展服务项目在产生时就具备了双重目的，即结合了儿童的教育和保育。学前教育计划将儿童的营养和免疫等纳入统一的范畴，由国家最高法院出台相关的法律和规范来确定儿童营养健康等方面的标准，并由国家和地方出资来提供营养补充等。这一系列措施无疑显示出印度政府对儿童保育的关注。与此同时，该计划还为3—6岁儿童提供学前教育，帮助儿童顺利过渡到小学，也为那些由于要照顾弟妹而不能上学的儿童，尤其是女童争取到学习时间，这正是政府在认识到学前教育对于普及义务教育的重大作用之后所采取的行动。一些调查还显示，营养不良的儿童进入该计划后，比那些营养状况好而没有进入该计划的儿童有更好的发展。1992 年国家公共合作机构与儿童发展机构的一项全国性研究显示，儿童综合发展服务项目在降低儿童死亡率、改善儿童健康等方面取得了积极效果。与之相似，托儿所计划也为 0—6 岁的儿童提供包括营养补充、急诊和意外事故救助等服务，同时还提供教具使儿童在托儿所中能够接受学前教育。托儿所计划也是印度学前教育重保育和教育结合的例证。不过，尽管这两个计划都有保教结合的趋势，但不得不承认，在公立的学前教育机构中，保育的成分比教育要大，这也与印度的国情和计划针对的人群有关。

2．公立学前教育机构将目标指向弱势群体

印度的人口构成中有七成是农村人口，而且在城市中也不乏生活在贫困线以下的人口，由政府出资实施的学前教育计划正是以改善这些家庭中儿童的生活现状、帮助他们更好地发展为目的。儿童综合发展服务项目向受益人提供免费的营养补充、非正规学前教育、免疫接种、健康检查、转院就诊、营养与健康教育等服务；托儿所计划为在工作的母亲或其他需要帮助的贫困母亲的 0—6 岁的孩子提供全面的日托服务。这些计划所针对的群体都是生活窘迫以致于无力支付子女学前教育费用，甚至无法承担基本生活费用的家庭。在印度当前经济尚不发达的国情背景下，这样的计划对于儿童的发展和学前教育起到了重要的推动作用，也是印度政府有意识地推动教育平等的体现。[1]

（二）以计划为运作方式提供学前教育服务

印度学前教育最大的特色莫过于以计划为运作方式来提供学前教育服务。不同的教育计划针对不同的群体，有其不同的组织形式、规范和资金

---

[1] 霍力岩. 美、英、日、印四国学前教育体制的比较研究 [M]. 北京：北京师范大学出版社，2013：533.

来源，也有针对教育目的而实施的内容和相匹配的教师及其培训。每一个学前教育计划都是一套完整的体系，其中国家提供的学前教育计划覆盖人数最多，也最有特色。比如，由国家出资举办的儿童综合发展服务项目的服务对象是0—6岁儿童、孕妇、哺乳期的母亲以及青春期少女等，运行机构是儿童综合发展服务中心，其规模和营养规范都要按照最高法院出台的相关规定来执行。儿童综合发展服务中心配有专门的员工，并接受专门的培训，还有长期的监督以及定期评价机制。这些都保证了计划按照一定的轨道顺利进行并保持其自身的特色。同是公立的学前教育计划，托儿所计划也有其服务对象，主要是生活贫困且母亲有工作的家庭中的儿童，运行机构则是托儿所中心，经费模式与儿童综合发展服务项目略有不同，并不是全部由政府出资，其中有一部分需要实施机构自行承担，而且托儿所计划十分重视与非政府组织的合作。不同的学前教育机构依托自己的项目形成了与众不同的特点，也因此能够满足各种人群的需求。[1]

（三）由政府各部门协调管理学前教育机构

保障学前教育计划的顺利实施需要学前教育相关部门内部和部门间建立良好的合作和协调关系，各种组织、机构和单位也要协同一致建立起有机、有序的联系，从而实现共同的目标。这种协调和合作的机制通常既有纵向的（在国家、邦、地区、街区和地方水平的组织和单位之间），也有横向的（在同一级别的不同组织、部门和单位之间），由中央政府主导，重在普及与扶持弱势群体。这种纵横交错的合作和协调是印度学前教育以计划为运作方式的管理体制的重要特色。

印度是联邦制国家，依据印度1976年宪法修正案第42条之规定，教

---

[1] 霍力岩. 美、英、日、印四国学前教育体制的比较研究 [M]. 北京：北京师范大学出版社，2013：535.

育是联邦和各邦政府共同行使的"并行职权",中央和各邦政府在制定教育政策和有关事务中具有同等地位。就学前教育领域而言,中央政府主导公共学前教育的特点与趋势颇为明显,并开始承担起越来越重要的职责。一方面,印度政府不断出台包括学前教育在内的国家教育政策与计划,国家"五年计划"中所包含的学前教育发展目标表明了印度政府对学前教育问题的日益重视及其职能定位的逐步明确,如第五个"五年计划"对"儿童发展"的界定实现了从"福利"转向"发展"的重大突破,儿童综合发展服务项目开始在印度推行;第八个和第九个"五年计划"中印度政府举办的学前教育项目与儿童综合发展服务项目合并,0—6岁儿童的学前教育及儿童的全面发展得到了极大重视;等等。另一方面,儿童综合发展服务项目和托儿所计划等覆盖全国范围的、具有重大社会影响的学前教育项目也均由联邦政府主导,并通过调动各邦和地方政府的力量来得以推进和普及。在这些项目中,联邦政府的职能定位是制定相关政策和对整个项目进行指导和监控,各邦政府的职能定位则是组织与管理。[1]从印度政府大力推动学前教育项目的主旨与实践来看,其重点非常明显,就是普及强调综合发展的学前教育,努力保障全体儿童接受学前教育。

(四)旨在实现儿童的全面发展

印度的学前教育除了为即将进入小学的儿童打下坚实的基础之外,还要促进儿童的综合、全面发展,即儿童的生存、健康、安全、保护、教育和心理成长等多方面的发展。无论是儿童综合发展服务中心还是托儿所或是其他的学前教育机构,都向儿童提供多种服务来改善儿童的身体发育状况和读写水平,帮助儿童获得综合的发展。印度学前教育的目的一方面是

---

[1] 资料来源于印度妇女和儿童发展部官网。

由印度处于发展中国家的国情所决定的，另一方面也反映了全球学前教育的发展趋势。

1．儿童的生存权获得基本保障

生存权是儿童应该享有的最基本的权利，可是印度儿童的生存现状却不容乐观，婴儿死亡率一直居高不下，孕妇及哺乳期母亲的健康状况堪忧，医疗卫生保健资源不足、质量不高。这些问题严重影响了印度儿童的健康成长。基于此，印度政府采取了一系列措施，充分体现了政府对该问题的高度重视。首先，印度政府制定婴儿死亡率目标：以2003年的60‰为基准，到2010年计划降低到30‰。《2021年金砖五国报告》指出，印度婴儿死亡率为23‰，充分体现了印度政府在改善儿童生存问题方面的决心，且行动上的落实也收到了良好效果；其次，政府深刻认识到新生婴儿的生存状况与孕妇以及哺乳期母亲的健康状况密切相关，因此，政府通过儿童综合发展服务项目对母亲的营养和健康进行干预，从而确保儿童的生存权。此外，在2005年的《国家儿童行动计划》中，印度政府规定：要确保儿童保育、治疗、卫生、食品和饮用水的质量，并提供足够的避难所，在医院和其他保健设施中安排具备资质的医生和护士，从而改善儿童的生存状况，保障儿童最基本的生存权利。[1]

2．儿童的健康问题得到广泛重视

印度政府非常重视儿童的健康问题，将儿童的健康问题以法律法规的形式加以规定，并采取了一系列保障儿童健康成长的措施。印度最高法院

---

[1] 资料来源于印度妇女和儿童发展部官网。

专门就儿童的营养问题制定营养规范，对儿童需要摄入的维生素、热量和蛋白质的补充量做出精确的规定。政府还以学前教育机构为中心，安排医生对儿童的健康状况做定期的检查。此外，印度第十个"五年计划"中国家的目标之一就是："加强营养和健康教育，改善儿童的饮食和照顾，从而将 3 岁以下儿童体重不达标的比例由 47% 降低到 40%，并把 0—6 岁严重营养不良儿童的比例降低 50%。"[1] 这些都充分表明了印度政府将儿童健康问题作为头等大事来抓，体现了国家对儿童健康问题的高度重视。

3．儿童的安全问题受到多方关注

面对本国存在大量流浪儿童、问题儿童的情况，印度政府特别关注儿童的安全问题，出台了一系列计划和措施保障儿童的身心安全，确保儿童顺利成长。在 2005 年的《国家儿童行动计划》中，印度政府明确提出："颁布的目标之一就是要实现对儿童的保护——保护所有的儿童，使他们都能受到重视，避免营养不良、贩卖、性侵犯和身体虐待等各种伤害，禁止一切形式的体罚、身体折磨、劳动剥削和暴力等。"印度政府还专门制定了儿童综合保护计划，提供综合的儿童保护。印度对儿童安全问题的关注充分体现出国家对儿童基本权利的深刻认识，采取的一系列措施也充分表明了政府保障并竭力促进儿童全面发展的决心。

4．儿童早期发展与教育被提上日程

印度政府对儿童早期发展和教育十分重视，特别是将处境不利儿童的早期发展和教育提上日程，这一举措有力地促进了处境不利儿童群体的整

---

[1] 资料来源于印度妇女和儿童发展部官网。

体发展。以儿童综合发展服务项目为例，政府出资举办的大规模学前教育计划证明了印度对于儿童教育的重视；在农村、城市和部落地区发展针对3—6岁儿童的教育，不仅让儿童在认知、情感、社会性方面获得发展，还将小学教育和学前教育相结合，从而帮助儿童顺利地过渡到基础教育。

二、学前教育的经验

（一）国家政策保障学前教育财政预算

以立法或颁布国家政策等形式对学前教育实行预算单列，并依托国家主导的大型项目来规范学前教育财政经费的合理使用，是印度在学前教育财政投入方面体现出来的两个重要特点。有效的法律和政策保障成为印度学前教育财政投入足额到位和有效使用的强有力保证。此外，不论是宏观层面政府对儿童的拨款以及对儿童教育的拨款，还是微观层面的计划以及计划中的某个部分的拨款，都呈现出增长的趋势，这显示出印度政府对学前儿童的重视，也是对处境不利弱势群体的关注。

1.《国家儿童行动计划》和"五年计划"规范学前教育财政预算

印度非常重视政府在学前教育财政投入中的职责，将财政预算视为一种能够反映社会优先发展方向的政治工具，认为实现儿童综合发展的关键是通过财政预算给儿童提供充足的资源，确保他们享受应有的权利。[1]基于这种认识，印度政府对学前教育财政预算有着非常细致、明确的政策保障，

---

[1] 资料来源于印度妇女与儿童发展部官网。

这种保障主要通过《国家儿童行动计划》和国家"五年计划"实现。首先，《国家儿童行动计划》在总体上明晰学前教育的财政预算，规定要整合源自中央和邦政府的财政、物资、技术和人力资源。该行动计划还规定相关部门要详细规定和计划预算，应确保预算100%的投入，且应充分考虑儿童的数量而相应增加预算；全面的预算应该由预算、支出和监督构成；在预算分配上要确保那些最弱势儿童的优先权；要确保经济和社会政策之间的协调。其次，印度政府将学前教育经费纳入国家"五年计划"，把学前教育财政预算作为包括健康、保护、发展等在内的综合性预算项目——儿童财政预算的一个重要组成部分单独列支。具体来看，儿童财政预算由儿童保护、儿童健康、儿童发展与儿童教育这四项子预算组成，其中儿童教育所占份额最大。以2007/08财年为例，印度用于儿童教育的财政预算占儿童财政预算总额的72%，约是其他三项子预算总额的2.6倍。[1] 近年来，印度儿童教育预算在全国财政预算总额中的比例呈现不断增加的趋势。2006—2007年度，政府对儿童的投入占全国财政预算总额的4.63%，其中分配给儿童教育的经费占全国财政预算总额的3.41%，占儿童预算总额的70.14%。2007—2008年度，对儿童的投入则占全国财政预算总额的5.08%，其中分配给儿童教育的经费占全国财政预算总额的3.63%，占儿童预算总额的72%。印度2007—2008年度的儿童财政投入、儿童教育财政预算以及儿童教育预算占儿童财政预算的比例比上一财年分别增长0.45%、0.22%和1.86%。[2] 儿童财政预算中有相当一部分用于学前教育项目的运转，其中最主要的公立学前教育项目即儿童综合发展服务项目和托儿所计划这两个项目，在每个财年均有相应的中央财政预算。总之，印度政府对学前教育的控制和预算就是通过颁布《国家儿童行动计划》和国家"五年计划"等政策的形式来实现的，完善的政策法规为印度学前教育的财政拨款提供了强有力的支持与保障。

---

[1] 资料来源于印度妇女和儿童发展部官网。

[2] 资料来源于印度妇女和儿童发展部官网。

2．儿童预算以儿童综合发展服务项目等为单位进行拨款

财政预算落实在国家大型学前教育项目上也是印度学前教育财政预算和拨款的重要特点。公立的学前教育项目主要由国家出资举办，因而在儿童的财政预算中，每年都向学前教育项目拨发资金来提供儿童的保育和教育服务，其中规模最大的当属儿童综合发展服务项目。该项目于 1975 年由印度中央政府实施，以综合服务的方式为学前儿童提供包括教育在内的相关服务，以确保儿童的健康成长和发展。参与该项目的儿童及其家庭可以免费获得印度政府提供的相关综合性服务，包括学前教育与保育、营养与健康、心理、生理及社会和谐发展等服务。印度相关法律及政策对儿童综合发展服务项目的拨款做出了详细规定，且政府每年还会对儿童综合发展服务项目的财政预算进一步细分。[1] 预算条目包括用于日常机构运转的常规性项目预算，以及用于基础设施建设、设备与家具购置及更新等非常规项目预算，以确保学前教育项目的正常运作和进一步拓展。该项目自建立以来，中央政府的投资日益增长：第十一个"五年计划"期间，印度政府对该计划的预算继续呈倍数增长，预期将达到 44 400 亿卢比，[2] 2012—2013 年，儿童综合发展服务地区项目数量增长至 7 025 个，作为其平台的安格瓦迪中心数量达到了 1 338 732 个，获得营养补充的 6 岁以下儿童增长了 5 910 万。[3] 该项目的核心宗旨与重要目标均在于落实《国家儿童行动计划》中提出的"在预算分配上要确保优先考虑那些属于最弱势群体的儿童"，[4] 通过经费保障促进弱势幼儿学前教育权利的实现，进而推动教育公平的实现。

---

[1] 资料来源于印度妇女和儿童发展部官网。

[2] 资料来源于印度妇女和儿童发展部官网。

[3] 王致强. 全民教育视野下的印度幼儿保教研究 [J]. 世界教育信息，2018，31（14）：67-71.

[4] 资料来源于印度妇女和儿童发展部官网。

（二）宪法等法律法规重视儿童与学前教育

印度虽然国情复杂，人口众多，经济相对落后，且学前教育真正的发展也是始于独立之后，但政府对儿童、儿童发展以及学前教育的重视程度日益提高，对其重要性的认识也逐渐深化。早在1974年，印度就在《国家儿童政策》中明确提出"儿童是极其重要的国家财富"。2005年，印度又在《国家儿童行动计划》中将"儿童是一种财富并且是拥有人权的人"作为其学前教育方面的指导原则之一，这充分体现出国家对儿童的重视程度，并在重视儿童价值的同时又赋予了儿童权利。印度宪法以及国家计划都对学前教育的重要性有充分的认识。印度宪法规定："国家应竭尽所能为所有6岁以下儿童提供早期儿童保育和教育。"[1] 将学前教育通过国家根本大法的形式予以规定，充分体现了政府对于学前教育重要性的认识。在印度政府的部门计划中将儿童的发展当作国家发展的第一要务足见政府对儿童以及儿童对国家影响的重视，这也表明学前教育今后将被纳入印度政府长期的工作重点和方向，成为政府常规工作中非常重要的一部分。早在1986年，印度的《国家政策实施计划》就清楚地认识到儿童发展的本质，并将早期儿童保育和教育作为人力资源发展和终身学习的基础。[2]

近年来，学前教育的性质问题受到社会各界包括政府、学者、民众的广泛关注，也成为学前教育领域研究和讨论的热点问题。这不仅因为"学前教育是什么"的问题是关系到一个国家学前教育事业的基本定位、发展方向、发展目标和发展方针等多方面的根本性问题，也因为近年来世界各国纷纷通过颁布法律法规或相关政策文件等方式明确学前教育的公共性、福利性、服务性或是教育性。虽然印度在其《国家教育政策（1986年）》和近几年的"五年计划"中有关于学前教育的政策方针，也出现了对学前教

---

[1] 资料来源于印度妇女和儿童发展部官网。

[2] 霍力岩. 美、英、日、印四国学前教育体制的比较研究 [M]. 北京：北京师范大学出版社，2013：529.

育的论述，将学前教育放在了"国家发展第一要务"这样前所未有的高度，但是并没有专门或相关的法律条令对学前教育的性质给予明确的界定。学前教育是重在保育，是偏于服务，还是侧重教育，这个问题应该得以明确。近年来，世界各国发展学前教育都越来越重视其福利性和教育性，这也许能够为印度解决此问题提供参考。

（三）扩大学前教育覆盖面，促进学前教育均衡发展

1. 扩大学前教育资源，惠及更多学前儿童

印度政府直接举办和管理的大型学前教育计划项目儿童综合发展服务项目属公立，主要扶助对象为印度处于弱势的儿童群体，由政府公共财政投入保障运营经费。近年来，参加儿童综合发展服务项目的儿童数量一直保持增长的趋势。印度《国家教育政策（2020年）》提出，到2030年，确保所有男女童都获得优质幼儿教育、保育、学前教育，为他们接受初等教育做好准备。[1]印度从国家层面普及幼儿教育与保育，将义务教育阶段年限向低年级阶段延伸，使越来越多的处境不利儿童及其家庭从这个项目中受益。然而，就2001年的人口统计数据而言，全国约有6 000万3—6岁的儿童，其中约有3 400万儿童能够参加儿童综合发展服务项目或其他私人机构的学前教育项目（不包含非政府组织的学前教育项目在内），还有2 600万3—6岁的儿童群体没能参加学前教育。[2]3—6岁应当参与学前教育却没有参加的儿童的比例，约占所有适龄儿童的42%，这个比例是非常惊人的。可见，印度学前教育服务机构及资源与全国适龄儿童的需求仍存在巨大差距。

---

[1] 王建梁，王秀文. 印度未来20年教育发展的战略指引——基于对印度《国家教育政策（2020）》的分析 [J]. 清华大学教育研究，2021, 42（2）：106-116.

[2] 资料来源于印度妇女和儿童发展部官网。

因此，印度应该考虑多种途径综合开发并利用各方资源，在保证服务质量的前提下进一步扩大学前教育机构的规模和数量，让更多适龄儿童接受适宜他们生存和发展的保育和教育服务，促进学前教育的公平发展。

2．关注不同区域学前教育的发展，促进学前教育的均衡发展

在印度，农村和城市都存在尚未覆盖早期儿童教育的区域，且区域之间在学前教育的支持上还存在很大差距，发展极不均衡。其中，农村地区学前教育尚未覆盖的地区通常出现在偏远的小村落和居民区，季节性流动的工地、建筑工地和采石场，捕鱼部落；城市地区则分布在路边、非正规的居民区、小的贫民窟、建筑工地、临时工或季节工工作区域、农村流动人口居住区、流浪者聚集地区等。长期患病的儿童、有特殊需要的儿童、难民儿童和孤儿等生活在十分艰难条件下的儿童往往也是早期儿童教育尚未覆盖的人群。虽然城市学前教育整体状况比农村地区稍好，但仍然存在巨大问题。全国城市事务机构组织的一项研究表明，尽管城市人口约占全国人口的27.78%，但相应的早期儿童保育和教育的设施仍然不足。城市贫民窟的儿童综合发展服务项目的数量也不够，大多数项目都安置在农村地区（2012 年，在共计 5 671 个批准的项目中，4 548 个在农村，763 个在部落地区，360 个在城市）。[1] 此外，印度各邦之间学前教育在覆盖率和入学率方面差异巨大，联邦属地的学前班覆盖率都很低，北方各邦情况最差。25% 的儿童都在诸如喀拉拉邦、马哈拉斯特拉邦、旁遮普邦和泰米尔纳德邦这样的邦参加学前班。[2] 尽管印度政府在学前教育发展上做出了不懈的努力，儿童综合发展服务项目更是让上千万的弱势群体儿童得到了早期保育和教育服务，但仍有许多适龄儿童得不到应有的保育和教育，城乡之间、地区之间的服务也有很大

---

[1] 资料来源于印度妇女和儿童发展部官网。

[2] 资料来源于印度妇女和儿童发展部官网。

的差距。为了实现让所有儿童都能够获得良好的起点这个目标，印度政府还有很长的路要走。

第三节 学前教育的挑战和对策

一、学前教育的挑战

（一）学前教育普及与资源投入不对称

印度学前教育的普及速度很快，尤其是在 2000 年之后，幼儿入园人数和毛入学率快速提升。2000—2010 年，入园幼儿人数增加了一倍，幼儿毛入学率提高了 30 多个百分点。但是，与快速普及不相适应的是资源投入增长缓慢。首先，学前教育经费投入水平较低。与 20 世纪 80 年代相比，印度近 30 年来的经济社会发展取得了举世瞩目的成就，人均国内生产总值从 1981 年的 161 美元，增至 1999 年的 455 美元、2010 年的 1 417 美元。虽然教育经费和学前教育经费投入总额随着经济社会发展水平的提高有大幅提升，但是 1999 年之后的教育经费占国内生产总值的比例未增反降，学前教育经费占国内生产总值和教育总经费的比例都始终维持在 0.035% 和 1% 的水平，生均学前教育投入始终保持在 15 美元左右，这说明印度学前教育经费投入并未有实质性增长，投入水平远低于国际平均水平。其次，缺乏数量充足、素质优良的教师队伍。印度学前教育教师的数量增加缓慢，教师幼儿数量之比不升反降。与此同时，由于没有邦政府对学前教育机构的教师资格、培训的性质和时间以及教师酬劳等提出任何明确的标准或要求，也没有对哪些人员可以成为教师提出任何指导意见，导致学前教育教师质量低下。调查表明，孟买 83% 的日托中心人员没有接受过培训，政府举办的学前教育机构中 37% 的人员没有接受过培训。在接受培训的人员中，培训时间从 1 个月到 1 年不等。[1] 印度是一个人口大国，学前教育的开展面临困难，仅靠政府的力量推进学前教育很难。印度政府承认公立教育和私立教育是相互促进、相互补充的关系，认为私立教育不仅可以在经济上做出贡献，而且还可以促进教育质量的提升。印度政府鼓励非官方组织、社区、私人、社会团体兴办学前教育，然而在一些非政府组织创办的机构中，有的教师可能只接受过几天的培训，一些儿童综合发展服务项目中的教师只接受过两个星期的培训。印度学前教育经费投入、师资队伍建设等都未能适应幼儿入园人数的快速、大幅增长，这种教育项目普及与资源投入的不对称容易导致项目实施和项目管理等方面出现问题，进而影响项目质量。例如，"安格瓦迪中心的数量从 2007 年的 84.4 万个迅速扩展到 2011 年的 126.2 万个，却没有与之相符的资源扩展，不管是人力的还是财政的"。[2] 这就导致安格瓦迪中心出现教学场所不足、教师资源不足、教师培训不足等问题。可以说，印度学前教育的普及在某种程度上是一种低质量的普及。

（二）政策和项目推行效率低

首先，虽然印度政府制定了一系列政策，意图推动本国学前教育的发展，但令人失望的是，很多政策并未得到严格落实，未能取得预期效果。印度学前教育政策和项目之所以推行起来困难重重，很大程度上是源于学前教育管理和投入的责任主体在邦政府。根据宪法规定，各邦政府在学前教育服务提供中承担主要责任，但中央政府对各邦政府是否真正落实这一

[1] 潘月娟，孙丽娜. 印度发展学前教育的措施、问题及其对我国的启示 [J]. 比较教育研究，2015, 37（3）: 101-106.

[2] 资料来源于印度妇女和儿童发展部官网。

责任并无有力的制约手段，全靠各邦政府自觉。邦政府在建立相关机构和服务机制、财政计划提交以及向下一级的财政拨款、教师招募等诸多方面存在不足，最终降低了政策和项目的推行效率。而且，由于各邦政府的财政能力和支出重点不同，也造成不同地区学前教育发展水平差异很大。

其次，由于缺乏配套政策措施，致使相关政策项目无法得以落实。印度政府在第 11 个"五年计划"（2007—2012 年）中提出要采取多种形式发展学前教育，近年来又提出要发展 1 400 万个安格瓦迪中心，并为每个中心提供学前教育包（包括故事卡片、积木、毛绒玩具、匹配排序卡片、球、珠子、带轮玩具、颜料、小鼓等），改善幼儿教师培训课程等目标，但对于如何实现这些目标，政府并没有给出具体的措施，很多政策更多地停留于美好愿景的勾画，缺乏实际行动。最后，政府投入的资金由于监控体制不完善，利用率较低，导致原本就很短缺的资金更加捉襟见肘。

（三）政府的学前教育政策落实不到位

印度学前教育资源投入不足、政策和项目推行效率低下等问题的根本原因在于政府的学前教育政策落实不到位。

一方面，在各阶段教育问题上，印度政府更重视高等教育的发展，"在教育上所花费的资金在政府总开支中所占的比例超过了中国，却将大量经费投入高等教育"[1]。由于印度重视高等教育，忽视基础教育，导致许多人缺乏必要的教育，文盲率较高。特别是进入 21 世纪后，印度政府意识到基础教育落后已成为阻碍印度经济发展的重要因素，开始对原有的教育理念进行调整。从 2001 年开始，印度政府在全国范围内推行初等教育普及项目，推动普及有质量的基础教育。但是即使在这种背景下，学前教育发展落后

---

[1] 徐滇庆，柯睿思，李昕. 终结贫穷之路：中国和印度发展战略比较 [M]. 北京：机械工业出版社，2009：207.

的状况也未得到根本改变。对儿童预算分析的结果表明，在联邦预算中，中央财政在儿童相关项目上的投入比例有显著增长，但是所增加的大部分支出都流向了小学教育。由此可见，学前教育不是印度政府公共领域的发展重点。其次，虽然中央政府增加了儿童综合发展服务项目的机构数量，但是邦政府负责这些机构的日常运营成本，大部分投入由邦政府来承担导致中央政府和邦政府在学前教育财政投入上的分担比例严重失衡。[1]

另一方面，在学前儿童发展问题上，印度政府更重视营养与健康，而非教育。印度儿童的死亡率高、营养不良问题严重，严重威胁到儿童基本的生存和发展，因此，印度政府在提供学前服务时首先保证儿童的生命健康与营养。政府为幼儿提供持续的保育，并将家庭、社区、安格瓦迪健康中心相结合以提供充分的儿童健康与保育服务。儿童综合发展服务项目作为印度政府资助的面向学前儿童的主要项目，主要目标就是改善0—6岁儿童的营养与健康状况，其拨款的大部分都用于儿童的营养与保育。在印度"十一五"计划中，对儿童教育、健康和干预的目标也主要集中在健康方面。

优先重视高等教育的发展以及儿童营养和健康状况的改善是印度政府在现有经济社会发展阶段以及本国儿童生存发展状况之下做出的合理选择。但是，就长远可持续发展来看，这种发展模式一方面造成了学前教育事业发展滞后。2004年一项对5岁儿童教育现状的调查结果表明，只有21.3%的5岁儿童进入学前机构，39.3%的5岁儿童进入小学，39.4%的5岁儿童没有进入任何形式的学校或学前机构。截至2020年，中小学入学率仅为68%，以现阶段的情况来看，预计2040年中小学入学率达到100%仍存在一定困难。另一方面，这种发展模式进一步强化了教育不公平的延续、固化了阶层的差距和社会不公平。由于上层阶层的儿童多进入高质量的私立机构，而处境不利、弱势群体儿童多进入低质量的公立机构，为幼儿进入后

[1] 潘月娟，孙丽娜. 印度发展学前教育的措施、问题及其对我国的启示 [J]. 比较教育研究，2015, 37（3）：101-106.

续阶段教育和未来生活以及参与社会竞争奠定了不同的基础，从而导致在早期教育阶段就呈现出发展的双轨制。[1]

二、学前教育的发展对策

（一）法律的确立与财政的支持

在很多地区面临疾病、饥饿与贫困等挑战的情况下，印度在走出一条具有民族特色的学前教育道路上取得了很大的进步。印度政府将有限的学前教育资源投向广大的贫困地区，从而使数千万处境不利儿童受益。

随着印度的独立与发展，国家逐步致力于学前教育的规划，政府对学前教育的重视表现在法律的制定与财政投入上的积极干预。1976年颁布的宪法修正案再次确立了中央政府对教育负有直接责任和向所有14岁以下儿童提供免费义务教育的目标，并赋予各邦政府在其管辖范围之内自行决定教育标准的权力。然而，2001年印度政府又将学前教育从免费义务教育中划分出来，规定政府为所有儿童提供保育和教育，并着重强调了对6岁以下的儿童进行看护和教育。除宪法之外，《国家儿童宪章》强调了儿童的生存、生长和自由，一些劳动法强制工作单位建立托儿机构来分担员工的保育压力，这在很大程度上解决了流动儿童的教育和保育问题。儿童综合发展服务项目不仅肩负对3—6岁儿童进行非正规学前教育的责任，兼顾0—6岁幼儿的营养、免疫接种、体检、医疗服务等，还通过适当的保健和营养教育，提高母亲照料儿童的能力，并于1975年在印度的33个社区推行，建成了印度69%的学前教育机构。中央政府对该项目投入了11 684.5千万卢

[1] 潘月娟，孙丽娜. 印度发展学前教育的措施、问题及其对我国的启示 [J]. 比较教育研究，2015, 37（3）：101-106.

比的资金，而来自国内外非政府组织的赞助也为其提供了极大的资金支持。这一项目的顺利实行为印度处境不利儿童学前教育的良好发展奠定了坚实的基础。"儿童预算计划"的实施帮助印度政府分析财政支出的遗漏点和侧重点，充分考察资金的充足与否及财政的分配是否合理，起到了良好的监管效果，有利于将资金的使用效率达到最高。[1]

（二）大力发展非正规学前教育

印度是一个人口大国，仅靠政府的力量推进学前教育任务艰巨。因此，印度政府鼓励非官方组织、社区、私人、社会团体兴办学前教育机构。政府在所有村庄设立母婴中心，并提供人力、物力支持，培训教师。

印度的非正规学前教育模式较多，其中私立学校于 2000 年后面向 2—4 岁儿童，通过疾病的预防与治疗、早期教育和健康食品的供应来保障处境不利儿童的权益，以完成印度处境不利儿童的保教工作。此类学校收费标准低廉，办学方式灵活，在民间得到了普遍的实施。

印度政府还组织建立了许多私立学前教育机构，法定托儿所就是其中之一。法定托儿所是指由获得国家教育许可证的保教员通过正规注册、有专门教学场所和教师的个体经营托儿所，一般按儿童的在园时间进行收费，分为全日托、临时托和部分时间的托管。法定托儿所具备齐全的教育条件，教学环境安静，教学场所宽敞，在生活节奏逐渐加快的印度，对家长的吸引力较大，发展前景可观。

流动托儿所是一项根据印度非强制性劳工法建立起来的、为妇女临时工特别是随企业迁移的劳工的子女提供看护服务的场所。第一所流动托儿所成立于 1969 年，招收 0—10 岁的儿童，主要提供健康、营养、教育和娱

[1] 高小乔. 印度处境不利儿童学前教育问题探索与启示 [J]. 陕西学前师范学院学报，2017，33（4）：144-148.

乐服务。虽然流动托儿所只存在于少数地区，但因成本低、易操作且与本地文化相融合的特点而深受印度人的青睐。

印度非正规学前教育的形式随着教育改革的深入而逐年丰富，有由国家拨款兼顾社会保障的幼儿福利机构——拉吉夫·甘地国家托儿所，由受过培训的志愿者在办公大楼里提供服务的"母亲小组"，由村里年轻人充当教师、在树下进行启蒙教学的"树屋"活动，还有教会创办的价格低廉的、以田野游戏课程为教学形式的混龄非正规游戏中心，等等，这在很大程度上推动了印度落后地区儿童学前教育问题的解决。[1]

（三）国家积极推进教师培训

目前，印度政府建立了完备的教师培训系统。印度将教师培训分为三个层级：地区教育和培训学院进行的区域培训、邦教育研究和培训委员会开展的邦级培训，以及全国教育研究和培训委员会、国家教师教育委员会开展的国家级培训。[2] 为适应社会的变化，印度国家教育委员会采取多种措施提升学前教育教师的教育质量，其中包括修订教师教育课程，开展校本培训；运用信息技术满足教师持续学习的需要；联合国家评价委员会对所有教师教育机构进行评估和鉴定，并督促教师教育培训者提升素质；改善教师的福利待遇和工作环境以吸引更多的人加入教师队伍。

[1] 高小乔. 印度处境不利儿童学前教育问题探索与启示 [J]. 陕西学前师范学院学报，2017，33（4）：144-148.
[2] 周采. 比较学前教育 [M]. 北京：人民教育出版社，2010：222.

第五章 基础教育

第一节 基础教育的发展和现状

一、人口与教育程度概览

根据印度教育部公布的《2018 年教育统计概览》，2011 年印度人口与 2001 年对比如表 5.1 所示。

表 5.1 2001 年和 2011 年印度人口普查情况（单位：千万人）[1]

年份	2001	2011
男	53.22	62.31
女	49.65	58.75
总计	102.87	121.06

由表 5.1 可知，印度人口在 2001—2011 年呈快速增长的状态。印度是一个人口大国，庞大的人口数量既是国家的未来红利，对于国家的人才培

---

[1] 资料来源于印度教育部公布的《2018 年教育统计概览》。

养与教育投入而言也是一个挑战，意味着国家和政府需要投入更多的资源支持教育事业的发展。2015 年与 2016 年印度受教育程度年龄组人口数量见表 5.2.

表 5.2 2015 年和 2016 年印度受教育程度年龄组人口数量（单位：千人）[1]

年龄	2015 年			2016 年			对应学段
	全国	表列种姓	表列部落	全国	表列种姓	表列部落	
6—10	130 401	23 248	12 922	130 155	23 212	12 872	初级小学（1—5 年级）
11—13	73 614	12 996	6 966	72 827	12 867	6 856	高级小学（6—8 年级）
6—13	204 015	36 244	19 888	202 982	36 078	19 728	初等教育阶段（1—8 年级）
14—15	49 363	8 646	4 509	48 928	8 569	4 459	初级中等教育（9—10 年级）
6—15	253 378	44 890	24 397	251 910	44 647	24 187	普通教育阶段（1—10 年级）
16—17	44 386	7 611	3 910	44 041	7 543	7 543	高级中等教育（11—12 年级）
6—17	297 764	52 501	28 307	295 951	52 190	31 730	基础教育阶段（1—12 年级）
18—23	141 291	24 134	11 970	141 537	24 164	24 164	高等教育阶段

据表 5.2 可见，2015—2016 年，除高等教育阶段，印度其他学段的全国总学生人数略有下降。此外，印度教育部门特别针对表列种姓、表列部落这两类需要特殊照顾的群体的教育情况进行了统计，在学生总人数下降的

---

[1] 资料来源于印度教育部公布的《2018 年教育统计概览》。

趋势下，表列部落中 16—17 岁的高级中等教育由原来的 391 万人增加到了 754.3 万人，说明在高中阶段教育中，印度教育部门特别重视表列部落群体的教育状况。

二、整体识字率情况

根据表 5.3 的数据，1951—2011 年，印度无论是男性识字率还是女性识字率，又或是全国人口的整体识字率，都是呈上升趋势，这证明印度的基础教育以及扫盲教育取得了一定的成就。但是，印度女性的识字率一直低于男性识字率也是客观事实，且二者间的差距较大，反映出印度女性教育、女童教育依然是一个薄弱环节。

表 5.3 1951—2011 年印度全国人口识字率（单位：%）[1]

年份[2]	全国	男性	女性
1951	18.3	27.2	8.9
1961	28.3	40.4	15.4
1971	34.5	46.0	22.0
1981	43.6	56.4	29.8
1991	52.2	64.1	39.3
2001	64.8	75.3	53.7
2011	73.0	80.9	64.6

[1] 资料来源于印度教育部公布的《2018 年教育统计概览》。

[2] 1951—1971 年的被调查者年龄为 5 岁及以上，1981—2011 年的被调查者年龄为 7 岁及以上。

根据表 5.4 列举的 2014 年印度各年龄段的识字率情况来看，2014 年，印度 7 岁及以上的男性识字率为 83.2%，女性识字率为 67.1%，整体识字率为 75.4%。与 2011 年的男性识字率 80.9%，女性识字率 64.6%，整体识字率 73.0% 相比，有进一步的提升，说明 2011 年到 2014 年，印度基础教育在扫盲和提升识字率方面有了新的发展。但是，在性别方面，无论是哪个年龄段，又无论在农村地区、城市地区，乃至全国，印度男性的识字率始终高于女性的识字率，再一次说明印度的女性教育依然属于薄弱环节。在地区方面，无论何种性别，或是何种年龄，印度城市人口的识字率始终高于农村人口的识字率。

表 5.4 2014 年印度各年龄段识字率（单位：%）[1]

年龄	农村地区			城市地区			全国		
	男性	女性	总计	男性	女性	总计	男性	女性	总计
5 岁及以上	80.3	62.4	71.4	91	80.9	86.1	83.6	68.1	76
7 岁及以上	79.8	61.3	70.8	91.1	80.8	85.9	83.2	67.1	75.4
15 岁及以上	75	53.1	64.1	89.7	77.9	84	79.8	60.8	70.5
所有年龄段	72.3	56.8	64.7	83.7	74.8	79.5	75.7	62	69.1

三、基础教育阶段学校教育情况

（一）各学段学校数量情况

由表 5.5 可知，2010—2016 年，印度初级小学的数量呈现出先减少再快

[1] 资料来源于印度教育部公布的《2018 年教育统计概览》。

速增加，又稍有回落的趋势。高级小学的数量在 2012—2013 年度得到快速增加后，在接下来的一年迅速下降，后又缓慢回升。初级中等学校、高级中等学校的数量呈现出波动。总体而言，基础教育阶段学校数量总体呈现上升的趋势，其中，2011—2013 年各类学校数量出现了明显的增加。

表 5.5 2010—2016 年印度基础教育阶段学校数量（单位：百所）[1]

年份	初级小学	高级小学	初级中等学校	高级中等学校	总计
2010—2011	7 485	4 476	1 312	720	13 993
2011—2012	7 143	4 788	1 283	841	14 055
2012—2013	8 539	5 778	2 189	1 224	17 730
2013—2014	8 589	4 215	1 335	1 036	15 175
2014—2015	8 471	4 251	1 353	1 093	15 168
2015—2016	8 405	4 296	1 395	1 126	15 222

（二）各学段学生入学情况

由表 5.6 和表 5.7 可知，2010—2016 年，在初级小学阶段，无论男女生的入学人数还是毛入学率，整体都呈现下降趋势，且男生的毛入学率在 2014—2015 年度就已经开始低于 100%。相对而言，女生的毛入学率虽然也呈下降趋势，但依然超过了 100%。在高级小学阶段，男生与女生的入学人数呈逐年上升的趋势，女生人数相对较少。毛入学率方面，除了男生在 2011—2013 年度略有下降，女生在 2011—2012 年度略有下降以外，整体上也呈现出逐年上升的趋势，且女生的毛入学率增长速度更快。在初级中学阶段，男生与女生的入学人数同样呈逐年上升的趋势，男生入学人数依然多

[1] 资料来源于印度教育部《2018 年教育统计概览》，相关数据是临时性的，且数据只保留至百位。

于女生；毛入学率方面，除了男生在 2011—2012 年度下降了 0.2 个百分点以外，其余各时间段都是上升状态。2013—2014 年度，男女生毛入学率的差距快速缩小，并在下一年度女生毛入学率实现了反超。在高级中学阶段，男生与女生的入学人数只在 2012—2013 年度出现了下降，其余时间段呈上升趋势，男生入学人数依然多于女生入学人数；毛入学率方面，同样是在 2012—2013 年度出现了下降；在 2015—2016 年度，女生的毛入学率超过男生 0.4 个百分点。整体来看，与其他阶段相比，初级小学的入学人数最多，毛入学率最高。随着学段的提升，无论是从性别还是总体情况看，入学人数以及毛入学率都逐步减少。此外，虽然在不同时间、不同学段大多数情况下男生入学人数都多于女生，但随着时间的变化，女生的毛入学率逐步赶上甚至超过男生，说明印度近年来颁布的各类女童教育政策，如 2011 年印度妇女和儿童发展部颁布的《妇女儿童五年战略规划（2011—2016 年）：开启新的黎明》等政策起到了一定的成效。

表 5.6 2010—2016 年印度全国各学段学生人数（单位：10 万人）[1]

年度	初级小学			高级小学			初级中等学校			高级中等学校		
	男	女	总计	男	女	总计	男	女	总计	男	女	总计
2010—2011	701	646	1 347	327	292	619	175	143	318	109	86	195
2011—2012	726	672	1 398	331	299	630	186	155	341	116	94	210
2012—2013	696	652	1 348	333	317	650	183	163	346	107	93	200
2013—2014	686	638	1 324	341	323	664	197	176	373	118	105	223
2014—2015	676	629	1 305	345	327	672	201	182	383	124	111	235
2015—2016	669	622	1 291	347	329	676	205	186	391	130	117	247

[1] 资料来源于印度教育部《2018 年教育统计概览》。

表 5.7 2010—2016 年印度全国各学段毛入学率（单位：%）[1]

年度	初级小学			高级小学			初级中等学校			高级中等学校		
	男	女	总计	男	女	总计	男	女	总计	男	女	总计
2010—2011	114.9	116.3	115.5	87.5	82.9	85.2	69.2	60.9	65.2	42.3	36.2	39.4
2011—2012	105.8	107.1	106.5	82.5	81.4	82.0	69.0	63.9	66.6	47.6	43.9	45.9
2012—2013	104.8	107.2	106.0	80.6	84.6	82.5	69.6	67.0	68.1	41.9	39.5	40.8
2013—2014	100.2	102.6	101.4	86.3	92.8	89.3	76.8	76.5	76.6	52.8	51.6	52.2
2014—2015	98.9	101.4	100.1	87.7	95.3	91.2	78.1	78.9	78.5	54.6	53.8	54.2
2015—2016	97.9	100.7	99.2	88.7	97.6	92.8	79.2	81.0	80.0	56.0	56.4	6.2

（三）各学段学生性别平等指数

性别平等指数（Gender Parity Index，简称 GPI）是衡量教育方面性别公平的重要指标之一，用于表示全部人口按年龄组划分的受教育程度的分布情况，也用于比较男女两性不同层次教育在发展过程中的性别差异及其变化。整体而言，印度的女童教育已经取得了一定的成效，越来越多的女童能够走进学校接受教育；但是随着学段的提升，女生接受更高一级教育的人数相对男生来说越来越少。2010—2016 年印度全国各学段性别平等指数情况见表 5.8。

---

[1] 资料来源于印度教育部《2016 年教育统计概览》《2018 年教育统计概览》。

表 5.8 2010—2016 年印度全国各学段性别平等指数情况 [1]

年度	初级小学	高级小学	初级中等学校	高级中等学校
2010—2011	1.01	0.95	0.88	0.86
2011—2012	1.01	0.99	0.93	0.92
2012—2013	1.02	1.05	0.96	0.94
2013—2014	1.03	1.08	1.00	0.98
2014—2015	1.03	1.09	1.01	0.99
2015—2016	1.03	1.10	1.02	1.01

（四）各学段辍学情况

由表 5.9 可知，2011—2015 年，印度全国初级小学阶段年平均辍学率，无论男女，都呈现出下降趋势，高级小学阶段年平均辍学率虽然有上升趋势，但与其他学段相比，依然属于比较低的水平，说明印度在整个小学阶段，教育的义务性和强制性得到一定体现。在初级中学阶段，无论男女及年份，年平均辍学率都超过了 14%，且呈现出逐年上升的趋势，说明在中等教育阶段，印度的辍学率依然较高。

表 5.9 2011—2015 年印度全国普通教育阶段年平均辍学率（单位：%）[2]

年度	初级小学			高级小学			初级中等学校		
	男	女	总计	男	女	总计	男	女	总计
2011—2012	5.89	5.34	5.62	2.13	3.20	2.65	—	—	—
2012—2013	4.68	4.66	4.67	2.3	4.01	3.13	14.5	14.5	14.54

---

[1] 资料来源于印度教育部《2018 年教育统计概览》。

[2] 资料来源于印度教育部《2018 年教育统计概览》。

续表

年度	初级小学			高级小学			初级中等学校		
	男	女	总计	男	女	总计	男	女	总计
2013—2014	4.53	4.14	4.34	3.09	4.49	3.77	17.93	17.79	17.86
2014—2015	4.36	3.88	4.13	3.49	4.6	4.03	17.2	16.9	17.06

（五）各学段教师数量情况

生师比反映了各级各类教育教师数量及其质量，是衡量广义办学条件及其质量的重要指标之一，也是进行教育国际比较和区域比较的重要指标之一。由表 5.10 和表 5.11 可知，2010—2013 年，印度初级小学阶段教师人数逐年增加，到了 2014 年后缓慢下降。在生师比方面，初级小学的生师比逐年降低，说明教师增加的比例跟上了学生增加的比例。在高级小学阶段，教师人数逐年增加，其中 2012—2013 年度的增加量最大，此时的生师比整体上也呈现出先微增后下降的趋势，2013—2014 年度后的生师比为 17，也是历年各学段中最小的数值。在初级中学阶段，教师数量先微减后增加，生师比除了 2012—2013 年度缺失数据外，其余年度在 26—32 间波动。在高级中学阶段，教师数量仅 2013—2014 年度略有下降，总体呈上升趋势，生师比明显高于其他学段，同样有波动，说明高级中学阶段教师增加的数量明显跟不上学生增加的数量。整体看来，在教师性别方面，各学段女性教师的数量都低于男性教师，且随着学段的提升，不仅各学段的教师总数逐渐减少，男女教师间的数量差距也越来越大。2012 年以来，生师比方面也是小学阶段优于中学阶段，说明印度中等教育阶段的师资仍需补充，特别是女性教师需要补充。

表 5.10 2010—2016 年印度各学段教师人数（单位：千人）[1]

年度	初级小学			高级小学			初级中等学校			高级中等学校		
	男	女	总计	男	女	总计	男	女	总计	男	女	总计
2010—2011	1 194	905	2 099	1 048	839	1 887	776	471	1 247	766	496	1 262
2011—2012	1 259	995	2 254	1 168	889	2 057	700	462	1 162	783	520	1 303
2012—2013*	—	—	2 656	—	—	2 427	765	482	1 247	—	—	1 799
2013—2014*	—	—	2 684	—	—	2 513	—	—	1 286	—	—	1 785
2014—2015*	—	—	2 670	—	—	2 560	—	—	1 347	—	—	1 985
2015—2016*	—	—	2 606	—	—	2 612	—	—	1 432	—	—	2 042

表 5.11 2010—2016 年印度各学段生师比 [2]

年度	初级小学	高级小学	初级中等学校	高级中等学校
2010—2011	43	33	30	34
2011—2012	41	34	32	33
2012—2013*	28	25	—	—
2013—2014*	25	17	26	41
2014—2015*	24	17	27	38
2015—2016*	23	17	27	37

[1] 资料来源于印度教育部《2018 年教育统计概览》，* 代表相关数据是暂定的。

[2] 资料来源于印度教育部《2018 年教育统计概览》，* 代表相关数据是暂定的，所有数据未考虑独立机构。

第二节 基础教育的特点和经验

一、基础教育的基本特点

（一）政府的高度重视推动了基础教育的发展

印度独立后的第一代领导人及之后的历代领导人都受过良好的教育，他们对教育在推动国家经济和社会发展中的重要作用有着高度的认识，并采取了一系列措施发展各级各类教育。

第一，1950 年 1 月 26 日生效的印度宪法提出了要在 10 年内普及八年初等义务教育的目标。在国家刚刚摆脱殖民统治百业待举的情况下，印度领导人把普及八年初等义务教育列入重要议程，表明他们非常重视提高国民的整体素质。在印度的第一个"五年计划"期间，国家教育经费的 56%拨给了初等教育。[1]

第二，在普及初等义务教育目标接近实现的情况下，印度提出到 2020 年普及中等教育。2009 年 1 月，经过 5 年的酝酿和准备，印度内阁经济事务委员会正式批准了"普及中等教育计划"。该计划于 2009 年 3 月正式启动。虽然，从最新公布的统计数据来看，印度普及中等教育的工作困难重重，但这种大力发展教育的雄心壮志还是令人佩服的。

第三，印度早在 20 世纪 60 年代就提出了中等普通教育和职业教育适当分流的主张，1992 年修订的《国家教育政策》又明确提出，力争到 2000 年把高中教育阶段 25% 的学生分流到职业教育中。虽然这个目标至今还没有全面达成，但是中央政府和专家学者对职业教育的重视必将逐步扭转印度

---

[1] GNANAM A, STELLA A. Emerging trends in higher education and their implications for future[J]. Journal of educational planning and administration, 1999 (2): 191.

社会长期以来"重脑力轻体力""重学轻术"的风气。

作为发展中的人口大国，印度对教育的投入长期保持在较高的水平上。印度早在《国家教育政策（1986 年）》中就提出，到 1997 年（印度的第八个"五年计划"末期）使教育投入达到国内生产总值的 6%，虽然这个目标一再推迟，但教育投入还是实现了较大幅度的增长。

（二）政府高度重视保障处境不利群体的受教育权

独立后的印度政府为处于社会底层、长期受压迫受歧视的表列种姓和表列部落分别保留了 15% 和 7.5% 的高等院校入学名额。进入 21 世纪，印度政府又顶住巨大的压力，为处境不利阶层保留了 27% 的入学名额。根据这个政策，占印度总人口近半数的弱势群体在参加高校入学考试时，即使成绩相对较低，也会获得优先录取的机会。包括印度理工学院在内的顶级高校，对享受保留政策的群体也同样采取降低分数线的方式优先予以录取。

尽管保留政策多次引发全国性的抗议，但是印度政府一直坚持实行，而且政策性照顾的覆盖面还有所扩大。虽然这些学生在进入高校之后通常还要接受补习教育，许多人甚至由于学业跟不上进度而不得不退学，但是保留政策对维护印度的教育公平仍然发挥了一定的积极作用。

另外，印度在保障女性受教育权方面也采取了许多有力措施，一些邦的女性尤其是弱势群体女性，从上小学开始直到大学本科毕业，都可以享受免费政策。在应聘中小学教师时，女性还被优先聘用。[1]

---

[1] 安双宏. 印度教育发展的经验与教训 [J]. 教育研究，2012，33（7）：130-133.

（三）普及初等义务教育成为政府政策的重中之重

伴随着 20 世纪 90 年代初经济改革的开始，印度各界对普及八年初等义务教育的重要性与迫切性有了更加深刻的认识。认识的转变促使了发展策略的调整，印度对初等教育的投入大量增加，"九五计划"期间（1997—2002 年），初等教育经费占教育总经费的 65.7%。[1]

在国家投入不断增加的条件下，印度在普及八年初等义务教育方面采取了一些有力的措施，包括继续推行不留级制，大力推进《国家教育政策（1986 年）》提出的"操作黑板计划"，实施"县初等教育计划""初等教育普及计划""免费午餐计划"等。这些措施促进了印度初等教育入学率的较快增长：印度高级小学 1997—1998 年度的毛入学率为 58.5%，2006—2007 年度提高到 73.6%。

（四）教育公平与效率兼顾

印度独立后实行精英教育（高等教育）和普及初等义务教育齐头并进的战略，在当时特定的历史条件下最终走向了片面发展高等教育的道路，虽然为国家培养了大量高层次的人才，但是也造成了高等教育畸形发展和普及初等义务教育一直不能实现的严重问题。从 20 世纪 90 年代初开始，印度中央政府把教育发展的重点转向初等教育，以前所未有的力度加速普及八年初等义务教育。21 世纪初，随着普及初等义务教育的目标即将实现，印度又提出了普及中等教育的目标。此外，为了尽早实现高等教育大众化，印度在 21 世纪初明确了推进高等教育私营化的战略，同时进一步扩大落后阶层和弱势群体接受高等教育的机会。

---

[1] Planning Commission, Government of India. Tenth Five Year Plan 2002—2007[R]. Elementary Education: 32.

教育质量问题在印度一直受到很大的关注。除了很早就开始重视天才儿童的教育、创建国家重点学院系统之外，在普及初等教育即将实现的当下，印度政府又开始不断强调要普及优质的初等教育，同时，把一些条件较好的高等学校改建为新的印度理工学院，投入巨资扩大优质高等技术教育的办学规模，加强对全国高等院校的质量管理。[1]

二、基础教育的成功经验

（一）结合国情，不断调整普及义务教育的时限

普及初等义务教育作为发展基础教育重要的一环，受到发展中国家的高度重视。1950 年通过的印度宪法就明确提出要在 10 年内解决所有不满 14 岁儿童的免费义务教育的问题。但是，由于印度幅员辽阔，经济、文化发展极不平衡，民族问题复杂，所以宪法提出的目标没能按期实现。这种结果使印度政府认识到普及义务教育目标的设立必须从国情出发。因此，20 世纪 60 年代曾任印度中央邦公共教育部副主任的帕哈利尔在《教育需要现实主义思想》一文中深刻地指出："理想如果与观察到的事实和日常的经历没有密切联系，是不能激起或鼓起人民的信心的。理想的成分过多只会造成目标与结果之间的不平衡。"为了取得这种目标与结果之间的平衡，激起人民受教育的信心，印度开始逐步地调整普及义务教育的目标。

1966 年，科塔里教育委员会提出要在最短时间内实现 14 岁以下儿童的义务教育。这里只提最短时间，而没规定出具体时限。在第四个"五年计划"（1969—1974 年）中，印度政府又谨慎地提出应该为 6—14 岁儿童的

---

[1] 安双宏. 印度教育战略研究 [M]. 杭州：浙江教育出版社，2013：31-32.

免费义务教育进行适当的准备。这里只提到要做"适当的准备"，是因为充分考虑到印度人口增长过快，宗教偏见，种族、种姓、性别歧视，经济基础薄弱，人民贫困等基本事实。

印度在第五个"五年计划"（1974—1979 年）中则提出了分两步走的建议：1975—1976 年实现 6—11 岁年龄组的初等免费义务教育；1980—1981 年实现 11—14 岁年龄组的免费义务教育，但这一目标并没有实现。紧接着的第六个"五年计划"则只提出要以最大努力去实现免费义务教育的目标，并在具体实施上增加力度，一是投入 90 亿卢比用于义务教育的发展和改进，二是在中心区创造义务教育示范区以推动各地义务教育的发展。同时，印度"国民经济发展十年计划"（1980—1990 年）提出，对所有 14 岁以下儿童提供最低程度的基础教育，把普及义务教育放在优先地位。

印度《国家教育政策（1986 年）》又对上述决定进行了修订，强调了 14 岁以下儿童的入学普及和巩固问题，强调教育质量的实质性提高，在目标上则做了如下调整：1990 年完成向 6—11 岁年龄组儿童提供普及教育；1985 年实现对 14 岁以下儿童的普及义务教育。这样就使得普及义务教育的年限从 1961 年推迟到 1970 年，又推迟到 1976 年，再继续推迟到 1988 年，乃至 1990 年。独立以来，印度对教育没少投入，尤其是普及义务教育的投入，在校学生人数也从最初的 2 000 万增至 1990 年的 1.41 亿，但由于师资缺乏、落后地区教育条件差、女子教育困难等不利因素的存在，极大影响了普及义务教育目标的实现。由此可见，普及义务教育目标的确立必须考虑政治、经济、文化、地理、历史乃至宗教等诸多具体因素，使普及义务教育的目标与结果达到真正平衡，从而促进民族素质的提高。[1]

---

[1] 王长纯. 印度教育 [M]. 长春：吉林教育出版社，2000：250-251.

（二）把非正规教育作为普及义务教育的必要形式

印度根据本国经济发展和人文环境的特点，特别是从广大农村生产落后、生活贫困，许多儿童不得不从小参加劳动维持生计这一现实出发，在发展义务教育过程中十分重视非正规教育形式的运用。非正规教育是教育体制之外组织起来的教育活动混合形式的一个方便而又笼统的名称，是为特殊群体的特殊学习需要服务的。它实际上不是一种体制。

印度政府之所以把非正规教育作为正规教育的补充提出来，主要是出于以下几个方面的考虑。第一，印度的正规教育依然受到遗留下来的殖民主义结构的束缚，具有"僵化的特征"。印度著名教育家奈克曾这样评价印度的正规学校教育制度，即"对于那些错过入学机会和由于社会和经济原因而不得不辍学的不幸儿童，它没有提供任何帮助"[1]。第二，独立几十年来，印度未能实现普及义务教育的目标，是由于正规教育本身发展不够，难以使所有适龄儿童入学读书。第三，印度的一些委员会或国际组织认为，如果不发展灵活的、可供选择的教育模式，普及义务教育的目标在印度就难以实现。第四，印度小学、初中学生入学后巩固率很低，主要是因为流失生和留级生过多。面对这一严峻事实，印度政府不得不发展大规模的非正规教育。[2]

印度的初等非正规教育是从 20 世纪 70 年代开始有组织地发展的。印度学龄儿童的非正规教育计划主要为那些辍学、居住区没有学校和由于家境贫困而被迫谋生的儿童服务的，现已扩展到全国所有地区。印度政府提出的非正规教育计划包括学龄儿童的非正规教育计划和 15—35 岁年龄组的成人教育计划。虽然印度非正规教育计划的实施首先是从成人开始的，但现在印度的非正规教育通常是指以 9—14 岁儿童为主要教育对象、在学校之外实施的教育。由于印度的非正规教育主要是在晚上进行，而且以自学为主，

---

[1] 王长纯. 印度教育 [M]. 长春：吉林教育出版社，2000：251-252.

[2] 王长纯. 印度教育 [M]. 长春：吉林教育出版社，2000：251-252.

因此 6—9 岁的未入学儿童开始不在非正规教育范围内，但现在已包括初等教育阶段的所有儿童。根据印度的国情和教育现状，目前印度还有许多教育落后地区和弱势群体的儿童没有条件也没有能力接受正规教育，而这些地区的人口又占印度的大多数，所以发展这部分人群的教育对国家普及义务教育起着至关重要的作用。

印度非正规教育的实施机构主要是由民办机构或农村的村级自治机构创办的各种非正规教育中心。实施目的主要有两个：一是使儿童经过学习后可以进入正规学校学习，此时的非正规教育主要起桥梁的作用；二是使儿童在非正规教育中心学习后，可以成功地参加社会工作和劳动。到 20 世纪 90 年代末，印度已建成 27 万个非正规教育中心，满足了 675 万儿童的就学需要。其中大约有 10 万个中心是专门为女童修建的，450 多个非政府组织参与其中。[1] 作为普及义务教育的必要形式和正规教育的补充，非正规教育起到了积极的作用。

非正规教育自身的优势在于它比正规教育的花费低，可以满足不同年龄段辍学者的需求，解决问题的速度快，能提供更灵活、更合适的学习方法和环境等。现在，印度政府已将非正规教育中心视为儿童和青少年接受义务教育的主要渠道之一。

（三）修改宪法，从宪法层次保障公民接受基础教育的权利

印度 1976 年修订的宪法规定中央联邦政府和邦政府都有责任办好教育，其中邦政府的教育责任基本上没有太大变化，而中央政府承担的责任却越来越大了。印度中央政府重视基础教育，最直接和最高级的体现就是修改宪法，把接受基础教育作为儿童的基本权利：2002 年 12 月，规定把 6—14 岁

---

[1] 王长纯. 印度教育 [M]. 长春：吉林教育出版社，2000：251-252.

儿童接受免费的强制性教育作为一项基本权利的《基础教育作为基本权利法案》得以通过；2005 年 11 月 14 日，《教育权利法（2005 年）》颁布；2009 年 8 月，《儿童免费义务教育权利法》颁布，旨在强化宪法修正案第 86 条的规定，除保留了以前制定的政府应该提供免费义务教育的规定外，还进一步明确了政府尤其是中央政府对未入学儿童的责任。

（四）提高教师水平与数量以实现高质量的基础教育

印度因教师缺编严重，为了满足普及义务教育的需要，雇用了大量兼职教师。2007 年，在印度所有开展基础教育的学校中，兼职教师所占比例高达 10.4%。为了解决教师短缺问题，《儿童免费义务教育权利法（2009 年）》第 25 条规定："在该法实施后的 6 个月内，各级政府应确保每所学校的生师比达到国家规定的标准。为了保证达到规定的生师比，各学校在岗教师不得再调到其他学校或转换到其他非教育目的的岗位。"第 26 条规定："那些直接或间接由各级政府认证的学校要确保其学校的教师空缺数不超过国家规定的额定编制数的 10%。"第 27 条规定："任何教师不许被配置到非教育目的的岗位上，除非是参加每十年一度的人口普查工作、赈灾工作、地方政府或邦议会选举工作。"

除了不允许教师转行和控制编制空缺额，印度中央政府还规定教师一旦入职后由政府统一调配到具体的地区和学校，并且保证同工同酬。《国家教育政策（1992 年）》第 9 章第 2 条规定："在全国范围内应努力在教师的相同的工资、工作条件以及争端解决机制方面达到一个比较可观、合理的目标。"另外，印度从事基础教育的教师的工资也是比较高的，在 21 世纪初就达到起薪 150 美元，这种高起薪有利于吸引优秀人才进入教师队伍，提高教育质量。

（五）免费午餐计划对提高入学率与巩固率起重要促进作用

印度政府通过免费午餐计划一方面不仅大幅度提高了入学率，另一方面也降低了辍学率，提高了教师和学生的出勤率。免费午餐计划在 1997—1998 年度引入全国所有社区，到 2002 年该计划的实施对象得以扩展，不仅涵盖了公立学校 1—5 年级的所有学生，也涵盖了政府资助的地方机构所办的学校，以及那些在"教育保证计划""选择与创新教育计划"所举办的教学点（中心）上学的孩子。免费午餐计划是当今世界最大的学校食物计划，受益学校超过 95 万所。截至 2007 年 10 月，免费午餐计划覆盖了近 1.174 亿儿童，其中初级小学阶段覆盖了 8 240 万儿童，高级小学阶段覆盖了 3 500 万儿童，扩展后的免费午餐计划将教育落后的 3 479 个地区的 6—8 年级的学生也纳入计划实施范围，到 2008—2009 年度涵盖全国所有地区的学生。[1]

普雷嘎啼–萨尤嘎研究小组 2005 年对曼德亚–普雷德仕邦 70 个最落后村庄进行了调查，结果表明实施免费午餐计划后，入学率提高了 15%，在表列部落地区更是提高了 43%。另据多瓦德大学的拉玛–耐克博士在《关于卡纳塔克邦的阿克莎拉–达叟哈地区的报告（2005 年）》中所述，实行免费午餐计划地区的小学生入学率急剧上升，特别是农村地区；该计划对教师的旷课情况也有影响：64% 的学校表示教师的旷课率已经降低。免费午餐计划在普达切瑞中央联盟区的执行情况显示，高级小学阶段儿童的辍学率由2004—2005 年度的 7.16% 下降至 2007—2008 年度的 3%。[2]法扎纳–阿弗雷蒂的研究表明，免费午餐计划实施后一年级女生的出勤率上升了 12.4%。[3]

---

[1] 沈有禄，吴卓平. 印度小学免费午餐计划——MDM 计划简述 [J]. 外国教育研究，2010，37（9）：65-70.

[2] 沈有禄. 印度小学免费午餐计划及其启示 [J]. 比较教育研究，2011，33（6）：76-80.

[3] FARZANA A. The impact of school meals on school participation evidence from rural India[R]. 2010: 16.

（六）自力更生与争取外援两不误

如果政府要实现基础教育普及，必须将教育经费占国内生产总值的比例提高到 6%—7%，且以每年 2%—3% 的增长持续若干年，这样，才能为全民实现较高程度的读写能力提供充足的保障。为了解决基础教育经费短缺问题，印度政府积极动员社会资源，并征收 2% 的教育税。教育税每年可增加 400 亿—500 亿卢比，占中央和邦政府每年基础教育总经费的 10%—12%。此外，通过分权化改革调动民间的办学积极性也取得了比较理想的效果。村教育委员会和村务委员会的积极参与，分担了邦政府的教育与医疗责任。以曼德亚–普雷德仕邦为例，自从该邦于 1997 年实施基础教育分权计划后，3 年内新建了 3 万所新学校，使很多部落子女尤其是女童得以入学。[1]

与此同时，印度政府也积极争取来自世界银行、欧盟、联合国儿童基金会、联合国开发计划署等国际组织的援助与低息贷款。2001—2002 年度，外部援助资金从 1993—1994 年度的 3.7 亿卢比增长到了 121 亿卢比，同期中央政府用于教育援助计划的经费从 5% 增长到 20%，作为中央政府基础教育计划经费的一部分，外部援助资金的份额也从 10% 增长到 30%。[2] 世界银行、国际开发协会和美国国际开发署的资助经费在支持"地区小学教育发展计划""普及基础教育计划"中发挥了重要作用。

（七）政府最高层领导的参与和各类全国委员会的保障

印度政府非常重视对普及与均衡基础教育发展的领导，总理经常担任各类全国委员会的主席，国家高层领导的参与保障了项目的有效进行。例

[1] SANTOSH, M. Reforming elementary education in India: a menu of options[J]. International journal of educational development, 2006 (26): 261-277.

[2] 沈有禄. 中国、印度基础教育比较研究 [M]. 北京：人民出版社，2011：334-339.

如，印度总理是"普及基础教育计划"全国委员会的主席，保证了该项目的高质量执行。又如，中央政府于 2004 年 11 月成立了全国少数民族教育委员会，为中央政府及邦政府提供关于少数民族教育的政策建议，并发布了"少数民族教育委员会 2004 年行动计划"。

《教育权利法（2005 年）》第 33 条规定中央政府应该成立全国义务教育委员会，以监控该法的执行，必要时推荐修改措施，并行使该法规定的权利或执行该法规定的其他功能。全国义务教育委员会的主席及专家委员须由总理、人民院发言人、部长、人力资源开发部、议会两院的反对党领导人组成的委员会推荐，并由总统任命。

总之，印度政府在普及基础教育过程中不断地采取各种有效措施推动其在区域间、群体间、性别间的均衡发展。2007 年，印度初等教育（1—8 年级）预算内生均教育经费的离差程度仅为 0.62，而且呈下降趋势。印度中央政府对基础教育预算内经费的贡献率将近 30%。

第三节　基础教育的挑战和对策

一、基础教育的挑战

（一）普及初等义务教育的目标一再延期

印度宪法规定的普及八年初等义务教育的目标被推迟了 50 年之后仍然没有实现。原因有以下几个方面：其一，目标定得太高，不符合印度当时的国情。独立时，印度国民文盲的比例在 80% 以上，经济和教育的基础都较为薄弱，这样的一个大国、穷国，要想在 10 年内普及八年初等义务教育是不可能的。其二，在教育发展的重点领域上有所调整，双管齐下，导致对初等教育的投入急剧下降。印度领导人不相信当时西方教育家提出的应该按照"初等教育→中等教育→高等教育"的顺序发展教育的建议，而是实行普及初等义务教育和快速发展高等教育齐头并进的策略。从第二个"五年计划"开始，初等教育的经费一直维持在国家教育经费总量的33%左右，1966—1969年竟然降到24%，而同期的高等普通教育和高等技术教育的经费比例占到国家教育总经费的49%。[1] 其三，印度中央政府在中小学教育管理上长期采取放任政策，主要由一级行政区（邦和中央直辖区）自主推行普及义务教育。由于各邦情况不同，导致有些地区普及义务教育发展得较快，有些地区发展得极慢。据印度人力资源开发部2008—2009年度报告，截至2006—2007年度，印度高级小学阶段（6—8年级）辍学率为零的一级行政区只有8个，而辍学率超过50%的一级行政区有11个，其中，阿萨姆邦和比哈尔邦超过了70%。[2]

近年来，印度全国初等教育总的辍学率仍然很高。1993—1994年度，印度八年初等教育的辍学率为52.8%，1997—1998年度为54.14%，2006—2007年度为46%。

（二）教师数量不足且区域分配不均

虽然印度基础教育师资数量逐年增加，但不同区域间分配不均。据统计，2011年印度农村初等教育学校平均生师比为30∶1，基本达到合理水平，但仍有39.57%的初级小学的生师比超过30∶1，有30.58%的高级小学的生师比超过35∶1。在被调查的35个地区中，有22.9%的地区生师比超过全

[1] GNANAM A, STELLA A. Emerging trends in higher education and their implications for future[J]. Journal of educational planning and administration, 1999 (2): 191.

[2] 资料来源于印度人力资源开发部。

国平均水平，有些地区平均生师比甚至达到了 59：1。[1] 生师比高，反映了教师资源配置的不足。

据统计，在印度农村初等教育学校中，学生人数不超过 25 人的学校占比为 10.59%，学生人数在 25—50 人的学校占比为 19.54%，学生人数在 51—100 人的学校占比为 26.76%，从总体来看，学生人数不超过 100 人的小规模学校占比为 56.89%；从学校教师数量来看，一个教师也没有的学校占比为 1.06%，只有一个教师的学校占比为 9.07%，只有 2 个教师的学校占比为 29.62%，有 39.75% 的学校教师人数不足 3 人。[2] 如果仍按照生师比配置教师资源，大量小规模学校将无法解决印度农村初等教育师资短缺等许多现实问题。

（三）教师队伍结构失调

首先，印度农村女教师缺乏。目前，在印度农村初等教育各类学校中，女教师的比例只有 39.95%，其中初级小学女教师比例为 41.78%，高级小学女教师比例为 29.12%。在所有被调查地区中，68.57% 的地区男教师多于女教师，17.1% 的地区男教师人数是女教师人数的两倍以上。[3]

其次，学科教师和有特殊文化背景的教师缺乏。在印度农村小规模学校中，特别是在只有一个教师的学校，一个教师教授多门学科的情况比较突出，这在一定程度上反映了学科教师的缺乏。另外，在印度农村初等教育学校中，来自表列种姓和表列部落的学生比例分别达到了 20.89% 和 12.80%，而目前这两类身份教师所占比例分别只有 14.0% 和 10.6%。[4]

---

[1] 资料来源于印度教育部《印度农村的基础教育，我们在哪里？（2011—2012 年）》。

[2] 资料来源于印度教育部《印度农村的基础教育，我们在哪里？（2011—2012 年）》。

[3] 董静，于海波. 印度农村初等教育教师：短缺现状、补充策略及启示 [J]. 外国教育研究，2014，41（5）：91-99.

[4] 资料来源于印度教育部《印度农村的基础教育，我们在哪里？（2011—2012 年）》。

（四）教师专业水平不高

目前，在印度农村初等教育学校中，85.3% 的教师达到了高中及以上学历水平，其中 24.8% 的教师达到了高中学历水平，38.3% 的教师达到了本科学历水平，22.2% 的教师达到了研究生及以上学历水平。[1] 从整体来看，虽然教师学历达标水平比较高，但实际专业水平有限。研究显示，印度农村教师在纠正学生错误、向学生解释学习内容或过程、自身基于数学情境提出问题以及归纳学习材料中心思想等方面都明显存在不足。[2] 此外，农村教师的教学方式单一。据统计，有 50% 的课堂教学以教师板书、口头宣讲、让学生做书面作业、提问、检查书面作业等传统教学为主，而以"学生为中心"，让学生个人或集体背诵、小组合作学习、使用丰富多样的学习辅助材料的课堂教学比较少。

（五）教师队伍不稳定

印度农村教师向城市教育岗位流动。受经济水平、工作条件、薪酬等因素的影响，农村教育岗位对教师来说缺乏吸引力，很多教师想方设法地调到城市学校任教，这无疑提高了农村学校的生师比，增加了农村教育岗位的空缺。

合同教师频繁更替。目前，印度农村合同教师主要由准教师、兼职教师和社区教师组成，这三类教师所占比例分别为 12.8%、0.4% 和 0.4%，三者之和占教师总人数比例为 13.6%。[3] 由于合同教师的任职期限没有统一标

---

[1] 董静，于海波. 印度农村初等教育教师：短缺现状、补充策略及启示 [J]. 外国教育研究，2014，41（5）：91-99.

[2] 资料来源于印度教育部《印度农村小学教学研究（2011 年）》。

[3] 资料来源于印度教育部《2011 年教育状况年报（农村）》。

准，因此增加了教师人员更替的频繁性和师资队伍的不稳定性。

教师缺勤问题突出。目前，印度农村初级小学教师缺勤率达 13.8%，34.8% 的初级小学存在程度不同的教师缺勤现象，而教师缺勤则无法保障学校教学所需的师资力量，影响了学校正常教学工作的开展。[1]

（六）弱势群体教育成效不高

印度弱势群体存在多样性和复杂性，导致其基础教育总体状况不容乐观。首先，弱势群体学生失学率和辍学率偏高，学习质量低。2010—2011 年度，表列种姓、表列部落和穆斯林儿童的失学率分别是 5.9%、5.5% 和 7.7%，均高于 6—14 岁儿童 3.3% 的平均失学率。[2] 同年度，表列种姓和表列部落小学阶段辍学率高达 43.3% 和 55%。[3] 同时，印度人力资源开发部的统计资料显示：小学 5 年级和 7 年级的测试通过率，表列种姓的学生要比一般平均值低 6%，表列部落的学生则更低，比平均通过率分别低 13% 和 10%。[4] 其次，教育地区差异仍然显著，弱势群体集中的地区整体教育质量较差。独立调查机构布拉罕协会 2011 年的调查显示，无论是学生的阅读水平还是数学计算能力，喀拉拉邦、米佐拉姆邦、喜马偕尔邦、旁遮普邦等传统教育强邦依旧遥遥领先，比哈尔邦、北方邦、中央邦则远远落后。[5]

虽然中部和东北部各邦基础教育设施不足的问题严峻，但弱势群体学业不佳不仅与简陋的教学条件有关，也和教师的配备和责任心有关。教育落后

---

[1] 董静，于海波. 印度农村初等教育教师：短缺现状、补充策略及启示 [J]. 外国教育研究，2014，41（5）：91-99.

[2] 资料来源于印度教育部《2011 年教育统计概览》。

[3] Ministry of Human Resource Development, Government of India. Statistics of school education 2010—2011[Z]. New Delhi, 2012: 66-68.

[4] Ministry of Human Resource Development, Government of India. Educational statistics at a glance[Z]. New Delhi, 2012: 9.

[5] 资料来源于印度教育部《2011 年教育状况年报（农村）》。

的邦也是生师比较高的邦，如 2010—2011 年度，北方邦小学阶段的生师比为 79∶1，比哈尔邦为 76∶1，都远远高于 30∶1 的规定值。[1] 同时这些邦也是教师缺勤率最高的邦，而且越是农村地区，缺勤率越高。以北方邦为例，世界银行 2008 年的调查显示，教师的出勤率只有 65%，教师的活动率（如积极参与教学相关的活动）只有 27%。该调查同样显示，在中央邦和北方邦，学生的学习能力非常低。在抽样的小学 4 年级学生中，只有 12%—15% 的学生能阅读句子和单词，5%—7% 的学生能书写句子和单词；数学方面，即使是不须进位的两位数加减法，也只有 12%—19% 的学生能掌握。[2]

二、基础教育的发展对策

面对基础教育发展的困境，印度一直不断探索多样化的策略予以应对。

（一）对落后地区给予额外的教育投入

印度东北部一直政治动荡，社会经济发展落后，这里虽然有独特的文化、手工艺技术以及美丽的风光，但也存在失业率高、缺乏基础设施等诸多问题。研究表明，20 世纪 90 年代经济自由主义发展，但东北部已被其他地区甩在后面。

长期以来，印度对东北诸邦的社会经济发展给予高度重视，于 1971 年成立东北委员会，1995 年成立东北发展金融有限公司，2001 年成立东北发

---

[1] Ministry of Human Resource Development, Government of India. Statistics of school education 2010—2011[Z]. New Delhi, 2012: 47.

[2] 杨旻旻，连进军. 印度改善弱势群体基础教育运动及问题——以 20 世纪 80 年代中期以后为中心 [J]. 外国教育研究，2013，40（8）：27-36.

展部。另外，东北诸邦在政治上也得到优待，在全国议会的 543 个席位中分配到了 25 个席位，占全部议会席位的 4.6%，而其选民的比例仅为 3.8%。

为了加大对东北诸邦基础设施的财政投入，印度财政部在 1998—1999 年度的预算报告中宣布成立"稳定的中央资源库"，要求所有的中央各部委都为东北部地区特殊项目的发展提供 10% 的预算，由财政部部长和东北发展部组成的跨部委员会来负责管理资源库。该委员会在 1998 年批准了 46.272 亿卢比的资金支持东北部地区教育基础设施的建设，到 2008 年 11 月，共为东北诸邦批准了 88.296 亿卢比的教育资金，实际拨款 72.956 亿卢比。[1]

在中央及地方政府教育投入的影响下，东北诸邦基础教育取得了显著成效。东北诸邦的预算内基础教育经费占全国总预算内教育经费的 5.86%，比其学生占比 4.22% 要高 1.64 个百分点。[2]

（二）科学统筹，合理配置教师资源

一是建立区域教育信息数据库。具体而言，包括建立超编和缺编学校数据库、岗位空缺数据库、学科教师空缺数据库和女教师以及其他类型教师数据库等，以此作为教师资源配置和调动的重要依据。

二是合理配置教师数量。首先，印度政府详细规定了初等教育的生师比。如 1—5 年级，班级规模在 60 人以内应配备 2 名教师，班级规模在 61—90 人的应配备 3 名教师，班级规模在 91—120 人的应配备 4 名教师，班级规模在 121—200 人的学校应配备 5 名教师，班级规模超过 200 人的学

---

[1] Department of School Education and Literacy, Department of Higher Education of Ministry of Human Resource Development, Government of India. Annual report 2008-09[R]. New Delhi: Dolphin Printo Graphics, 2010: 224.

[2] 沈有禄，谯欣怡. 印度基础教育投资政策存在的问题及均衡策略 [J]. 比较教育研究，2012，34（2）：70-75.

校生师比应低于 40：1；6—8 年级的生师比应维持在 25：1。[1] 其次，取消只有一个教师的学校，保证每所学校至少有 2 名教师，并尽可能保证其中 1 人是女教师。[2] 最后，规定每个班级至少有 1 名教师。

三是合理调整师资结构。具体措施包括：补充女教师，如提出针对单师以及跨年级教学的情况补充教师，其中 2/3 新雇用的教师为女教师；[3] 补充特殊身份教师，如招聘表列种姓身份的教师，同时鼓励受过教育并有良好发展前途的表列部落的年轻人参与培训，从事部落地区的教学工作。

（三）改善教学环境，吸引更多人投身教育工作

印度"普及基础教育计划"提出，从 2010 年起，每年给基础教育学校划拨三类经费：一是学校维修经费，用于学校校舍、厕所、围墙、运动场等的维修，根据学校班级数量的多少，每所学校每年可获得 5 000—10 000 卢比不等；二是学校发展经费，用于购买黑板、桌椅、粉笔、登记簿和其他办公设备，初级小学每年可获得 5 000 卢比，高级小学每年可获得 7 000 卢比；三是教师教学材料经费，用于购买教学挂图与教具等，每名教师每年可获得 500 卢比。[4]

"普及基础教育计划"还提出基础设施建设的基本标准。基础设施包括教室、办公室、商店、独立的男女生厕所、安全且足够的饮水设备、运动场、学校围墙或防护栏等；每个学校应该有一个能够提供报纸、期刊、各

---

[1] Ministry of Law and Justice. The Right of Children to Free and Compulsory Education Bill 2009[Z]. New Delhi: Government of India, 2009: 12.

[2] 张乐天. 发展中国家农村教育补偿政策实施状况及其比较——中国、印度、马来西亚、尼泊尔四国案例分析[J]. 比较教育研究，2006（11）：50-54.

[3] Planning Commission. Eleventh Five Year Plan 2007—2012[Z]. New Delhi: Oxford University, 2008: 10.

[4] 资料来源于印度教育部公布的 PISA 2011 年相关数据。

科教学用书以及故事书的图书馆，每个班级都要有教学材料。[1] 计划还提出为教师提供住房或者补贴，如为部落和偏远地区教师提供住房，为教师提供生活补贴、山区补贴以及住房补贴，以此激发教师到农村，特别是偏远农村地区任教的热情。

（四）完善培训体系，提升教师专业水平

2010 年 8 月，印度颁布了《教师任职最低资格标准》。依据这一标准，印度政府计划用 5 年时间，通过在职培训计划，培训所有未接受过任何培训的初等教育教师，提升其专业水平，使全体在职教师符合任职资格规定。加强培训内容的针对性具体表现在设置统一而灵活的培训内容上。2009 年10 月，印度颁布了新一轮的《教师教育国家课程框架》。该框架在统一规定教师培训内容的同时，要求地方教师培训机构根据培训对象、培训目标的不同，确定层级化和差异性的培训内容；了解教师需求，每年更新培训内容，研究开发教师培训资料，特别是关于学生发展、学生知识、社区知识和最新教学方法的资料；[2] 建立情境指导模式。2007—2011 年，印度拉贾斯坦邦巴兰地区建立"基于学校现场"的教师教育指导模式，培训者深入农村学校及教师课堂，进行现场教学诊断，在倾听教师意见的基础上，为教师提供教学处方。[3] 提供特殊培训，如表列种姓和表列部落身份的学生有着社会背景、语言、文化表现的差异，这就需要对教师进行特殊培训，包括语言培训、文化敏感性培训以及教学方法培训等。加强对培训者的选拔与

[1] Ministry of Law and Justice. The Right of Children to Free and Compulsory Education Bill 2009[Z]. New Delhi: Government of India, 2009: 13.

[2] Ministry of Human Resource and Development. Sarva Shiksha Abhiyan: framework for implementation based on the Right of Children to Free and Compulsory Education Act 2009[R]. New Delhi: Government of India, 2011.

[3] ANJU S. Demonstrating a situated learning approach for in-service teacher education in rural India: the quality education programme in Rajasthan[J]. Teaching and teacher education, 2012 (28): 1009-1017.

培训，选拔培训者时，侧重对候选人教学背景和品质的关注。例如，古吉拉特邦提出放宽招募标准，以吸引资历低但有教学热情的年轻人进入地区教育培训学院。[1] 此外，加强对培训者的培训，为他们提供在职进修课程、奖学金资助计划等。

（五）探索多元途径，扩大和稳定教师队伍

首先，吸纳相关人员，拓宽师资队伍来源。印度政府从当地选拔知识青年，充实教师队伍。由于知识青年来源于当地村庄或社区，懂得地方语言，因此他们在促进社区与学校沟通以及促进学校有序运转方面具有独特的优势。[2] 对于某些急缺教师的学科，返聘退休教师。退休教师有多年的工作经历，不需培训就可以直接上岗，能够迅速补充学科教师岗位的空缺。其次，采取有效激励措施，稳定教师队伍。为了留住优秀合同教师在农村任教，印度政府一方面努力提高合同教师的薪酬，另一方面建立优秀合同教师转正制度，如古吉拉特邦、中央邦和拉贾斯坦邦规定，对于代课满 3—8 年的优秀合同教师可以直接将其纳入正式教师队伍。[3] 再次，建立基于"工作表现"的教师评价体系。如拉贾斯坦邦乌代布尔市在 27 个月的持续试验过程中所采取的薪酬奖励措施在提高教师工作积极性方面效果显著，使教师缺勤率从 44% 下降到 27%，学生的测验成绩也得到了提高。[4] 针对基础教育教师，2010 年 8 月，印度全国教师教育委员会颁布了 1—8 年级任课教师任职资格的最低标准，而要获得教师资格，关键是通过教师资格考试。为此，全国教师教育委员会秘书长签署了《教师资格考试实施指南》，并于 2011 年 2 月

[1] 于海英，秦玉友. 印度农村初等教育教师在职培训政策研究 [J]. 外国中小学教育，2011（12）：40-43.

[2] GOVINDA R, JOSEPHINE Y. Para teachers in India: a review[R]. New Delhi: UNESCO, 2004: 19.

[3] 孙来勤，秦玉友. 印度代课教师：概况、争议及趋向 [J]. 外国教育研究，2011（6）：71-75.

[4] NARAYAN K, MOOIJ J. Solutions to teacher absenteeism in rural government primary schools in India: a comparison of management approaches[J]. The open education journal, 2010 (3): 63-71.

正式颁布。同时，为了提高小学教师的教育质量，印度全国教师教育委员会评议协会于 2011 年 5 月颁布了新的《两年制小学教师教育方案》。[1]

（六）照顾弱势群体和特殊儿童的特殊政策

印度政府在宪法中对弱势群体给予了经济、社会、教育权益上的保护，甚至针对其权益的提升还制定了特别保护与照顾的法律条款。宪法第 14 条规定印度政府对其领土内的每个公民提供平等的法律保护。第 15 条禁止宗教、种族、阶层、性别或出生地的歧视，法律要为在社会或教育上处于弱势的阶层及表列种姓和表列部落的公民给予帮助，为其权益保护设立特殊的保留政策条款。第 29 条规定在印度领土内任何地区的公民都有权保持其语言、文字、文化及民族的独特性，不能因这类公民的宗教、种族、阶层、语言等不同而拒绝其入学。第 46 条规定政府应该通过特别关照的措施来保护弱势群体或落后地区的人们的教育与经济权益，尤其是要保护表列种姓和表列部落，以防止他们受到任何不公正待遇以及任何形式的剥夺和剥削。

印度中央政府把与宪法第 46 条保护条款有关的所有法律条文综合起来，形成并通过《保留条款法》。宪法第 330 条、332 条、335 条、338—342 条以及宪法的整个第 5 部分和第 6 部分都有特别条款，为宪法第 46 条中规定目标的执行提供保障。

依照《国家教育政策（1986 年）》和《行动纲领（1992 年）》，为特别种姓阶层及其他少数民族的教育权益保护制定以下特别保留条款：放宽开设小学 / 中学的标准，在离居住地 1 千米以内的地方开设小学的条件由居民人数为 300 人调整为 200 人；免除所有公立学校学生至少到高级小学教育阶段的学费（事实上，大多数邦都为特别种姓阶层和少数民族的学生免除了一

---

[1] 北京师范大学国际与比较教育研究院组. 国际教育政策与发展趋势年度报告 2013[M]. 北京：北京师范大学出版社，2015：213-214，216.

直到高级中等教育阶段的学费）；免费提供教科书、校服、文具、书包等。

印度的中小学教育基础薄弱，特殊教育方面的发展更是不尽如人意。正如印度学者帕尔文·辛克莱所言，"在印度，特殊需求儿童的教育问题被忽视已经由来已久，让这些孩子回归学校、接受教育显得尤为迫切"。近年来，印度政府对于特殊需求儿童的教育问题倾注了越来越多的关注，全纳教育也成为印度特殊教育的新理念和新诉求。

为了解印度特殊教育的发展现状，揭示特殊教育中存在的问题，近年来，印度特殊需求人群教育司、全国教育研究与培训委员会等机构成立项目组，联合发起了对印度特殊教育现状的调查研究。项目组邀请了专家学者、家长和教师等参与其中，举办了多次研讨会，开展了多次实践调研，并于2014年7月出版《小学阶段特殊需求儿童的全纳教育》一书。这本书体现了印度未来特殊教育发展的政策导向，对特殊需求儿童进行了具体分类，针对不同类型的特殊需求儿童的教学问题进行了具体分析，有助于教师有针对性地开展教学。[1]

通过上述各种政策举措，印度积极应对基础教育阶段出现的各种问题，在不断实践的基础上，继承已有经验，努力改善尚且薄弱的环节。

[1] 北京师范大学国际与比较教育研究院. 国际教育政策与发展趋势年度报告2015[M]. 北京：北京师范大学出版社，2016：326，331.

第六章 高等教育

第一节 高等教育的发展和现状

印度的高等教育具有悠久的发展历史。在独立之前，印度高等教育深受英国教育制度的影响，发展速度比较缓慢，且主要服务于上层阶级。独立之后，印度高等教育进入新的发展时期，发展速度不断加快，规模日益扩大，逐渐成为高等教育大国。

一、高等教育的发展历史

（一）独立前的高等教育

早在古代，印度就建立了具有高等教育性质的中心或机构，高等教育发展具有典型的宗教特性。古代印度的教育主要是婆罗门教育和佛教教育。5 世纪左右，印度出现了行使高等教育职能的教育机构，如塔希拉寺院、那烂陀大学、费哈西拉大学和瓦拉比大学等。佛教教育虽然与生产没有直接联系，但其博大精深的教学内容对人类知识的积累发挥了重要的历史作用。8 世纪左右，印度进入了穆斯林时期，伊斯兰教在印度广泛传播，佛教开始走向衰落。这一时期的教育内容以伊斯兰教育为主，马德拉沙成为中世纪印度实施高等教育的机构。

18世纪，英国在印度建立了殖民统治，同时也带来了欧洲的现代科学和西方的大学制度，印度现代意义上的高等教育正是产生于英国殖民统治时期。1853年，东印度公司成立委员会，对印度过去的教育发展情况展开调查，并在此基础上于1854年制定了一份详尽的教育发展计划——《伍德教育急件》。《伍德教育急件》强调了高等教育的重要性，并建议参照英国伦敦大学模式，在三个管辖区城市各建立一所大学，原有私立学院成为这些大学的附属学院；建立从初级学校到大学的上下衔接的教育制度；将英语作为最有效的教学语言用于高等教育等。该文件出台后不久，印度于1857年建立了本国最早的三所大学：加尔各答大学、孟买大学和马德拉斯大学，这些大学被视为印度现代大学的先驱，开创了印度高等教育发展的新局面。1882年和1888年，旁遮普邦和阿拉哈巴德邦又相继成立了两所大学。此后，印度高等教育体系不断发展壮大，到1947年，印度已经拥有了20所大学和500所学院。因此，《伍德教育急件》在印度教育发展史上具有里程碑意义，对印度近代高等教育的发展产生了重要影响。

初期的印度大学只是把分散在各地的一些学院联合起来，相当于一个行政机构，而非教学机构。大学各种规章制度由英国人制定，并由他们组织分布在印度各个地区的学院的学生的考试。当时的印度大学一般不承担教学任务，也不重视科学研究，主要工作是为所属学院和中学提供不同水平的考试服务、颁发证书和授予校外学位。印度大学和学院的课程主要为古典学科和人文学科，理工科和其他应用技术不受重视。在英国殖民统治时期，印度高等教育主要为上层阶级服务，大学和大多数学院也都设在城市或上层阶级居住地区，普通民众接受高等教育的机会很少，接受大学教育成为人们改变社会地位的重要手段。

（二）独立后的高等教育

1947 年以后，为了促进高等教育事业的进一步发展，印度政府开始对高等教育进行大力改革，高等教育事业迎来了新的发展阶段，高等教育机构数量和高校入学人数都得到了大幅增长。1948 年，印度成立了大学教育委员会，并于第二年提交了一份报告，对高等教育的培养目标、研究生培养和学习、专业教育、宗教教育、教学语言、考试、妇女教育、农业大学等 14 项内容提出了建议。这些建议对独立后的印度高等教育发展起了重要的指导作用，涉及修业年限延长、高校类型多样化、高教体制逐步完善、建立农业大学、创办高水平理工学院等方面。

20 世纪六七十年代，印度的教育事业进入了重要的改革时期。随着社会经济文化的进步与发展，印度在 1964 年成立了教育委员会，该委员会在 1966 年发表了印度教育发展 20 年远景规划报告——《教育与国家发展》。在这个报告的基础上，印度政府在 1968 年正式颁布了《国家教育政策》。《国家教育政策》在高等教育方面主要强调以下内容：重视大学的自治、提高高等教育的质量、建立少量具有国际水平的大学、提高高校的教学科研水平、大力发展业余教育和函授教育，并强调教育理论应与实际相结合，以满足社会需求。作为印度独立以来颁布的第一个发展教育事业的纲领性文件，《国家教育政策》为印度教育未来发展的制度化和规范化提供了科学依据和法律保障。1978 年，执政的人民党发布了《印度高等教育发展的框架》，提出了高等教育发展计划，并于 1979 年发布了发展各级各类教育的《国家新教育政策草案》。但是，随着人民党的下台，这些发展计划和政策草案未能成为发展印度教育事业的指导性文件。

20 世纪 80 年代，伴随着世界各国教育改革的浪潮，印度政府在 1985 年发表了一份反映印度教育现状的报告——《教育的挑战——政策透析》，并在第二年公布了经议会通过的《国家教育政策》及其实施细则《国家教育政策实施计划》。《教育的挑战——政策透析》涉及教育的各个方面，目的是引起全社会关注教育改革。《国家教育政策》的主导思想是追求教育优质和教育机会平等，这也是日后印度教育改革的最主要目标。

独立之初，印度高等教育机构的数量和高校入学人数都比较少。当时的印度共有大学 20 所，学院 496 所，高校学生约 21 万人。独立后的印度高等教育一直处于快速发展中，高等教育机构数量和入学人数都在不断增长。

二、高等教育的发展现状

（一）高等教育机构

印度高等教育机构主要有大学、学院和独立机构。印度的大学类型有很多，主要有中央大学、公立名誉大学、私立名誉大学、国家重点学院、邦私立大学和邦公立大学，以及中央开放大学、邦立法承认学院、邦开放大学、邦私立开放大学和政府资助名誉大学等。独立时的印度仅有 20 所大学、496 所学院、约 21 万名学生。截至 2019—2020 年度，印度的大学数量增加至 1 043 所，学院数量发展至 42 343 所，独立教育机构达 11 779 家。在 1 043 所大学中，有 48 所中央大学、713 所邦立大学（386 所邦公立大学和 327 所邦私立大学）、126 所名誉大学（36 所公立名誉大学、80 所私立名誉大学和 10 所政府资助名誉大学）、135 所国家重点学院、16 所开放大学（1 所中央开放大学、14 所邦开放大学和 1 所邦私立开放大学）和 5 所邦立法承认学院。大学数量从 2015—2016 年度的 799 所增加到 2019—2020 年度的 1 043 所，增幅为 30.5%，学院数量从 2015—2016 年度的 39 071 所增加到

2019—2020 年度的 42 343 所，增幅约为 8.4%。[1]

2015—2020 年印度的大学和学院数量见表 6.1。

表 6.1 2015—2020 年印度的大学和学院数量（单位：所）[2]

年度	大学								学院
	中央大学	公立名誉大学	私立名誉大学	国家重点学院	邦私立大学	邦公立大学	其他	总计	
2015—2016	43	32	79	75	197	329	44	799	39 071
2016—2017	44	33	79	100	233	345	30	864	40 026
2017—2018	45	33	80	101	262	351	31	903	39 050
2018—2019	46	34	80	127	304	371	31	993	39 931
2019—2020	48	36	80	135	327	386	31	1 043	42 343

需要注意的是，国家重点学院由中央政府直接管理，地位高于一般的大学，以印度理工学院为主要代表，主要涵盖技术教育领域，旨在培养高级技术人才。中央大学以德里大学为代表，地位仅次于国家重点学院。邦立大学主要指由各邦通过立法建立的大学，如加尔各答的贾达普尔大学。从国家重点学院到邦立大学，中央政府直接控制的力度逐渐减弱。就学院而言，2015—2020 年的学院数量呈波动上涨趋势，但是大多数学院的规模都比较小，16.6% 的学院招生规模在 100 人以下，48.9% 的学院招生规模在100—500 人，只有 4% 的学院有超过 3 000 名学生。[3]

---

[1] Department of Higher Education. All India survey on higher education (2019—2020)[R]. New Delhi: Government of India, Ministry of Education, 2020: 41.

[2] 根据 2019—2020 年度印度高等教育调查报告的相关资料整理。

[3] Department of Higher Education. All India survey on higher education (2019—2020)[R]. New Delhi: Government of India, Ministry of Education, 2020: 11.

（二）高等教育的招生情况

印度高等教育层次主要分为 8 个级别，依次为博士学位、哲学硕士学位、硕士学位、本科、硕士文凭、本科文凭、结业证书、综合项目。2014 年，印度在校大学生人数超过美国，仅次于中国。[1] 2019—2020 年度，印度高等教育机构有 3 850 多万名学生，较上一学年增加了 113 万余人。近 5 年来，印度高等教育每年在校人数保持稳定增长，从 2015—2016 年度的 34 584 781 人增加到 2019—2020 年度的 38 536 359 人，总体增幅达 11.4%，年均复合增长率为 19.9%。除了哲学硕士和硕士文凭招生人数有所减少以外，印度高等教育各个层次的招生数量都有所增长。其中，本科学生人数增加最多，净增 3 226 837 人，年均复合增长率达 19.1%。其次，增加人数较多的是硕士生，净增 395 379 人，年均复合增长率为 12.2%。哲学硕士生人数减少了 18 589 人，年均复合增长率为 –8.1%。硕士文凭学生数量减少了 12 310 人，年均复合增长率为 –7.6%（见表 6.2）。

根据印度官方公布的数据，从印度高等教育本科生学科分布情况来看，2019—2020 年度，印度选择人文学科、理科、商学、工程与技术的本科生数量比较多。其中，人文学科学生人数为 965.6 万人，约占 33%；理科学生为 475.5 万人，约占 16%；商学学生为 416.3 万人，约占 14%；工程与技术学生为 372.7 万人，约占 13%（见图 6.1）。整体而言，约 76% 的学生就读于人文学科、理科、商学以及工程与技术。此外，教育和医学各占 5%，社会科学占 3%。还有 11% 的学生就读于其他专业领域，如信息技术与计算机、管理、法律和外语等。值得一提的是，印度作为世界上最大的粮食生产国之一，拥有世界 1/10 的可耕地面积，但就读于农学相关学科的学生数量仅占 1% 左右。

---

[1] 王文礼. 印度高等教育：2030 年的愿景述评 [J]. 大学（研究版），2015（10）：53-60.

表 6.2 2015—2020 年印度高等教育在校生人数（单位：人）[1]

年度	博士	哲学硕士	硕士	本科	硕士文凭	本科文凭	结业证书	综合项目	在校生总数
2015—2016	126 451	42 523	3 917 156	27 420 450	229 559	2 549 160	144 060	155 422	34 584 781
2016—2017	141 037	43 267	4 007 570	28 348 197	213 051	2 612 209	166 617	173 957	35 705 905
2017—2018	161 412	34 109	4 114 310	29 016 350	235 263	2 707 934	177 223	195 777	36 642 378
2018—2019	169 170	30 692	4 042 522	29 829 075	224 711	2 699 395	162 697	241 126	37 399 388
2019—2020	202 550	23 934	4 312 535	30 647 287	217 249	2 672 562	159 869	300 373	38 536 359
年均复合增长率	8.5%	−8.1%	12.2%	19.1%	−7.6%	9.4%	5.9%	9.8%	19.9%

[1] 根据 2019—2020 年度印度高等教育调查报告的相关资料整理。

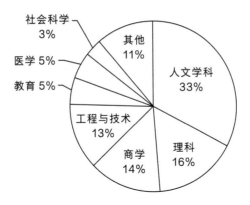

图 6.1 2019—2020 年度印度高等教育本科生学科分布

（三）高等教育阶段学位划分与学制

为了满足社会各行各业对高级人才的需求，印度高等教育加强了对高层次和高水平人才的培养，并逐步建立了学士、硕士和博士学位等级机构，学位类型也得到了拓展。在学位修业年限方面，印度在独立后相关规定基本没有太大变动。一般情况下，学士学位修业年限为 3 年，硕士学位修业年限为 2 年，博士学位修业年限为 3 年。但是，具体的修业年限会因专业不同而稍有差别，比如，学士学位培养年限会根据专业而定，文、理、商、法、教育等专业学习年限为 3 年，农学、工程、药学、兽医学等为 4 年，建筑学和医学往往需要 5 年，法学则需要更长的时间。

学士学位获得者可以继续攻读硕士学位，硕士学位的学习年限一般为 2 年，但不同专业也存在一定的区别。此外，印度的硕士学位也可以分为两种，即课程硕士和论文硕士，前者只需完成课程并通过考试，后者则需要提交论文并通过论文答辩。取得硕士学位的毕业生可以选择继续深造，攻读哲学硕士学位或博士学位。其中，哲学硕士学位可以看作介于硕士和博士之间的一种特殊学位，它既是高级硕士学位又可以等同于博士预科，哲学硕士的学习时间通常为 1 年。获得哲学硕士学位后方可取得攻读博士学位的资格，而后再从事 2 年的专业研究，可获得博士学位。在印度，博士阶段的学习时间通常为 3 年，实际情况可能需要 5 年甚至更长的时间。博士生往往要进行课程学习和学术研究，通过论文答辩方可获得学位。

（四）高等教育师资力量

印度高等院校教师结构有六种类型，即教授、副教授、讲师、助教、代课教师和客座教师。2015—2016 年度，印度高等院校教师为 1 542 194 人，截至 2019—2020 年度，印度高等院校教师共计 1 503 156 人（见表 6.3），其中教授 139 797 人，占总人数的 9.30%；副教授 160 137 人，占总人数的 10.65%；讲师 1 023 519 人，占总人数的 68.10%；助教 80 172 人，占总人数的 5.33%；代课教师 84 956 人，占总人数的 5.65%；客座教师 14 575 人，占 0.97%。近 5 年来，印度高等院校教师减少了 39 038 人，除了讲师和助教的总人数略有上涨以外，其他各级教师的总人数均有所下降。从整体上看，印度高等教育教师职称结构呈"凸"字形分布，具有中间高两边低的特点。印度高校讲师所占比例最高，讲师的基数和增长速度都高于其他职称类型，而教授和副教授比例较低。总体上，印度的高等教育师资力量比较薄弱，各级职称教师的分布很不均衡，整体水平有待进一步提升。同时，印度还有大量的代课教师，这在一定程度上影响了高校教师队伍的稳定性。

学校师资力量也可通过生师比指标来反映。独立后的印度，其高等院校数量不断增加，高校在校生规模不断扩大，但高校师资一直处于紧张状态，没能及时有效地得到扩充。特别是近 5 年来，高等院校在校生人数持续增加，而高等院校教师数量却出现了较大幅度的下降，导致生师比一直处于高位状态，给印度高等院校的教师造成了很大的工作负荷。从印度普通高等院校（大学和学院）生师比的实际情况来看，从 2015—2016 年度到 2019—2020 年度，印度高等院校生师比平均水平为 26：1 左右，居高不下。2015—2016 年度，印度高等院校的生师比约为 22∶1，之后两年持续走高，到 2017—2018 年度，印度高等院校生师比高达 28∶1，达到顶峰，此后生师比有所下降，但是幅度不大，2019—2020 年度的高等院校生师比约为 26∶1。

表 6.3 2015—2020 年印度高等院校师资力量（单位：人）[1]

年度	教授	副教授	讲师	助教	代课教师	客座教师	总计
2015—2016	146 021	174 657	1 009 196	76 933	112 006	23 381	1 542 194
2016—2017	125 154	147 629	945 558	68 477	66 895	11 951	1 365 664
2017—2018	114 170	139 443	888 427	64 266	66 858	11 591	1 284 755
2018—2019	128 949	152 557	971 201	73 174	77 510	12 908	1 416 299
2019—2020	139 797	160 137	1 023 519	80 172	84 956	14 575	1 503 156

（五）高等教育的普及程度

作为最早建立现代高等教育制度的发展中国家之一，印度自 1947 年独立以来，高等教育快速发展。为了促进社会政治、经济和文化的稳定与快速发展，印度政府大力发展高等教育以培养社会所需的各类人才。印度政府主要依托大学拨款委员会对全国高等教育机构进行管理，并采取各种措施，提升高等教育毛入学率，不断壮大高等教育规模。经过 70 多年的发展和壮大，印度高等院校在校生人数快速增长，高等教育毛入学率大幅提升。具体而言，在校生人数由 1950—1951 年度的 40 万人，增至 2019—2020 年度的 3 853 万人，大约增加了 96 倍。2010 年，印度高等教育毛入学率突破 15%，正式由精英化阶段进入到大众化阶段。此后，印度高等教育不再

---

[1] 根据 2019—2020 年度印度高等教育调查报告的相关资料整理。

局限于为上层精英服务，而是逐步面向广大群众。相关统计数据显示，从2005—2006 年度到 2015—2016 年度，印度高等教育毛入学率由 11.6% 上升至 24.5%，10 年间增长了约 13%。[1] 2015—2020 年，印度高等教育毛入学率仍呈现持续上升趋势，从 24.5% 上升到 27.1%（见表 6.4）。在可预见的未来，印度高等教育毛入学率仍将保持平稳上升的趋势，高等教育普及程度会进一步提高。

表 6.4 2015—2020 年印度高等教育毛入学率（单位：%）[2]

年度	毛入学率	男生毛入学率	女生毛入学率
2015—2016	24.5	25.4	23.5
2016—2017	25.2	26.0	24.5
2017—2018	25.8	26.3	25.4
2018—2019	26.3	26.3	26.4
2019—2020	27.1	26.9	27.3

（六）高等教育管理机构

印度高等教育管理机构主要构成：高等教育外部管理机构、高等教育实施机构以及高等教育内部管理机构。在高等教育外部管理机构方面，印度高等教育强调中央与各邦的合作管理。印度高等教育的中央管理机构为教育部 [3]，主要负责部门为高等教育司，该司在政策和规划层面推动高等教育发展，提升高等教育质量。高等教育司主要负责整个高等教育的统筹和

---

[1] 宁芳艳. 印度高等教育资源分配的公平性研究 [D]. 南京：南京农业大学，2017：47.

[2] 根据 2019—2020 年度印度高等教育调查报告的相关资料整理。

[3] 即当时的人力资源开发部（1985—2020）。

普通高等教育的发展，专业高等教育则由相关委员会管理，比如农业高等教育由印度农业部通过印度农业研究委员会管理；医学教育由卫生部提供经费，具体事务由全印医学委员会和印度医学研究委员会共同管理；法学教育则由司法部提供经费和确立法学学位的学术标准。

作为印度高等教育的重要管理机构之一，大学拨款委员会的主要职能是"扩大大学的教学科研范围"和"向大学分配和拨付款项，用于它们的维持与发展"[1]，在协调高等教育发展、维持高等教育的最低水平、改善高校的办学条件、提倡学术创新、提高教师待遇等方面发挥了积极作用。在高等教育系统中，大学拨款委员会实际还承担着认证高校教学和学科建设质量、批准启动课程、分配财政资助等全方位的任务。此外，全国教育评估与认证委员会和国家认证委员会在高等教育和技术教育的质量保障方面发挥了重要作用。两者都是半官方的第三方机构，凭借多元化的人员构成、较为科学的评估认证标准以及规范化的评估认证流程，促进高等院校信息公开和教育教学质量的提升。除了中央政府，邦政府也是印度重要的教育管理主体，负责邦一级的高等教育管理事务。邦政府拥有建立大学的权力，甚至能够影响和控制大学的运作。邦层面的教育管理机构被称为邦教育部，其中设有专门管理高等教育的管理机构。[2] 邦层面的高等教育管理主要通过拨款、监督和检查等方式进行，有时也会以立法的形式进行管理。

在高等教育实施机构方面，印度政府倾向于把文科、理科、商科、法律和教育学科划分为普通高等教育，把农林、工程和医药等学科划分为专业高等教育，相应的教育机构即为普通高等教育机构和专业高等教育机构。按照中央的辐射范围和程度，印度高等教育的实施机构可以分为国家重点学院、中央大学（学院）、邦立大学（学院）。按照国家和私人在高等教育

---

[1] University Grants Commission. The University Grants Commission Act, 1956 and rules & regulations under the Act[R]. New Delhi: University Grants Commission, 2002: 3.

[2] 安双宏. 印度教育战略研究 [M]. 杭州：浙江教育出版社，2013：112.

实施机构中的比例，印度高等教育实施机构可以分为公立机构和私立机构，私立机构又可根据经费来源分为受助私立机构、自筹经费学院，根据机构级别又有附属学院、学院、荣誉大学与大学之分。

就高等教育内部管理机构而言，作为印度高等教育的重要组成部分，印度大学一般会设置监察员、总校区长和校区长、大学高级职员及理事会、执行委员会、学术委员会、财务委员会、提案委员会、系、学部和学院等职位与部门。在某种程度上，大学的理事会、执行委员会、学术委员会和财务委员会是其内部管理的核心部门，在内部管理机构中发挥着至关重要的作用。理事会是大学的最高权力机构，主要负责对大学执行委员会和学术委员会制定的条令进行审查，通过年会讨论财务开支、审计以及其他重要事项。执行委员会是大学的主要执行机构，其职责涵盖人员任命、职务设置、薪酬批准、财务行政等诸多领域。学术委员会是大学的学术机构，对相关的学术事务进行管理和指导，保证大学教学与考试标准，维持大学的教育水平，并向执行委员会提出所有学术方面的建议。财务委员会主要负责大学财务工作，制定全校预算和决算，掌握各项开支，每年至少召开两次会议，审查账目、开支提案、年度预算和决算。可以说，理事会、执行委员会、学术委员会和财务委员会构成了普通高校内部管理的基本框架，它们各司其职，相互协作，相互监督，共同促进大学的正常高效运转。

（七）高等教育国际化

国际化是高等教育发展的必然趋势。近期，印度发布了《国家教育政策（2020年）》，强调高等教育国际化的重要性，提出到2030年要实现印度高等教育国际化。然而，在独立后的相当长一段时间里，印度的高等教育国际化发展一直处于被动"接受"的局面，主要通过接受一些国际援助项目及发达国家的资助来发展高等教育，如参加澳大利亚"科伦坡计划"，在联合国教科文组织的援助下建立理工学院，与欧美发达国家保持交流合作关系等。直到 20 世纪 90 年代以后，印度才开始扭转在高等教育国际化发展中的被动局面，倡导主动开拓海外市场进行跨国办学、参加国际组织及合作交流项目、促进人员国际流动等。此后，印度高校逐渐走出国门，积极开办海外分校。印度高校的海外分校主要分布于南亚、东南亚、中东、东非及大洋洲地区，目前已在阿联酋、新加坡、马来西亚、澳大利亚、毛里求斯、尼泊尔等国家创办了 10 余所分校，如阿联酋的比勒拉科技学院迪拜分校、尼泊尔的马尼帕尔医学院、澳大利亚的斯皮·简全球管理悉尼学院等。[1]

作为衡量一个国家高等教育国际化水平的重要指标，学生国际流动是高等教育国际化发展的重要表现，主要包括国际学生"流入"和本国学生"流出"两个方面。近年来，赴印留学的人数不断增加。印度官方统计数据显示，2019—2020 年度，在印度留学的国际学生总数有 49 348 人 [2]，相比 2015—2016 年度的 45 424 人，增加了 3 924 人，增长了 8.6%。赴印国际学生总人数排名前十的国家依次为尼泊尔、阿富汗、孟加拉国、不丹、苏丹、美国、尼日利亚、也门、马来西亚以及阿联酋。其中，来自尼泊尔的留学生数量最多，有 13 880 人，占赴印留学生总数的 28.1%。来自阿富汗、孟加拉国和不丹的留学生人数分别为 4 504 人、2 259 人和 1 851 人，各占来印留学生总数的 9.1%、4.6% 和 3.8%。可以看出，印度接收的留学生主要来自尼泊尔、阿富汗、孟加拉国和不丹等周边发展中国家。在这些留学生中，74.3% 的学生接受本科教育，16.6% 的学生攻读硕士学位，少量学生接受博士生教育和其他研究。[3]

---

[1] 曾晓洁. 印度高校海外分校的发展动因及区域布局研究 [J]. 比较教育研究，2019，41（2）：38-46.

[2] Department of Higher Education. All India survey on higher education (2019—2020)[R]. New Delhi: Government of India, Ministry of Education, 2020: 20.

[3] Department of Higher Education. All India survey on higher education (2019—2020)[R]. New Delhi: Government of India, Ministry of Education, 2020: 20.

　　根据联合国教科文组织的数据统计，2019 年有 444 637 名印度学生留学海外，2015 年则为 256 121 人，增加了 188 516 人，增幅高达 73.6%。印度学生主要流向美国、澳大利亚、加拿大、英国、德国等发达国家。其中，美国是印度学生留学首选目的地。2019 年，赴美留学的印度学生有 133 321 人，约占出国留学总人数的 30%；赴澳大利亚和加拿大留学的印度学生人数分别为 93 324 人和 74 340 人，约占印度出国留学总人数的 21% 和 17%。[1] 从学生流动的总数来看，2019 年，印度"流出"学生总数大约是"流入"学生总数的 9 倍。

　　除了海外设分校和学生国际流动，印度还在教师国际化、课程国际化等方面做出了较大努力，以进一步提升高等教育国际化水平。针对高校师资队伍，印度政府启动了国际化教师发展项目，一方面派遣本国高校教师到世界名校进行短期交流实习，另一方面积极聘请世界知名学者和研究人员来印参加研讨会，大力引进拥有高学历或者可进行独立研究的外籍教师，为师资队伍注入更多国际化元素。对于高校课程，印度各高校积极开设国际课程，并采用英语授课。国际课程的开设不仅拓宽了国内学生的国际视野，还能吸引更多海外学生赴印留学。英语作为印度官方语言之一，在教育领域广泛推行。在印度各大高校中，英语几乎是研究生教育阶段教学的唯一用语，其使用范围远超印地语和泰米尔语。这为印度在国际学术舞台上发声、提高其科研国际化水平提供了巨大的语言优势。

　　在国际交流与合作方面，根据印度高等教育司官网的最新信息，截至 2019 年，印度已经与 54 个国家签署了 60 份教育交流项目或谅解备忘录（见表 6.5），[2] 主要的交流方式包括学者、学生和研究人员的互访，共享资料和刊物，举办联合研讨会、讲习班和国际会议，学历资格互认，加强机构间的联系等。此外，印度还与一些国际组织和多边机构开展教育合作活动，

---

[1] 资料来源于联合国教科文组织。

[2] 资料来源于联合国教科文组织。

如联合国教科文组织、南亚区域合作联盟、东南亚国家联盟、经济合作与
发展组织和欧盟等。目前，印度参与的各项国际交流与合作项目都取得了
较大成绩，不仅为印度培养了大批具有国际视野的人才，而且将国际先进
的教育理念及模式带入印度。

表 6.5　与印度签署教育交流项目或谅解备忘录的国家 [1]

洲别	国家
亚洲（23）	蒙古、亚美尼亚、以色列、缅甸、叙利亚、乌兹别克斯坦、泰国、斯里兰卡、阿富汗、沙特阿拉伯、中国、越南、阿曼、科威特、马来西亚、土库曼斯坦、印度尼西亚、也门、卡塔尔、塔吉克斯坦、韩国、阿联酋、日本
欧洲（11）	德国、法国、英国、匈牙利、克罗地亚、葡萄牙、挪威、白俄罗斯、俄罗斯、爱沙尼亚、捷克
美洲（9）	圭亚那、墨西哥、巴西、厄瓜多尔、智利、加拿大、美国、特立尼达和多巴哥、秘鲁
非洲（9）	坦桑尼亚、卢旺达、埃塞俄比亚、南非、博茨瓦纳、莫桑比克、毛里求斯、布隆迪、摩洛哥
大洋洲（2）	澳大利亚、新西兰

第二节　高等教育的特点和经验

　　印度高等教育在快速发展过程中逐渐形成了鲜明的特点，如高等教育
发展迅速且规模庞大、实行中央政府与邦政府合作管理体制、私立高等教
育占据主体地位以及政府资助为高等教育经费的主要来源等。此外，印度

---

[1] 根据印度教育部官网相关资料整理。

政府还根据本国国情采取了一系列高等教育改革措施，积累了丰富的发展经验，如推动自治学院发展，倡导大学自治；实行学位与职位分离，减轻高等教育压力；多渠道筹措办学经费，保证教育资金投入等。这些经验对印度高等教育发展起到了巨大的推动作用，同时也对我国高等教育的改革与发展具有一定的借鉴意义。

一、高等教育的特点

（一）发展迅速且规模庞大

作为世界人口大国，印度是当今世界的高等教育大国之一。独立后，印度开始实施高等教育规模化战略，允许和鼓励私立高等教育发展，促使高等教育规模迅速扩大。如前所述，独立之初的印度仅有 20 所大学和 496 所学院，到 2019—2020 年度，印度的大学和学院数量分别增至 1 043 所和 42 343 所。在这 70 多年时间里，印度的大学和学院数量分别增加了 52 倍和 85 倍。在校生人数由 1950—1951 年度的 40 万人，增至 2019—2020 年度的 3 853 万人，增加了 96 倍。正如美国比较教育学家菲利普·阿特巴赫所言："独立后印度高等教育的特征是增长迅速。"[1] 印度高等教育的毛入学率在 2010 年突破了 15%，开始进入大众化阶段。截至 2019—2020 年度，印度高等教育毛入学率已达 27.1%，这意味着印度高等教育实现了跨越式发展，尤其在大众化阶段取得了较大的实质性进展。随着印度社会经济和科技的快速发展，以及一些刺激和推进政策的实施，印度已经成为世界上高等教育事业发展速度最快的国家之一，发展成就令人瞩目。无论是高等教育机构的数量还是招

---

[1] MOHAN D. India education: the anti-cultural involution[J]. Journal of higher education, 1983 (1): 21-34.

生抑或在校生规模都较以前有了翻天覆地的变化。目前，印度高等教育的规模仅次于中国，位居世界第二。

此外，近些年印度高等教育公共经费投入呈现稳步增长的态势，从2016—2017 年度高等教育支出占国内生产总值的 0.57% 增至 2018—2019 年度的 0.62%。[1] 虽然与发达国家相比，这一比例仍然较低，但是印度中央政府支持高等教育发展的力度在不断加强，也在一定程度上表明了印度想要从高等教育大国迈向高等教育强国的雄心壮志。

（二）实行中央政府与邦政府合作管理体制

由于种族、宗教和语言众多，且政党林立，印度在发展高等教育事业方面实行中央政府和邦政府合作管理的体制，并由宪法和各种法律分别规定各有关方面的管理权限。中央政府和邦政府根据宪法制定有关政策，管理高等院校，制定教育规划，审定专业教学大纲。首先，中央政府负责的高等教育管理权限主要包括制定高等教育发展规划、协调和决定高等院校的标准、组织实施高等教育发展的具体计划以及通过财政控制手段提高教育质量等方面。中央政府对高等教育的行政管理通过教育部来实施。由于印度高校具有高度自治的传统，大学对教学计划、专业设置、课程设置、招生计划、颁发学位证书和文凭等具有高度自治权力，中央政府无法直接干预高校内部事务，只能通过半官方、半独立的中介组织或代理机构对大学的内部管理和标准制定进行业务指导。中央政府对高等教育进行规划、指导与管理的主要途径是通过大学拨款委员会拨款给各大学来实施。大学拨款委员会的主要权力是协调和决定大学的教学、考试、研究标准和新大学的建立。

---

[1] Ministry of Education. Analysis of budgeted expenditure on education, 2016-17 to 2018-19[R]. New Delhi: Planning, Monitoring and Statistics Bureau, 2021: 18.

作为高等教育宏观管理的主体，邦政府拥有宪法规定的管理本邦高等教育的自主权。虽然在独立初期，邦政府并不掌握实权，但随着外部环境的变化，邦政府的自主权逐渐得到落实，甚至与中央政府的决策和权力产生冲突。邦政府不仅有权建立大学，而且能影响乃至控制大学的运作。各邦大学的校长基本都由现任邦长兼任，个别不是由邦长兼任校长的大学，邦长也是其"视察员"（权力与校长相同）。邦长对大学最重要的影响体现在对副校长的任命上，副校长是印度大学学术事务与行政管理的最高决策者。从理论上看，中央与地方合作管理的分权体制有利于调动各方面的积极性和主动性，但是，由于印度政党政治的弊端和社会各种复杂因素的制约，中央政府和邦政府在高等教育管理过程中的合作有时并不顺畅，造成了高等教育管理政出多门、条块分割、难以有效进行全国性改革的局面。近些年，印度政府逐渐从对公立高等教育机构直接管理转向间接控制，将治理权移交给由学者、校友和外部成员构成的董事会，建立了诸如与绩效相联系的资助和质量认可等机制。

（三）私立高等教育占据主体地位

私立高等教育一直是印度高等教育的重要组成部分，为国家经济和社会发展做出了重要贡献，是印度高等教育成功迈入大众化阶段的主力军，尤其是进入 21 世纪以来，其规模急剧扩张，已居于印度高等教育发展的主体地位。印度私立高等教育机构较为多样，主要包括私立公助学院、自筹经费学院、私立名誉大学和邦私立大学四种类型。虽然同属私立性质，但是四者在办学方式、教学组织形式和管理方式等方面都存在差异。其中，私立公助学院在某种程度上属于公私合作性质，后三者是纯粹意义上的私立高校。

随着私营化程度的不断加深，印度私立高等教育机构在数量与规模上发展迅猛。2019—2020 年度，印度的私立学院占全国学院总数的 78.6%，招生人数占全国学院招生总人数的 66.3%，占全国高等教育机构招生总数的 46.8%。[1] 其中，自筹经费学院和私立公助学院分别占印度学院总数量的 65.2% 和 13.4%。印度的私立大学共有 408 所，占印度大学总数量的 39%，招生人数占全国高等教育机构招生总人数的 5.4%。总体来说，印度私立大学和私立学院的入学人数占全国高等教育入学总人数的 52.2%，私立高等教育机构已经占据了印度高等教育系统的半壁江山。

印度私立高等教育的发展源于人们多样的需求，以及人们对高等教育的广泛认同，并将此视作向上流动的重要途径。私立高等教育绝大多数是职业导向型学校，以培养职业技术类和应用型人才为目标，所开设专业也多以实用性专业为主。特别是自筹经费的私立学院，其专业设置主要集中于工程、医学、管理、法学、护理等就业前景较好的实用性学科领域，其中尤以医学院和工程学院为最多。[2] 对于想要快速就业的学生而言，这种专业设置具有非常大的吸引力。总之，从私立高等教育的发展规模来看，当前私立院校是印度高等教育体系的重要组成部分，也是印度高等教育事业发展的一个重要特点。

（四）政府资助为主要经费来源

印度高等教育的快速发展离不开大量资金的支持，其中一半以上的高等教育经费来源于政府资助。印度实行中央、邦和地方三级财政预算分层制度，由于地方政府并非宪法规定的教育管理主体，且提供给高等教育的

[1] Department of Higher Education. All India survey on higher education (2019—2020)[R]. New Delhi: Government of India, Ministry of Education, 2020: 24.

[2] 赵中建. 近期印度高等教育发展趋势——兼析私立高等教育发展迅速之缘由 [J]. 全球教育展望，2009，38（2）：48-51.

财政资助非常微薄，因而，印度高等教育的公共经费投入基本由中央政府和邦政府共同负责。中央政府和邦政府相互协调，各有侧重，共同为高等教育发展提供资金。其中，邦政府为许多大学和学院提供的资金要远远多于中央政府，中央政府和邦政府提供的高等教育经费的比例长期保持在1：3左右。2018—2019年度，在印度高等教育预算拨款经费中，政府投资约占高等教育经费的60%，其中，中央政府投入2 026亿卢比，占28.76%，邦政府投入5 018亿卢比，占71.24%。[1] 在印度现有的1 043所大学中，约有635所大学由政府提供资金。其中，48所中央大学由中央政府直接拨款，其余大学则主要由邦政府拨款。邦政府的拨款直接划分给高校，主要用于维持学校日常运作和支付教职工工资。

20世纪90年代后，虽然印度经济政策的调整导致高等教育的观念和经费结构发生了显著变化，私立高等教育日益活跃，学费、家庭投入和社会捐赠等有了较大发展，但是这部分资金在高等教育总经费中所占的比例仍然较低。总之，在当前高等教育大众化阶段，印度高等教育经费来源渠道较之以前有所拓宽，但是政府财政性拨款仍是最主要的来源。

二、高等教育的经验

（一）推动自治学院发展，倡导大学自治

在推进高等教育快速发展的过程中，印度政府非常重视高等教育改革，竭力推动高校转型发展。其中，附属学院转型为自治学院是印度高等教育的重要改革之一。印度附属学院制度是仿效英国伦敦大学而建立的，具体

---

[1] Ministry of Education. Analysis of budgeted expenditure on education, 2016-17 to 2018-19[R]. New Delhi: Planning, Monitoring and Statistics Bureau, 2021: 2.

是指一所大学接纳本地区的规模较小的高等教育机构作为自己的附属学院，由大学制定附属学院的教学计划与教学大纲、指定教科书并组织考试、颁发学位的制度。这类依附在大学的学院被称为附属学院，具有附属学院的大学则被称为"附属型大学"或"纳附大学"。[1] 附属学院在自身发展过程中也出现了一些问题，如一所大学的附属学院的数量过多，最多的达 700 多所；附属学院缺乏学术、管理和财务的自主权，发展水平低下等。为解决这一问题，印度决定授予某些质量较高的附属学院以自治地位，转型为"自治学院"。1966 年，科塔里教育委员会第一次提出将附属学院转型为自治学院的设想，旨在通过授予附属学院自治地位，扩大学院的自主权，将大学的学术权下放给学院，使得自治学院拥有决定课程内容、入学标准和评估标准的权力。之后，大学拨款委员会在 1973 年制定了具有实质推动作用的指导方针和资助方式，自治学院在 20 世纪 70 年代开始逐步建立。《国家教育政策（1986 年）》更是把成立自治学院视为彻底改革高等教育结构的一项重要举措。在后续的政策建议和财政支持下，自治学院日渐成型。1993 年，大学拨款委员会发布了学院改制的纲领性文件《修改后的自治学院计划指导意见》，就自治学院享有的办学自主权、与母体大学和其他教育机构的关系、认证标准、自治地位的授予和审批程序、组织机构和经费资助等问题做出了明确规定。[2]

在印度政府的大力支持下，印度各邦自治学院的数量快速增加，规模不断扩大。截至 2021 年 6 月，印度自治学院数量已经达到 832 所，分别附属于 117 所大学，遍布 25 个邦。[3] 与附属学院相比，自治学院的办学自主权得到进一步提升，这有利于调动自治学院办学的积极性、主动性和创造性，从而产生更多优秀的教学与科研成果。

[1] 季诚钧. 印度大学附属制对我国独立学院的启示 [J]. 教育研究，2007（7）：50-54.

[2] 曲恒昌. 独具特色的印度大学附属制及其改革 [J]. 比较教育研究，2002（8）：27-30.

[3] 资料来源于印度大学拨款委员会。

（二）实行学位与职位分离，减轻高等教育压力

在发展高等教育的过程中，印度逐渐出现了"文凭病"的社会现象。学位与职位的相连导致人们盲目追求学历，这不仅对高等教育发展造成压力，也导致人们忽视真正的专业培训和实际的工作经验。印度公共事业委员会主席基德瓦伊博士在 1974 年提出"学位与职位分离"，他认为在公职问题上应该学位与职位分离，这样可以把谋取一纸文凭的时间更有效地用在专业培训和获得在职经验上。1979 年，人民党政府在《教育政策草案》中建议，为了减轻对高等教育的压力，在一些实际上不需要高等教育知识和能力的工作中，要实行学位与职位分离。1985 年，印度教育部在《教育的挑战——政策透析》报告中再次提出要实行学位与职位分离，并将其作为减轻高等教育所承受的升学压力和减少各科大学生失业的一项措施。《国家教育政策（1986 年）》认为"大学学位对有些工作并不是一种必要的资格证明，对此类工作人员的任用，实行职位与学位分离的原则"。至此，学位和职位分离的原则成为印度高等教育发展与改革的一项指导性原则。

为了落实这一政策，印度政府还制定了一些具体规定。例如，对求职者不应只看学业成绩和文凭证书，还应考虑相应工作对知识、技能和态度方面的特殊要求；把教育与培训计划同就业机会联系起来，把接受某种教育和培训后获得的证书或文凭作为录用人员的重要凭证，以录用机构的综合性录用考试代替高等教育学位作为就职的资格；通过成立国家考试服务处为应聘人员（无论有学位的还是无学位的）提供考试服务。总之，学位与职位的分离有助于克服人们对高学历的盲目追求，从而减轻对大学的压力，也有助于高效利用高等教育资源，提高教育质量，缓和高校毕业生人才供求矛盾。

（三）多渠道筹集办学经费，保证教育资金投入

20 世纪 90 年代以前，印度高等教育的发展主要依赖于政府的资金支持，其他渠道经费来源所占比例较低。20 世纪 90 年代后，印度的高等教育开始实现跨越式发展，并向大众化阶段迈进。这无疑给印度政府带来了巨大的财政压力，迫使印度政府采取一些政策积极拓宽高等教育经费来源渠道，积极构建多元化的高等教育经费来源机制。

为了多渠道筹集办学经费、缓解政府的高等教育资助压力，印度政府主要采取了以下措施：首先，提高高等教育收费标准，扩大和增加高等教育经费的社会来源，如试图建立一种区别对待的学杂费结构，以便让家境富裕的学生以学杂费的形式承担更多的高等教育费用。20 世纪 90 年代初，印度政府决定各高校自己筹集到的资金不再从政府拨款中扣除。另外在税收方面制定优惠政策，使大学和科研机构获得的捐助完全免税。在这些政策的影响之下，印度各高校开始努力争取社会各界的捐助。其次，在提高学费标准的同时，采用有效的奖学金制度和学生贷款制度。目前印度高等教育机构已实施 7 项奖学金，加大了对大学生的资助力度。1963 年，为了在提高大学入学率的同时不增加政府的经济负担，印度政府开始实行免息国家贷学金计划，将高等教育融资渠道从政府逐渐转向学生和家长。再次，积极鼓励高校自筹经费，并放松对高校自筹经费的干预，使得高校自筹经费在高校总收入中所占比例有了很大提升。最后，通过开办远程教育、出售出版物和信息咨询服务、转让科研成果和专利等方式，印度高校获得了大量的资金收入。印度政府和高等教育机构还广泛争取和接受国际机构与国际组织的援助，如通过接受发展贷款或追加补助金额来满足高等教育的需求，采用低息贷款对现有高等教育设施提供信贷或补贴等。总之，目前印度已经形成了政府投入、学生及其家长成本分担、高校自筹经费以及国内外社会组织捐赠等多渠道筹集高等教育经费的发展局面，经费来源多元化特征明显。

第三节 高等教育的挑战和对策

作为当今世界上高等教育规模最大的国家之一，印度形成了自己独特的高等教育体系。自独立以来，印度高等教育取得了令世人瞩目的发展成就。与此同时，印度高等教育也面临着整体发展水平不高、教育不公平问题突出、教育管理体制僵化以及缺乏足够数量的优秀教师等一系列现实挑战，这将严重影响印度高等教育的未来发展。对此，印度政府采取了构建卓越的高等教育发展体系、推进高等教育公平发展、建立灵活的高等教育管理机制以及加强高校师资队伍建设等诸多举措。

一、高等教育的主要挑战

（一）整体发展水平不高

近些年，印度高等教育的发展规模不断扩大，但同时，由于基础设施薄弱、高等教育理念落后等原因，印度高等教育的整体发展水平一直不高，处于大而不强的发展窘境。根据全球高等教育研究机构 QS 发布的 2019—2020 年度世界大学排名，在前 400 名的大学排行榜中，印度只有 7 所进入榜单，名次最高的是排在第 152 位的印度理工学院孟买分校，整体实力与世界发达国家还有较大差距。造成这一局面的主要原因在于印度高等教育机构的教学与科研质量相对较低，整体发展水平很难有质的提升。

教学质量与教师素质密切相关。目前，印度只有 20—30 所大学拥有高水平的教师队伍，其余大学缺乏高质量师资。印度的大学有相当一部分教师是代课教师和客座教师，教师队伍缺乏稳定性，不利于人才培养的连续性。此外，印度高校的教学重点在于测试学生掌握知识的情况，而不重视让学生掌握学习技能，致使大部分学生忙于应付考试而忽视了技能的掌握。[1] 每年数百万大学毕业生在没有掌握基本就业技能的情况下进入就业市场，导致企业或雇主很难聘用到合适的人，社会各界也对印度高校的评价较低。在科研质量方面，除了少数的理工类高校拥有较为完善的基础设施和高端研究设备，大多数高校因资金问题无法购置足够的科研设备用于研究。同时，印度的大学也缺乏奖励性措施，有价值的原创性研究很少能够获得应有的奖励，导致高校学术研究严重缺乏活力。此外，一些私立大学为了提高利润，投机风气日渐盛行，出现了在基础设施和师资队伍建设等方面减少投入、盲目提高学费和降低入学标准等不当竞争现象，一些公立大学甚至为了获得充裕的教育经费，不惜降低办学标准，这些行为都深刻影响了印度高等教育水平的提高。

（二）教育不公平问题突出

教育不公平问题在印度高等教育中一直表现得较为突出，引起了印度和国际社会的广泛关注。目前，这些问题主要表现为：群体之间的不平等、城乡之间的不平等、区域之间的不平等以及性别之间的不平等。从接受高等教育的群体来看，少数民族和低收入家庭背景的学生毛入学率大多低于国家平均水平。以 2019—2020 年度为例，全国高等教育毛入学率为 27.1%，而表列种姓和表列部落所占比例分别为 14.7% 和 5.6%[2]，远低于其所对应的人口比例。此外，少数族裔等弱势群体接受高等教育的比例相对较低，穆斯林学生人数占全国入学总人数的 5.5%，其他少数民族学生仅占 2.3%。尽管印度政府在保障各个社会群体接受高等教育机会方面做出了很大的努力，

---

[1] 赵琪. 印度高等教育制度亟待改革 [N]. 中国社会科学报，2019-02-15（3）.

[2] Department of Higher Education. All India survey on higher education (2019—2020)[R]. New Delhi: Government of India, Ministry of Education, 2020: 19.

但是现实情况仍不容乐观。从城乡差异来看，以 2007—2008 年度为例，城市地区的毛入学率几乎是农村地区的 3 倍，两者分别为 30% 和 11.1%。[1] 从不同区域来看，印度大部分地区目前处于高等教育大众化阶段，但是毛入学率相差悬殊。其中，锡金邦的高等教育毛入学率最高，达到 75.8%，处于普及化阶段，全国有 5 个邦仍处于精英化阶段，达曼邦和第乌邦仅为 6.1%。[2] 锡金邦的高等教育毛入学率是达曼邦和第乌邦的 12 倍。从性别来看，2018—2019 年度，女性和男性的高等教育毛入学率分别为 26.4% 和 26.3%，女性入学率首次超过男性，女性接受高等教育的机会有所增多。但是，受重男轻女传统思想的影响，印度社会普遍对女性受教育怀有偏见和敌意，认为对女性的教育投资是"为他人作嫁衣"。印度绝大多数女性还局限于女儿、妻子和母亲的角色，社会地位较低，难以在社会中找到自己的位置，女性在接受高等教育时也会遭遇很多不公平对待。因此，教育不公平问题成为阻碍印度实现高等教育强国的"绊脚石"。

（三）教育管理体制僵化

作为一个联邦制国家，印度实行的是由中央政府和邦政府合作的自上而下的高等教育管理体制，但这一管理体制日益僵化。中央政府教育部直接管理中央大学，各邦高等教育司负责邦立大学的管理，各邦高等教育司和大学拨款委员会对教育部负责。实际上，中央政府和邦政府在管理高等教育过程中的合作并不顺畅，经常各自为政，互相掣肘，影响了高等教育的整体效力。[3]

---

[1] 马君. 印度高等教育面临的挑战及应对策略——基于印度"高等教育第十二个五年规划"（2012—2017）的分析 [J]. 高教探索，2014（3）：65-70+76.

[2] Department of Higher Education. All India survey on higher education (2019—2020)[R]. New Delhi: Government of India, Ministry of Education, 2020: T-47.

[3] 资料来源于研究之门官网。

过度官僚化是导致印度高等教育管理体制僵化、制约高等教育健康发展的重要原因。很多邦立大学的管理者并非由一流学者担任，而是被任命的官员，且"被指派的人经常没有接受过印度国内或国外的良好教育熏陶"。[1]大学里存在过度官僚化和官僚控制的机构，大学在宣布某一岗位的人才招聘消息后，经常要花费两年时间才能招募到合适人才，这意味着最优秀的申请人可能会流失。[2]此外，公立大学的教育腐败问题也较为严重。例如，大学实行一种保留制度，即对不同等级入学的新生保留一定的额外控制名额，实行单独考试，达不到成绩标准的学生实行额外收费，这就为腐败的滋生提供了温床。[3]印度的种姓制度虽然在独立后被废止，但至今仍然渗透到社会的各个方面，也不可避免地会反映在高等教育系统之中。总之，印度高等教育管理机构庞杂，且官僚化严重，管理政策经常政出多门，缺乏协调性，阻碍了高等教育进一步发展。

（四）缺乏足够数量的优秀教师

独立后的印度高等教育发展迅速，在校大学生数量基本保持逐年增长的态势，在研究生层次也是如此，但是有能力的、优秀的教师数量并没有跟上学生数量的增长。伴随着高等教育的快速扩张，印度高等教育出现了学生辍学率高、高质量师资流失、教学质量下降等问题。美国比较教育学家菲利普·阿特巴赫曾在2009年做过一次统计，发现在印度的高校中，只有三分之一的教师拥有博士学位，而且主要分布于研究型高校。[4]印度高等教育

[1] 李雁南. 当前印度高等教育存在的问题和对策 [J]. 大学（研究版），2015（9）：59-65+58.

[2] 鲁捷. 印度：向着科技强国冲刺 [N]. 中国科学报，2015-05-18（3）.

[3] 曹文泽. 国外的教育腐败及其治理 [N]. 检察日报，2010-03-30（7）.

[4] CLARKE G, LUNT I. International comparisons in postgraduate education: quality, access and employment outcomes[R]. Bristol: Higher Education Funding Council for England, 2014: 82.

质量有一个核心问题，即学术人员的数量不足、质量不高。[1] 这是印度高等教育规模庞大，却一直没有世界排名前 100 大学的重要原因之一。

近年来，印度高校学生人数增长迅猛，但是高校教师数量却出现了下滑，印度高校教师在近五年里减少了 15 657 人，而且高校生师比一直居高不下，师资力量明显不足。目前，印度高校教职人员的空缺问题也是一个巨大的挑战，如印度理工学院等一流院校的职位空缺率高达 38%，一些中央大学的职位空缺率也在 30%—40%。[2] 印度尼赫鲁大学副校长苏德赫·库马尔·索普里认为："虽然政府也做了一些有意义的事情，比如允许印度大学利用政府资金邀请外国人任教师，使大学更容易聘请到外国教师。但是，我们还没有看到政府在这个方面增加财政预算，资金短缺仍是一个制约因素。"[3] 此外，未获得教师资格的任职教师也不在少数。未取得教师资格的人在大学任教虽然在一定程度上缓解了教师紧缺问题，但是对印度高等教育的发展质量也产生了不利影响，一些偏远地区的私立学校甚至会以低薪雇用刚毕业的研究生来讲授本科生的课程。因此，缺乏足够数量的优秀教师成为制约印度高等教育未来发展的瓶颈。

二、高等教育的发展对策

（一）构建卓越的高等教育发展体系

为了提升高等教育整体发展水平，印度政府致力于构建卓越的高等教育发展体系。首先，进行教学改革，提高人才培养水平。例如，改革考试

---

[1] 肖恩，韩琨. 印度将成为国际高等教育第一市场 [N]. 中国科学报，2015-02-26（7）.
[2] 资料来源于世界大学新闻网。
[3] 资料来源于世界大学新闻网。

制度，鼓励所有大学将当前的年度考试体系转为学期学分制考核体系，全面、持续地评价和定期修订课程以确保相关课程内容的更新；全面整改本科教学，鼓励体验式学习，提升本科生的探究能力，提升其社会服务能力，重视本科生创造性思维的培养；创造主动学习环境，建立学科课程包，打造数字化的知识存储库，方便学生自主学习；加强高校公共设施建设和大力推行信息通信技术应用，鼓励高校开发和使用"大规模开放在线课程"。其次，努力提升高校的研究和创新能力。例如，创建 20 所研究型和创新型大学，在国家重点发展领域选择 20 个卓越中心进行长期投资，以期吸引和留住科研人才；在前沿科技领域和人文社会科学领域建立 50 个培训和研究中心，为提升人文社会科学和基础科学的学科发展和研究水平，启动"国家人文和社会科学卓越行动计划"；实施国家创新创业计划，促进价值创造和技术转移，发展产学合作，创建国家研究园，营造高校知识产权保护文化的氛围；实施国家设计创新行动计划，增强创新能力和鼓励高校创新。最后，完善高等教育质量评价和监控体制机制。例如，监控资金的流动和使用以及各种项目和计划的结果或影响；创建国家高等教育综合数据库，进行"全印高等教育调查"；在一些长期从事高等教育研究的高校创建高等教育研究中心，以促进和加强高等教育质量政策研究。

（二）推进高等教育公平发展

为促进高等教育公平，印度政府采取了以下举措来帮扶弱势群体。

第一，教育政策向弱势群体倾斜，为弱势学生群体提供额外的资金支持。一方面，增加公共教育支出和学生的经济援助基金，提高奖学金金额；所有学生的经济资助援助方案由人力资源开发部统一纳入学生经济援助项目，由政府担保的奖学金和助学贷款普遍化。另一方面，建立信用担保机制，减少违约贷款机构数量并降低学生贷款利率以满足不断增长的学生贷款需求。

第二，差异化解决高等教育发展不平衡的问题，实施高等教育机会平等计划。印度对偏僻落后地区的贫困和弱势群体儿童施以一系列补偿教育，把更多的资源投向贫困儿童，以期达到"教育结果公平"。首先，在毛入学率较低的少数民族聚居区建立更多的示范性学院、社区学院和理工学院，增加少数民族学生的入学机会，给予贫困和弱势群体学生应有的关注。其次，依据不同群体制定针对性方案。比如在小城镇建立女子学院，增加女性接受教育的机会；保障残障学生群体的利益等。最后，通过扩大印地语的使用范围，提升教学质量，减少学生之间的不平等。为了照顾使用印地语的学生，政府计划在大学设立新中心，发展印地语教学资源、电子书和其他学习媒体以及支持高质量印地语图书的出版。

（三）建立灵活的高等教育管理机制

为了改变日益僵化的高等教育管理体制，印度政府一直努力建立灵活的高等教育管理机制。首先，大力改革附属学院制度，使附属学院更具生机与活力。政府采取了五种策略改革附属学院制度：一是将一些规模较大和颇具声望的附属学院转变为传统型大学；二是创建附属学院集群，每个学院作为附属型大学的一个校园；三是将一些规模较大的附属型大学分割为便于管理的单元；四是为提供多学科教育允许附属学院进行合并；五是为了对附属学院进行有效管理，附属型大学改进学院发展委员会，给予附属学院更多的自主权。[1] 其次，印度政府还不断完善地方（邦）高等教育管理制度，建立地方（邦）高等教育委员会来规划和协调本地区高等教育的发展。高等教育委员会的职能是促进大学资源共享、领导高等教育机构的学术和管理改革、维护高等教育数据库以及开展科学研究和评价研究。最

---

[1] 马君. 印度高等教育面临的挑战及应对策略——基于印度"高等教育第十二个五年规划"（2012—2017）的分析 [J]. 高教探索，2014（3）：65-70+76.

后，实施高校分类和自主权改革。打破高校标准化模式，将高校分为研究型、教学型和技能型，并对其进行不同的管理和资金支持；转向由外部专家、教师和校友代表组成的更小的和更有效的管理机构；继续释放管理权力，赋予高校更多自主权；改革招生制度，赋予大学一定的自主招生权限。

（四）加强高校师资队伍建设

针对高校师资力量薄弱的情况，印度政府在 2012 年出台并实施了"高等教育第十二个五年规划（2012—2017 年）"，提到要进一步加强高校师资队伍建设。为此，政府首先着力解决师资队伍数量短缺问题，计划使高校教师数量实现倍增，由 2012 年统计在册的 80 万增加到 160 万人。印度政府还出台了相应的"国家教师和教学使命"和"国际教职工发展"项目，整合教师发展资源，加强教师培训和促进教师专业化发展。其次，将一些优秀退休教师续聘为兼职教师，鼓励年轻教师攻读博士学位，并建立博士生基金，使其进入国际著名高校深造以作为师资储备。再次，通过变革教师专业发展的内容和方法来消除学术型教师学院的"制度性弱势"；开发更多的教师专业发展项目以及改进雇用政策和工作条件，以增强客座教师和兼职教师的绩效。最后，积极与国际接轨，启动"国际教师发展计划"，每年派遣优秀教师到国外知名大学进行 3—6 个月的访学活动，同时邀请国际著名学者和研究人员到印度进行交流研讨，进一步促进教职工的专业培养和职业技能训练，提升印度高校教职工的科研和教学水平。这一系列举措使印度高等教育得到了进一步发展，在"十二五"规划实施以前，印度在 2011—2012 年度的高等教育毛入学率为 20.8%，而 2017—2018 年度的高等教育毛入学率已升至 25.8%，增幅明显。高校教师数量虽然未能实现预期目标，但是教师总数增长了 50%，在 2017—2018 年达到了 120 万人，师资力量得到了较大提升。

第七章 职业教育

　　印度被英国殖民统治长达近 200 年，在绝大多数时间里，英国只是把印度当成商品倾销市场和原材料供应地，导致印度民族工业发展迟缓。到了 20 世纪 30 年代以后，由于印度民族解放运动的高涨，以及第二次世界大战的爆发，英国才对印度采取一些安抚和松动的措施，印度的民族工业才有了较大的发展，职业教育才有了新要求。[1] 印度职业教育也由此开启了新征程。

第一节 职业教育的发展和现状

一、职业教育体系的发展

　　1947 年独立后，随着民族工业的发展，印度职业技术教育才真正被提到教育发展的议事日程上来。独立后的印度职业技术教育体系的发展大致可划分为三个阶段。

---

[1] 顾明远，梁忠义. 印度教育 [M]. 长春：吉林教育出版社，2000：10.

（一）确立阶段

1964 年成立的科塔里教育委员会于 1966 年提交《科塔里教育委员会报告》，对印度职业教育体系的确立起到了关键性作用。《科塔里教育委员会报告》首次提出"中等教育职业化"概念，认为中等教育发展中最重要的问题即"教育职业化"，并进一步明确了"教育职业化"的培养目标。在该报告的影响下，1968 年《国家教育政策》得以出台，开始在全国推行"10+2+3"学制，实施"中等教育职业化计划"，形成相对独立的职业教育学校体系，实施并不断完善职业教育课程计划，确立工读交替的人才培养模式。众所周知，相对独立而系统的职业教育办学机构是建设职业教育体系的基础和前提条件，开发职业教育课程计划是构建职业教育体系的核心与关键，确立特定的人才培养模式是职业教育体系得以顺利实施的重要保障和主要标志。1968 年《国家教育政策》最终促成印度职业教育体系确立，"使印度职业教育形成一个比较完整的系统"[1]。

（二）发展阶段

《国家教育政策（1986 年）》的颁布标志着印度职业教育体系建设进入新的发展阶段。《国家教育政策（1986 年）》重申职业教育的重要性，要求进一步拓展职业课程，加强职业机构建设，同时通过创设"桥梁课程"，实现职业教育从"终结性"向"双向性"的转变，即为满足学生专业成长需求、向部分有意学习普通教育课程的学生提供双向发展平台。此外，在中等教育的初级阶段引入职前职业教育。通过上述改革，职业教育体系在横向上逐步与普通教育体系衔接，在纵向上不断向多层次方向延伸。

---

[1] 王为民. 印度职业教育体系建构的历程与策略 [J]. 中国职业技术教育，2013（36）：50-53.

（三）逐步完善阶段

21 世纪初，印度政府围绕职业教育体系建设而进行的探索几乎从未间断。2012 年，印度颁布《国家职业教育资格框架》，从工艺要求、专业知识、专业技能、核心技能和责任 5 个方面，对国家职业标准的 10 个层级进行概括性描述，对确定职业教育人才培养标准、建设中高职衔接机制、完善职业教育体系等具有重要意义。

二、职业教育体系的构成

有研究认为，印度职业教育体系可划分为两大部分：教育体系和培训体系。教育体系主要划分为三个阶段：初等职业教育，在该阶段可实现由普通教育向职业教育的过渡；中等职业教育，在该阶段共有三种可供选择的院校，包括职业学校、工业培训学校及综合技术学校；高等职业教育，在经过中等职业教育后，学生接受 2—3 年的高等职业教育后可获得高级文凭。培训体系以职业培训为主，形式多样，时间灵活，主要面向就业，由国家技能发展与创业部负责，每年培训学生逾百万人次，基本覆盖工业化发展岗位的各个方面。2012 年，印度人力资源开发部出台了《国家职业教育资格框架》，革新了印度的职业教育体系，是印度职业教育的一次重大变革。框架包含了各类型、各层次的教育，主要由从低到高的 10 个层级组成，并建立学分积累体制，实现了"人人、处处、时时"均可学习，并将职业教育、普通教育和企业用人需求横向融通，而且能够从初中教育阶段开始直至高等教育上下衔接，构建了纵横贯通的职业教育体系框架。[1] 还有研究认为印度现代职业教育体系是

---

[1] 张梦龙. "一带一路"沿线国家印度的职业教育历史与沿革 [J]. 天津职业院校联合学报，2020，22（12）：109-112.

由劳动体验教育、职业教育、职业培训、技术教育、学士学位职业教育五大部分构成。[1]

三、职业技术教育与培训概况

（一）使命和策略

印度职业技术教育与培训（Technical and Vocational Education and Training，以下简称 TVET）的使命是推动国家经济和社会发展，特别是将日益增长的人力资源转变为有技能、有能力的劳动力。

TVET 的策略在第十二个"五年计划"中有涉及，特别强调教育对社会、经济、政治转型的重要性。第十二个"五年计划"制定了很多与 TVET 相关的目标，具体包括：与劳动部和行业合作，将中等教育特别是职业技术教育项目与劳动力市场的需求联系起来；通过针对失学儿童的 TVET 项目，改善儿童辍学情况以及促进教育公平；增加 TVET 项目的数量；鼓励和促进学生参加中等教育层次的职前教育项目；建立相关机制，整合不同政府部门、私营机构和职业教育机构所提供的职业教育项目；改善 TVET 教师培训项目，以确保教育质量；整合职业教育与学术课程的内容，TVET 项目需要培养包含行业所需的通用型和特殊型职业技能。

（二）TVET 的管理

印度教育由中央和各邦负责。在中央一级，人力资源开发部负责国家

---

[1] 王丽华. 印度现代职业教育体系构建的关键策略及其启示 [J]. 职业技术教育，2017，38（27）：65-73.

教育政策和治理，包括实施全民教育计划。该部门被划分为很多不同的办公室，技术教育办公室对各邦正规和非正规 TVET 机构负责；还负责课程修订、职业教育教师质量保障和学生入学。中央层面其他负责 TVET 治理的部门包括劳动和就业部、农业部、矿业部、卫生部等。

在各邦层面，邦教育部门负责管理中等教育层次的教育项目。中等和高级中等教育董事会负责调节和监督各自地区的中等教育系统。其他参与 TVET 治理的主要有以下机构：中等教育中央委员会，隶属于人力资源开发部，负责学术问题和考试，以及初中和高中水平的教育创新和改革；印度学校证书考试委员会，成立于 1958 年，管理职业教育证书考试、中等教育证书和学校证书等；全国教育研究与培训委员会，为学校和教师教育的质量改进提供建议，并与国家教育学院、教育技术中央研究院、区域教育学院和职业教育中央研究院合作；国家技能发展局，由印度政府授权，制定国家层面的技能发展战略、识别新的就业领域、促进技能发展领域更多地使用信息技术；全印技术教育委员会，负责 TVET 项目的实施，通过国家认证委员会授权开展新的技术项目；国家职业培训委员会 [1]，负责向各类工程、建筑行业的熟练技工颁发奖项证书；国家教师教育委员会，提供相关标准与程序以确保教师教育的质量，通过 4 个区域委员会发挥作用；职业教育中央研究院，按照《国家职业教育资格框架》开发职业教育课程。其他组织也在 TVET 系统中发挥重要作用，如工业委员会、印度工业联合会 [2] 和印度工商联合会 [3]。[4]

---

[1] 国家职业培训委员会是一个由劳动部部长领导的第三方机构，组成人员包括中央和各邦政府部门、雇主和工人组织、专业和学术团体、全印技术教育委员会以及其他组织的代表。各邦职业培训委员会协助国家职业培训委员会在 TVET 的政策和项目、新行业的审批和质量标准方面提供咨询服务。

[2] 印度工业联合会是一个非政府和非营利性行业组织，与联邦政府在政策上密切合作，以提高印度职业技术教育与培训的效率与竞争力。

[3] 印度工商联合会与印度政府在国家经济政策领域密切合作，包括职业技术教育与培训领域。

[4] 彭婵娟. 印度职业教育概况 [J]. 世界教育信息，2016，29（22）：30-35.

（三）TVET 的师资

国家教师教育委员会是印度负责教师教育项目发展的法定机构。开展 TVET 教师培训项目的教师培训机构还包括县级教育和培训研究所、教师教育学院、教育高级研究院和地区教育学院。附属于全国教育研究与培训委员会的地区教育学院，为中学教师提供为期 4 年的教育项目，最低入学资格是高中学历。

教师的工资制度由各邦根据教师学历、培训情况和教学经验而定。一些邦还提供许多福利，包括固定的医疗补贴或医疗费用报销、教师子女免费接受教育，以及退休福利。在职 TVET 教师的培训由中央和邦提供。中央层面的在职教师培训由全国教育研究与培训委员会，以及附属于人力资源开发部的国家教育规划与管理大学负责；邦层面的培训由各邦教育研究与培训委员会以及各邦教育学院负责。

TVET 培训人员受聘于国家，隶属于就业和培训总局的中央培训学院，负责提升培训者的技能。[1]

（四）TVET 的课程

就业和培训总局对职业技术教育和培训课程做了一定的规定，职业技术教育和培训课程分为基本技能课程、高级技能课程、高级专业技能课程、短期培训课程、机构培训课程和女性职业培训课程。

潘迪特·桑德拉·沙玛中央职业教育学院是一个职业教育中央研究机构，开发和修订职业教育课程是其重要职能之一。该研究所承担开发和修订以能力为基础的职业课程体系，通过各类工作会议，与不同的专业机构、研究机构和开发机构一同完成这项工作。研究所提供的职业教育课程涵盖农业、商业、工

---

[1] 彭婵娟. 印度职业教育概况 [J]. 世界教育信息，2016，29（22）：30-35.

程技术、健康和残疾人教育、家政、人文学科教育等内容。每项课程都列出了该课程相应的能力要求、开发这些能力必备的知识需求、课程目标中的技能态度、学习和考试计划、教学大纲、设备及其提供者清单、参考文献、合作机构、教学人员及其资格、职业流动性等。该研究所不仅为职业教育开发课程材料，还通过一系列专家主题研讨会提供职业教育开发所需教学材料。

第二节 职业教育的特点和经验

一、职业教育的特点

（一）从职业教育发展历史的角度分析

1．重视法制建设，形成了较为完备的法规体系

印度政府近年来出台了一系列法律法规政策，大力支持职业教育的发展，形成了较为完备的法规体系。比如，1987 年颁布《全印技术教育委员会法》，创立了全印技术教育委员会，负责规划和协调技术教育的发展；2007 年颁布《国家理工学院法》，为理工学院提供额外的资金以及政府支持；2015 年出台《国家技能开发与创业政策》，为印度所有技能相关活动提供统一框架、统一标准。

2．突出体系框架，搭建了纵横贯通的职业教育体系

《国家职业教育资格框架》的出台使得印度构建了纵横贯通、进出灵活

的职业教育培训体系，即职业教育与普通高等教育之间可相互贯通，职业教育也可以培养本科及以上层次的技术专家。另外，学分累积与转换机制的建立使学生能够在完成普通学校的义务教育之后先去工作一段时间，获得工作经验，然后再回来接受职业教育或培训。

3. 产教深度融合，建立了校企合作发展机制

印度政府采取了多种措施提高校企合作程度，包括政府强制立法、企业政策优惠支持、用工需求优惠措施等，规定了校企双方在职业教育中必须履行的职责和义务，建立企业参与校企合作发展机制，同时印度职业教育机构也将企业的参与作为人才培养的必要条件，将培养满足企业需求的人才作为目标。因此，印度职业教育基本实现了产教深度融合。

4. 管办评分离，构建了分权与自治的管理体制

印度人力资源开发部和技能发展与创业部负责制定职业教育与培训政策，多个机构及部门对职业教育与培训体系采用分散式管理，通过分权与自治的管理体制，在一定程度上保证了职业教育机构的自治权，同时充分发挥行业企业的参与及第三方监督评价的优势，保障职业教育人才培养质量。[1]

（二）从职业教育政策的角度分析

通过对印度职业教育政策进行梳理可以发现，从殖民时的发轫，独立

---

[1] 张梦龙. "一带一路"沿线国家印度的职业教育历史与沿革 [J]. 天津职业院校联合学报，2020，22（12）：109-112.

后的初成与确立，到 21 世纪以来的不断完善，印度职业教育在国家政策的推动下不断走向法制化、全民化、自由化和信息化。[1]

1．制度应时：从无序到有序，治理趋于法制化

梳理印度职业教育政策的发展历程，可以见证职业教育从发轫到完善、从无序到有序的全过程。具体而言，殖民时期的《伍德教育急件》仅提出发展职业教育的几项举措；独立后的《中等教育委员会报告》开始尝试架构职普分流的双轨教育体系；《科塔里教育委员会报告》提出"10+2+3"的教育体制尝试和中等教育职业化概念，并建立全印技术教育委员会，作为早期技术教育的管理部门；《国家教育政策》则进一步确立了中等教育职业化的职普分流机制，也进一步确立了中等教育委员会和全印技术教育委员会对职业教育的指导和管理。21 世纪以来的政策，更是关注到了职业教育的质量保障、管理体制等领域，不断规范着职业教育体系的有序发展，体现了制度应时的特点。此外，自《科塔里教育委员会报告》提出职业教育发展要加强立法保障后，印度先后出台了《学徒法》和《全印技术教育委员会法》，进一步增强了职业教育管理法制化，为职业教育发展提供了坚实的保障。

2．学历高移：从少数到多数，对象趋于全民化

受殖民时期英国精英教育理念与印度种姓制度影响，殖民政府创办的多数职校主要招收社会上层人士的子女，仅小部分学生来自社会底层家庭。印度独立后，《科塔里教育委员会报告》首次提出应注重女性职业教育，后续政策也强调要重视对女性、残疾人士、农村地区人口等边缘群体的职业

---

[1] 刘亚西，张彩娟. 印度职业教育的演变、特征与趋势分析——基于政策变迁的视角 [J]. 中国职业技术教育，2018（30）：91-96.

教育。在发展过程中，印度职业教育的招生制度日趋多元化，其形式包括全国统一招生、各邦及高校的自主招生考试，对于一些参与非正规教育的学生，在获取相应的技能资格证书后，同样可以继续参与到学历教育与培训中来，教育对象逐渐全民化。此外，自 1986 年《国家教育政策》颁布以来，印度政府一直致力于普职融通的桥梁搭建，国家职业教育资格框架的建立以及最新技能资格框架的出台，更是架构了普职双向流动的路径，打破了职业教育的终结性，为职业教育学生提供了学历晋升渠道，使其有机会进一步深造。

3．多元合作：从强制到民主，办学趋于自由化

就办学而言，殖民时期的印度职业教育由英政府主管，邦政府权力十分有限，职业教育人才培养模式单一。印度独立后，《中等教育委员会报告》提出以立法的形式规定工厂参与职业教育的职责，规定职校教学内容应与工厂需要相衔接。随后在《科塔里教育委员会报告》中又强调普通教育需开设职业课程，并以工读结合的形式开展职业培训，或通过函授、短期集训等形式进行技术教育。《国家教育政策》进一步强调要企业参与办学、课程开发等，突显出政府对社会力量办学的认可。到 21 世纪，面对巨大的技术人才需求，培养与产业需求相符合的技术人才成为职业教育改革的重要方向。中央政府也将职业教育管理的权限下放到地方当局，鼓励各地充分调动资源，与行业企业、民间组织等合作，丰富职业教育的办学类型。这从《国家教育政策》中专设国家技能发展公司、支持私立职业培训机构的发展等内容便可见一斑。截至目前，印度职业教育办学机构不仅有政府设立的工业培训学校、综合技术学校、中央培训机构等，行业企业、非政府组织、民间组织和以营利为目的的个人也参与职业教育办学，逐步形成了纵向的中央和邦政府分权管理与横向的公私机构多元合作相结合的发展模式。

4．对口透明：从传统到数据，内容趋于信息化

印度的职业教育信息化与其信息技术的发展息息相关。长期以来，在印度职业教育的政策内容中，几乎未曾涉及信息化发展的要求。20 世纪 90 年代末，全球化、智能化时代悄然而至，印度的 IT 行业开始迅速崛起并走向世界。在此背景下，印度的职业教育信息化也得以快速发展，并主要体现在课程内容的信息化及技术手段的信息化两方面。于前者，面对行业企业对职业教育人才培养层次和类型的日益复杂化、多样化，职业教育势必要在课程中融入更为多元的知识，整合来自不同领域的需求信息，创建动态的、需求驱动的课程框架，使其与未来的职业生活相一致；于后者，随着 IT 技术的不断提高，印度职业教育体系建设也趋向信息化。[1]

二、职业教育现代化的办学经验

印度职业教育体系中最突出的是 IT 职业教育。《国家职业教育资格框架》的颁布及实施，标志着印度现代职业教育体系已渐趋完善。在此重点介绍印度 IT 职业教育的发展经验和《国家职业教育资格框架》的实施经验。

（一）印度 IT 职业教育发展经验

印度 IT 职业教育的发展首先得益于印度政府的重视。在政府的鼓励和支持下，大量国内外民间资本积极投入 IT 职业教育，建成了较为成熟的职业教育产业，为印度培养了大批 IT 基础人才和一线技术工人。IT 产业是知

---

[1] 刘亚西，张彩娟. 印度职业教育的演变、特征与趋势分析——基于政策变迁的视角 [J]. 中国职业技术教育，2018（30）：91-96.

识驱动性产业，需要一个由高度熟练的专业人员构成的团队实现快速发展。2012—2013 年，印度 IT 服务部门直接雇用的专业人员超过 297 万，间接雇用的员工达 900 万。印度还汇聚了大量的 IT 跨国企业，全球主要 IT 企业几乎都在印度设立了子公司或合作机构，原因在于印度有丰富的技术资源和廉价的劳动力。这是 IT 产业发展初期的情况，目前，印度实际上也存在严重的训练有素的 IT 人力资源缺口问题。

1．IT 职业教育的特点

印度 IT 职业教育呈现出产业化、职业化、集聚化和产学研一体化等特点。

（1）产业化。产业化是印度 IT 职业教育最重要的特征。事实上，印度 IT 产业的成功，很大程度上归因于其发达而又完善的 IT 职业教育体系。印度 IT 职业教育培养出大批素质较高的软件基础人才，即"软件蓝领"。"软件蓝领"培养重视"产学研"一体化的市场驱动，重视课程开发、师资软实力提升以及学员实际工作能力的培养。在印度，受高等教育资源不足的制约，大批青年在完成 10—12 年的基础教育后失去上大学的机会，他们选择进入职业技术学校，接受就业前的职业教育与培训。IT 职业教育与培训大大降低了 IT 企业对 IT 人才的雇用和培训成本，缩短了培训周期。尤为重要的是，通过这种 IT 职业教育，为社会解决了相当大的就业问题。

印度 IT 职业教育的产业化是通过大量 IT 职业教育高校和培训机构得以实现的。归纳起来，印度的 IT 人才培养机构主要有三类。第一类是公立高校，主要指早期成立的印度理工学院和 20 世纪 90 年代以来新设立的 6 所信息科技学院。第二类是民办或私营软件人才培训机构。其中，印度最大的私人电脑培训机构 APTECH 拥有 1 000 多家网点。第三类是 IT 行业企业自己建立的一些培训机构，主要包括技术高中、工业训练学校、多科技术学校、正规技术学校、高级职业培训机构、企业学徒培训机构和普通学校等。目前，印度有 7 家著名信息技术学院和超过 300 家的区域工程学院或民办高校在举办 IT 教育。

（2）职业化。印度 IT 职业教育重点培训员工的职业化技能，尽可能使每一个员工都有能力胜任工作，并能接受竞争激烈的工作考验。IT 职业教育积极根据经济环境的变化转变教学观念，活化教学模式，对职业教育加以完善，使其在国际市场上占有一定的市场份额，增强了其可持续发展能力。[1] 以国家信息技术培训为例，它主要包括两方面的内容。一是职业资质培训，既包括学历认证也包括资格认证。其中学历认证是最基础的，也是进入 IT 行业的通行证；资格认证则是对某一项技能的专业认证。二是通用管理能力，即人际关系处理能力。印度国家信息技术学院（National Institute of Information Technology，以下简称 NIIT）与国际知名 IT 巨头组成全球培训联盟，从而将这些公司的最新技术资料在第一时间应用于培训，并根据实际情况转变教学观念，调整教学模式，编制新的教学计划，完善教学内容，以更好地适应职业化的未来需求。

（3）集聚化。迈克尔·波特在"钻石模型"中把生产要素分为初级和高级两大类。[2] 前者包括自然资源、地理位置、气候、非技术和技术工人等，是被动继承的或只需要简单的私人或社会投资就能拥有的生产要素；后者包括现代化通信基础设施、高等教育人力资本、大学及科研院所等，须通过人力和资本的持续投入获得。

印度大量的 IT 职业教育机构分布于 IT 产业集聚区域。班加罗尔科技园是印度国家级科技中心，设立于 1990 年。这里形成了强大的 IT 技术集聚效应，共设工程院 125 所，在数量上居于印度之首，包括印度理工学院的班加罗尔校区、班加罗尔大学、印度管理学院、印度科学研究所和印度科学院等教育科研机构。其中，班加罗尔大学设有 400 多个学院，组建了庞大的

[1] 张廷海，张庆亮. 印度 IT 职业教育经验及对我国的启示 [J]. 中国高教研究，2014（12）：49-52.

[2] PORTER M E. Clusters and the new economics of competition[M]. Boston: Harvard Business Review, 1998: 77-90.

IT 职业教育学科体系，是印度 IT 职业教育和工程教育的重要力量，具有了 IT 职业教育专业集群化发展的特征。

（4）产学研一体化。印度的 IT 职业教育过程也是"产学研"一体化的过程。NIIT 能够发展成为亚洲最大、世界第二的综合性 IT 培训机构，与其"产学研"相互结合是分不开的。NIIT 不仅积极与本地企业合作，还积极与国际知名软件公司结盟，把教学与研究融为一体，拓展学生的实践能力。

2．IT 产业集聚与职业教育的互动效应

印度 IT 产业的集聚带来大批 IT 人才的创业集聚，为 IT 职业教育专业集群的生成创造了条件。同时，IT 职业教育的发展也促进 IT 产业的集聚化成长。

（1）政府的大力支持和 IT 产业集聚推动 IT 职业教育。自 1984 年起，印度的历届政府就开始不遗余力地推进 IT 产业与 IT 教育的发展，先在 3 000 多所中学推行"中学计算机扫盲和学习计划"。1985 年又拟定 23 条实施纲领，并在基础教育中突出逻辑思维能力的教育，促进 IT 人才的早期开发。1998 年，印度出台"2008 年信息技术发展计划"，推进农村信息化。2000 年又将 IT 教育引入全国教学大纲，对基础教育计算机技能做出具体要求。2003 年还专门成立"九人领导小组"，负责 IT 人力资源开发。政府在营造 IT 教育政策环境的同时，还进行了积极的教育投入，每年将 3% 以上的国内生产总值用于教育事业，推动职业教育发展。

印度 IT 产业集聚。印度销售收入排名前 600 名的 IT 企业有 80% 以上集聚在孟买、班加罗尔、德里、海德拉巴和马德拉斯这 5 座城市。这种高度的 IT 产业集聚在很大程度上推动了印度 IT 职业教育的发展，形成了 IT 职业教育专业集群特征。20 世纪 50 年代，印度开始借鉴麻省理工学院和剑桥大学的做法，集中国力兴办符合国际惯例的、具有世界水平的理工大学，这些大学成为当时及后来推动印度 IT 教育的排头兵。接着，印度政府又成

立了电子部和软件发展促进局，管理 IT 产业的发展，提供教育经费，如电子部就为全国 250 多所大专院校提供了教学经费。1999 年，政府又成立信息技术部，提高对理工大学的教育投入，并在所有联邦设立专门的信息技术学院，培养高素质的 IT 人才。印度政府还鼓励私人资本注入 IT 教育，其私立理工学院有近 1 200 所，其中 500 多所具有硕士、博士授予资格，形成了优势明显的 IT 职业教育体系和专业集群，大大推动了印度 IT 教育的发展。[1]

（2）IT 职业教育促进 IT 产业集聚。印度 IT 职业教育为 IT 产业提供专业化的劳动力资源，形成了良好的知识溢出与创新氛围，促进了 IT 产业社会资本与网络的发展。

IT 人才与劳动力。印度 IT 职业教育为 IT 产业提供专业化的人才与劳动力，这是 IT 职业教育对 IT 产业集聚最基础的激励，是一种人力资本的供给。校企合作–工学结合的培训模式以及院校联盟的营销体系，缩短了 IT 人才的培训时间，提高了培训效率。与企业的合作办学强化了师资队伍的自身素质与教学质量，丰富了 IT 人才的实践经验并锻炼了动手能力，更好地满足了企业的需求。印度 IT 职业教育注重教材与课程的及时更新，并注重授课内容与企业实践相结合。这样培育出来的 IT 人才能丰富印度 IT 产业专业化的人才储备，在一定程度上降低了 IT 企业的人力成本，提升了产业与企业竞争力。

IT 知识溢出与创新氛围。在 IT 产业集聚区中，还有大量非编码的隐性知识，形成良好的 IT 知识溢出与创新氛围。隐性知识始终是一个非常关键的概念，主要存在于地方层面。印度 IT 职业教育也是如此。本地化 IT 教育的空间集聚形成了良好的创新氛围。在这里，大量创新型技术人才（包括知名企业的技术人才）与 IT 学员在同一个地方汇聚，他们之间通过合作、

---

[1] 张廷海，张庆亮. 印度 IT 职业教育经验及对我国的启示 [J]. 中国高教研究，2014（12）：49-52.

谈判、技术服务、培训等方式相互接触，触发隐性知识的协同溢出；学员间在咖啡屋、联谊会等餐饮娱乐场所的非正式交流，也为知识溢出提供了优越的传递渠道，知识和创新在彼此面对面交流中弥漫到 IT 教育的"创新空气"之中，更有利于知识、信息、技术等要素在教育空间上的扩散。

IT 学缘关系与社会网络。IT 职业教育中的学缘关系有利于集群网络关系的生成。网络关系是 IT 集群企业信息获取、知识整合和创新治理的重要因素。印度拥有 7 家信息技术学院和超过 300 家的区域工程学院或民办高校共同举办的 IT 教育机构。这些教育机构的师生之间、学生之间、毕业后进入 IT 产业的在职人员之间的学缘关系（"弱关系"部分）并不会断裂，有利于建立良好的合作。这些关系有强关系，也有弱关系，但其共性是有利于区域集群网络的建立和社会资本的生成，从而促进 IT 产业的空间集聚。[1]

（二）《国家职业教育资格框架》的实施经验 [2]

《国家职业教育资格框架》是一个描述性的框架，主要根据一系列知识以及技能层次来划定资格，每个具体层次的职业标准构成资格。知识和技能层次代表着一定的能力或技能，要具有某个层次资格，意味着学员必须具有达到某个层次职业标准的能力，而不管这些能力是通过正式还是非正式的教育和培训获得的。印度政府对 2012 颁布的《国家职业教育资格框架》寄予厚望：一是希望以此为依托，开发和引领职业培训国际标准；二是希望能够打通职业教育、普通教育、就业市场之间的通道，实现职业教育与普通教育之间较好的转换，提供多元进入和退出路径；三是希望能够极大地推动印度职业教育发展；四是希望进一步拓展职业教育与行业、雇主之间的伙伴关系。

[1] 张廷海，张庆亮. 印度 IT 职业教育经验及对我国的启示 [J]. 中国高教研究，2014（12）：49-52.
[2] 胡启明. 印度"国家职业教育资格框架"发展实施及启示 [J]. 职业技术教育，2014，35（25）：90-93.

1.《国家职业教育资格框架》的基本内容

（1）设立国家职业标准。行业技术委员会确定行业中每个工作角色的国家职业标准。为了使行业技术委员会确定的国家职业标准客观可行，行业技术委员会本身的机构组成也很严格。行业技术委员会由国家技能发展公司以及来自行业、雇主的代表们组成。宏观层面的全印技术教育委员会、中等教育中央委员会以及地方层面的各邦学校董事会和技能委员会参与国家职业标准的具体制定。

（2）设计多重路径。《国家职业教育资格框架》是通过一系列的能力或者技能来构建的，设定1—10级。国家职业教育资格层级按照一定的学习成果来确定，这种层级能力的获取形式可以是正式教育也可以是非正式教育。这就为学员进入职业教育体系和普通教育体系提供了多重路径。国家职业教育资格层级对任何一个层级的能力要求都进行了明确和描述。

（3）实行"先前学习认定"。当前，印度的职业教育和培训体系几乎没有对先前学习的认证系统，如某人在一个行业里工作了几十年，即便有某项熟练的技能，但往往得不到认证，使得很多人没有相关的技能认证证书，不利于这些群体进一步在职业教育体系或者普通教育体系中进行深造和发展。实行"先前学习认定"解决了这一弊端。

（4）广泛推进行业参与。行业和雇主参与是《国家职业教育资格框架》成功实行的关键条件。职业教育课程的设计、开发、发布、评估、认证需要与行业和雇主进行多方协商。除行业外，学徒培训委员会也提供技术和知识支持。

（5）开发能力导向的课程方案。为不同层级开发教学大纲、学生手册、培训师指导、培训手册、多媒体包、电子素材等，国家技术教师培训研究所、大学拨款委员会、行业技术委员会、雇主等开发能力导向的课程，课程是模块化的，考虑到了技能积累的增长和进出教育体系的便利性。课程设计也会对接学分框架，因而技能积累也对应于相应的学分和能力。

（6）开发学分框架。学分框架要符合双重目标，即能够实现职业教育与普通教育之间的互换，这进一步拓展了层级内和层级间的多向进出通道。

（7）学分积累和转换。基于模块化课程的技能素质获得了多向进出通道，这种多层级进出口系统可以使求职者在任何一个层级去求职或重新接受教育，更为灵活地提升专业资格和职业技能。同时，学校委员会、大学技术委员会也鼓励获取普通教育的"桥梁课程"学分，在普通教育和职业教育之间建立一个桥梁，从而在两者之间实现灵活转换。学生可以选择在任何阶段从职业教育转移至更高层级的普通教育；如果某个学员被确定存在"能力差距"，选修基于模块课程的"桥梁课程"就可以弥补这一差距。

2.《国家职业教育资格框架》的推进实施

2009 年，在保证小学阶段入学率稳步提升后，印度将普及教育计划延伸到了中学阶段，开展了中等教育普及计划。中学阶段的职业教育促进了教育机会的多样化，能够提高个体的就业能力，减少技术性人力资源需求和供给的不匹配，并为那些追求更高教育层次的人群提供替代性方案。

目前，按照《国家职业教育资格框架》的要求，职业教育在高中阶段的修正方案已经启动。修正方案主要包括如下部分：一是加强现有学校对职业教育的传授；二是建立新的学校；三是对现有教师进行 7 天的在职培训；四是对新教师进行 30 天的职业入门课程培训；五是支持私立学校以公私伙伴合作关系模式进行创新性实践，开发面向个体、以能力为导向的职业课程模块；六是强制性要求学校每三年修订一次课程，以确保符合行业发展所需。

在高等教育方面，逐步完善高等教育的职业教育功能，把职业生涯和市场导向引入高等教育，增加一些学生职业能力建设和自我就业方面的能力提升课程。学生修完这些课程之后，除了获得传统的科学、艺术、商科学位之外，还将获得能力证书、能力文凭、高级能力文凭。证书课程一般有 20 个学分，每个学分有相当于 15 个小时的工作量。其中 8 个学分必须安排在行业工作、项目工作或培训当中。要获得这些学分必须在考试期间提供相应的证明，如由有关的权威机构认证、协调员签署的工作经验证书，以及发表的论文、报告等。文凭课程有 40 个学分（其中 20 个学分在证书课程期间获得），每个学分相当于 15 个小时的工作量。如果要获得高级文凭，则要修满 60 个学分（其中 40 个学分在前面的证书课程和文凭课程中获得）。大学拨款委员会为人文和商科每门职业附加课程提供五年期 70 万卢比的种子基金资助，为科学学位的每门职业附加课程提供五年期 100 万卢比的种子基金资助。2012—2013 年度，共有 432 所大学和学院获得了提名资助的资格。至 2012 年 12 月底，2 070 万卢比的资助已经发放下去，从而使高等教育职业导向课程的设置有了资金保障。

第三节　职业教育的挑战和建议

印度是人口大国，巨大的人口红利为印度经济的可持续增长提供了有力保障。2012 年，麦肯锡全球研究所指出，印度和一些年轻的发展中国家到 2020 年将会有 5 800 万的低技能劳动者盈余，这些劳动者包括农业人员、传统手工业者和一些从事低水平的制造业者，而中等技能工人却有 4 500 万人的缺口。[1] 经济快速增长的同时，印度面临着中、高级技能人才的短缺、劳动力市场供求结构失衡的严峻考验，改善普通教育与职业教育的失衡局面迫在眉睫。

---

[1] 韩静，张力跃. 经济强劲背后的冷思考——印度职业教育发展困境及其政府改革措施 [J]. 职业技术教育，2016，37（9）：68-73.

一、职业教育发展面临的突出挑战

人口基数大是印度可持续发展的优势，但在新的发展背景下，人口素质偏低、劳动力市场结构性矛盾突出已成为制约印度经济发展的关键因素。印度在职业教育改革上进行了很多探索，尤其是 2009 年以来实施的各种措施都在试图扭转普通教育与职业教育的失衡局面。尽管如此，印度职业教育的发展仍然面临着很多挑战：一是在人们的传统观念中，对 TVET 的社会认可度不高，TVET 教师们的待遇、地位和专业发展也远不如普通高等学校教师。二是在印度的劳动力群体中，打零工等临时性劳动力占到绝大多数，妇女的就业比例也很低。三是全国各地区存在数字鸿沟，数字化基础设施的落后和高质量在线职业教育资源的匮乏，将影响今后经济社会的发展。四是采用由技能发展与创业部培训机构开发课程、行业技能协会进行评估的模式，增加了成本，很多高校的职业教育学士项目资金难以为继。五是对年轻人，尤其是对农村地区年轻人的技能差距分析做得不充分，培训机构开发的课程和岗位实际需求不匹配。[1]

二、促进职业教育发展的建议

在联合国教科文组织《印度 2020 年职业教育报告》中，TVET 的研究者和实践者展望了未来发展的趋势和方向，并提出了 TVET 发展的十大建议。

---

[1] 王静. 职业教育优先：联合国教科文组织《印度 2020 年职业教育报告》解读 [J]. 中国职业技术教育，2021（21）：65-73.

（一）把学习者及其需求放在 TVET 项目的中心位置

"以学习者为中心"的项目设计是印度 TVET 供给的新关注点。TVET 提供者在学习者实习选择、能力建设、择业方向方面需要为他们提供帮助，具体包括以下内容：一是为所有学习者提供职业倾向测试、职业生涯咨询和指导。二是对于那些从未有过就业经历、从未参加过教育或者培训的人，不仅要指导他们获取谋生手段，而且要给他们提供系统的教育，使他们达到《国家技能资格框架》规定的级别要求。三是政府给个人分发技能券用于购买 TVET 课程，规范质量保证框架，让学习者自主选择课程，倒逼课程质量的提高。四是为配合国家教育政策所倡导的建立学术学分银行，配套建立技能学分银行，实施技能卡制度，以便学习者在终身学习中能够积累学分，得到更高的学位或者晋升到更高的级别。五是打通所有职业教育学生进入高等教育的途径。达到"纵向衔接、横向贯通"的目的，辅之以必要的"桥梁课程"，并通过对《国家技能资格框架》的恰当使用，使得普职融合。

（二）为教师、培训者和评估者创建良好生态系统

地区政府和学校管理层要考虑中等学校专职职业教育教师的招聘，而不是完全依赖国家技能发展公司的培训供给。因为，职业教育机构要获得可持续的长久发展，最好要有自己的职业教育教师。这些教师需要接受教学法的培训，以便使教学更专注、更专业。

职业教育教师要么通过在职教师培训项目，要么通过国家技能发展公司的教师培训项目实现专业发展，这些项目通常采用在线或混合式方式进行。目前，综合大学或者专业性较强的大学正在探讨开设职业教育教师硕士项目的可能性。新的国家教育政策也号召对来自行业的培训者进行教学法的短期培训，使他们能够更好地开展教学。另外，教师、培训者和评估

者的职业生涯发展、工作条件都要加以改善，使职业教育与培训成为令人尊重和羡慕的职业，否则 TVET 质量的提高就无从谈起。因此，政府需要考虑要求所有的职业院校和机构为从业人员提供标准化的薪酬，以及各种晋升机会和福利。

（三）关注技能培养、提升和终身学习

《国家教育政策（2020 年）》所提出的为每一位学习者搭建学术学分银行为各院校合作提供了新的机遇。学习者利用该机制可以从多个合作院校中获得学分。同时，该机制也为行业和学术界建立一种新型的、与众不同的合作关系提供了契机。私立培训或教育机构提供课程，认证部门审查后可以授予学分，学分折算后甚至可以获取院校颁发的学位。印度政府认识到，战略性领域如工业 4.0 日渐受到关注，旧的行业不断淘汰，新的岗位不断出现，与这些新兴产业、行业相关的高质量课程资源库需要不断地丰富，而且最好要能以在线和面授两种模式进行教学，同时需要搭建质量评估框架，因为高质量的课程需要高标准。国家技能发展公司的"技能印度"网络平台和国家软件和服务协会的"未来技能"战略为印度 TVET 发展奠定了基础，指明了方向。

（四）确保妇女、残障人士和其他弱势群体均可参与

那些因缺乏教育与培训而失业或者薪水微薄的妇女和农村地区的年轻人，需要通过接受培训获得自谋生计的能力；通过先前学习认证机制可以把他们的技能与证书相连。学校为辍学青年、在职成人，尤其是妇女提供职业培训，造福当地社区，其他现有的培训设施也可以考虑发挥这样的功能。此外，国家技能发展公司还开展了一些行动和计划帮助残障人士找到

工作，但这些举措还需进一步扩大范围，使其惠及更多的残障人士。所有在线课程都应该考虑这些特殊人群的需要，确保未来的数字化课程一方面符合标准，另一方面又适用于残障人士的学习。

（五）大规模开展数字化教学

2018年，印度的"未来技能倡议"利用"未来技能"平台对20多万名IT员工进行技能培训。目前，该平台提供人工智能、网络安全、区块链等10个方面的新兴技术的技能培训，涉及70种新职位和155种新技能。行业、科研院所和政府一起为工业4.0战略领域进行TVET数字化而努力。同时，相关机构对教师也开展在线培训，为他们的教学和专业发展提供大量高质量网络课程，资源库中也包括仿真实训和游戏教学等，旨在满足TVET实践的需要。

新冠肺炎疫情使得大批学校开展在线教育、大量企业居家办公，TVET数字化的重要性也更加凸显。同时，疫情使得印度数字化鸿沟和数字化课程资源不足的问题也愈发突出，尤其是那些地处农村的学校没有无线网络，信息化设备简陋。在《国家教育政策（2020年）》中，印度政府建议所有的教师和培训者都要拥有一台能接入互联网的笔记本电脑，为学生提供一次性补贴购买智能手机或平板电脑。

（六）支持当地社区利用印度的文化遗产创造生计

印度拥有众多物质和非物质文化遗产，包括多处被联合国教科文组织认定的世界遗产，以及种类繁多的艺术和工艺，保护和发扬它们可以带来更多工作机会。印度拟成立一个新的文化遗产技能委员会，设计相应的TVET课程，从历史、文化、旅游等方面培训从业者。

构成印度非物质文化遗产的艺术和手工艺大都是在家族企业中创造的，数百万个小微企业分布在国内几千个手工艺集聚地。工匠们通过非正式的学徒和其他形式的基于工作场所的学习掌握基本技能，同时还可以从财务、原材料采购、设计、市场推广、电子商务、技术升级等方面的培训中获益。

（七）更好地与《联合国 2030 可持续发展议程》对接

《联合国 2030 可持续发展议程》为印度制定新的 TVET 项目提供了一个全面的框架。在许多对印度具有战略意义的领域，诸如水资源管理和防污染、清洁能源、气候变化和可持续性发展等领域，印度通过鼓励国内教育机构采取整体方案，开发"绿色"TVET 课程，即涉及环保的课程，以解决上述领域中的种种问题。

印度 TVET 政策制定者和管理者提醒，所有利益攸关方要基于监督与测评，长期关注 TVET 并参与其中。今后，印度 TVET 的主要任务是促进可持续发展，并强调全球相互依存的重要性。《国家教育政策（2020 年）》把学校置于实现可持续发展的前沿，印度政府专门为各级职业教育院校制定了新的全国性教学大纲，明确要求 TVET 要遵循国家大纲，使学习者具备必要的知识、技能和能力以实现可持续发展。

（八）采用创新的 TVET 资助模式

发行"发展影响债券"是一种新型的融资方式，其资助与成果挂钩。国家技能发展公司正在推行"技能印度影响债券"，旨在把技能培训转化成大规模的付酬就业。国家技能发展公司和英国亚洲信托基金会联合发行该债券，总计 1 500 万美元。印度试图采用这种新的融资方式促进成果的产出和转化。

（九）为了更好地规划和监测，需要扩大基于证据的研究

印度 TVET 的研究能力较为薄弱，在职业教育领域，尚无硕士层次的项目，对于职业教育教师而言，也没有终身教授职位，这对开展职业教育研究尤为不利。基于数据收集和分析的高质量研究可以为 TVET 的规划与实施打下基础。比如，跟踪学生在不同技能领域的生命周期，基于对成果的评估来制定和修正政策。

随着职业教育越来越多地融入中学教育和大学教育，还有很多问题值得研究，如 TVET 应该如何做出反应？教育教学的质量保证机制如何完善？职业教育教师如何培训？职业教育和普通教育如何融通？双元学徒制和基于学校教育的 TVET 模式各自的优势在哪里？等等。

（十）在各部委之间建立充满活力的合作机制

《国家教育政策（2020 年）》建议尽早成立全国职业教育一体化委员会。该委员会由职业教育专家和来自各部委及其他利益攸关方的代表组成，将有助于加快实现职业教育一体化。该委员会通过确定成功的模式和最佳做法及其在教育机构的推广，提高职业教育的普及率和认可度；跟踪职业教育与普通教育的整合情况，收集反馈意见，协调各部委，以便做出灵活的、以数据为导向的决策。印度技能发展与创业部和潘迪特·桑德拉·沙玛中央职业教育学院是协调各部委在 TVET 领域合作的两个主要机构。展望未来，这两个机构的作用必须得到提高和加强，以应对职业教育一体化的挑战。另外，各邦政府还考虑设立邦职业教育一体化委员会，由包括当地政府部门在内的所有利益攸关方的代表和知名教育家组成。委员会将跟踪本地普职教育融通的进展，并与学生、家长和教师互动，以确保实现预期成果。[1]

---

[1] 资料来源于联合国教科文组织官网。

第八章 成人教育

自 1947 年独立以来，印度充分重视成人教育在社会发展中的重要作用。通过持续不断的改革，在女性教育、扫盲教育和远程教育等方面取得了显著成效，并彰显出自己的特色。

第一节 成人教育的发展和现状

一、成人教育的历史演进

印度独立后，新建立的政府非常重视发展国家的教育事业，把消灭文盲列为国家教育的任务之一，并将此看作推动国家经济社会发展的必要条件。印度成人教育主要指对 15—35 岁的人进行非正规教育，可以分为三个历史发展阶段。[1]

---

[1] 高文杰，王静. 印度现代成人教育简述 [J]. 世界教育信息，2008（8）：49-51.

（一）初期：成人教育为政治利益服务

印度成人教育的初期为 1947 年至 20 世纪 70 年代中期。这一时期的印度为摆脱殖民主义奴役教育的羁绊，政府致力于教育重建，扩大正规教育的规模，同时，提倡和发展成人教育在培养公民责任感等方面的作用。由于受经济发展水平的限制，政府对教育的重视主要反映在政策支持和指导等方面。

独立后，印度成人教育的概念随之发生变化。1948 年，穆拉那·阿扎德作为印度第一任教育部部长，强调成人教育不应该局限于读、写、算的教育，而应该是在民主的社会秩序中为每一个公民有效发挥作用而做准备。因此，他建议成人教育应改为"社会教育"，并将社会教育与健康、娱乐、经济生活和基础扫盲教育合并在一起，重点仍在于对公民的培训，使文盲受教育，积极地参与民主政治体制。随着印度国家发展战略的转变——从基础工业化到 20 世纪 60 年代中期农业现代化的"绿色革命"，成人教育的概念被重新界定。成人教育的重点从培训国家建设需要的公民转变为主要传授土地经济现代化技术，因此针对农民的功能性扫盲运动开展起来。该运动主要向农民传授农业生产技术知识，并使他们树立现代价值观。

（二）确立时期：成人教育为社会发展服务

印度成人教育的确立时期为 20 世纪 70 年代后期到 1986 年。1978 年启动的"国家成人教育计划"将成人教育置于前所未有的高度。印度政府加强了对成人教育的推进力度，重视对成人教育政策的制定，并增加经费投入。印度的教育首次从精英教育转向群众性教育，主张发展成人教育，消除文盲，使教育与劳动力市场和社会发展相适应。

20 世纪 70 年代中期，成人教育第一次被称为正规教育体制外的一种非正规教育，教育对象是未接受学校教育的儿童、青年和来自社会底层的成年人。成人教育概念也发生了三个明显的变化：第一，把正规教育和非正规教育联系起来，以增加教育机会，重点放在弱势群体；第二，教育的重点对象是国家发展的生力军，即15—25岁的生产者；第三，拓宽功能性扫盲的概念。

20世纪70年代后期，随着印度政治、经济危机的加深，成人教育被视为对成年文盲传授足够的技术知识以加强他们在发展过程中参与性意识的一个重要途径。1978年"国家成人教育计划"的出台将扫盲、功能性扫盲和社会意识三者更紧密地连在一起。

（三）大发展时期：成人教育为社会的全面发展服务

印度成人教育的大发展时期指1986年至今。为了适应工业化的发展，印度政府开始了大规模的教育改革，并颁布了指导成人教育发展的重要法令——《国家教育政策（1986年）》。其目的是为工业化和培训人力资源做准备，在市场经济条件下，保护较低层次的基础教育，发展高层次的教育。由于有利于国民的卫生保健、妇女参政以及生产力的发展，成人教育得到了大力提倡。另外，印度政府通过远程教育学院、开放大学、函授教育学院等各种机构，为早年错过高等教育机会的成人提供接受高等教育的机会，促进了高等教育的民主化。

20世纪80年代中期，印度提出了出口适应经济增长和教育优先发展的战略，使成人教育概念发生了深远的转变。扫除文盲已成为社会的首要任务之一。1988年发起的国家扫盲任务贯穿于全民扫盲运动中，在实践中改变了成人教育的概念，与早期成人教育相比，对功能性扫盲和培养社会意识强调得更为突出。除此之外，一些成人教育改革工作也在增加妇女教育计划中有所实施。这些计划不仅强调对妇女进行扫盲教育，而且致力于提高妇女的社会地位。

二、成人教育的现状

（一）成人教育形式多样

印度成人教育所包含的内容十分广泛，如扫盲教育、社会教育、社区教育、农业扩展教育、健康教育，职业和工业培训等。也有研究者认为印度成人教育的形式包括扫盲教育、职业教育与培训、远程教育等。综合已有研究成果，印度的成人教育形式大致包括以下几个方面。

1．扫盲教育

印度在 1948 年和 1978 年进行了两次扫盲教育。[1] 印度政府把成人扫盲教育列入国家计划。中央政府成立了国家成人教育委员会，各邦也成立了相应的组织。印度曾开展规模空前的成人识字运动，1986 年实行了全国普及教育计划，1988 年确定了年龄为 15—35 岁的成人扫盲识字任务。在此之前，印度还先后实行过"农民识字计划""成年妇女识字计划""青年非正规教育计划""全国成人教育计划"等。

2．成人职业教育和培训

为了提高就业率，也为了解决国家经济建设迫切需要中等技术人才的问题，同时减轻高等教育的压力，政府对中等职业技术教育也给予高度重视。政府采取多种方式对 14—25 岁未完成基础教育的青少年进行培训，使其掌握一定的专业知识，从而能成为中等技术人员。政府为他们提供由国

---

[1] 赵中建. 印度扫盲教育述评 [J]. 外国教育资料，1990（5）：49-57.

家统一安排的 30 多个工程行业和 20 多个非工程行业的职业训练。印度还建立了众多的职业训练学校及工业训练学校，并设立了非脱产制和夜班制，训练半熟练与熟练工人，许多企业还开展内部培训。这些培训使不少青少年成为中等技术人才，从而减少了失业人员，扩充了国家人才队伍。

3．妇女教育

印度传统重男轻女。传统观点认为男性将来要承担起家庭的责任，对男性的教育是一种投资；女性是夫家的一种资源，不能从对她们的教育上获利，对女性的教育投资是一种浪费。而且，接受过高等教育的女性将会被要求高标准的嫁妆，以与同样受过教育的丈夫相匹配，因而女性的教育权受到限制。

印度独立以来，妇女受教育的权益得到逐步改善，但与男性相比，仍存在较大的差异。1951 年，印度妇女识字率为 7.93%，男子为 24.95%，男子是妇女的 3.1 倍。1971 年，有 22% 的女性和 46% 的男性接受过教育。1991 年，有 39% 的女性和 64% 的男性接受过教育。[1] 课程设置也存在性别偏见，大多数教科书把男性描述成主要人物，他们被描述成强壮的、喜欢冒险的、有智慧的人，有着很高的职业声望。相反，女性被描述成弱小的和无助的人，经常是受虐待和挨打的对象，这些描述贬低了妇女的社会地位，对她们接受教育产生了很大的阻碍。[2]

4．远程教育 [3]

印度提出远程教育的目标是充分利用大众媒介和现代化教育手段促进

---

[1] 高文杰，王静. 印度现代成人教育简述 [J]. 世界教育信息，2008（8）：49-51.

[2] 高文杰，王静. 印度现代成人教育简述 [J]. 世界教育信息，2008（8）：49-51.

[3] 周小明. 中国与印度远程教育比较研究：启示与建议 [J]. 职业教育研究，2016（9）：79-82.

知识传播，扩大教育机会，帮助妇女和落后地区人群学习先进科学文化知识，推广有益于社会健康发展的教育，鼓励在全国范围内推行开放教育和远程教育。从 1986 年起，印度开始实施远程教育，建立了富有印度成人教育特色的开放大学系统。印度的开放教育系统包括初等教育阶段的非正规教育中心、中等教育阶段的开放学校及高等教育阶段的函授和开放大学。

（二）成人教育组织机构

根据成人教育的方式、功能的不同，成人教育组织机构一般分为以下几类。

1. 学校

成人教育所包括的范围十分广泛，以至于要想专门建立一个完全独立的成人教育机构并不容易。因此，利用现存的教育机构进行成人教育既是必要的也是可行的。学校不仅给儿童提供初等教育和中等教育，还与一些社会团体联系，共同协调完成成人教育计划的内容。印度一般的学校主要负责实施以下五方面与成人教育相关的内容：为成年文盲开办夜校班；为在校儿童的文盲父母以及亲友开设家庭课堂；利用假期和节假日开展成人教育；为成人学习准备一些有用的资料和图表；利用节日、庆祝会和各种团体活动为学习者提供交谈诵读等交流机会。

直到 20 世纪 70 年代末，印度大学对成人教育仍然表现出十分有限的兴趣。1978 年，"国家成人教育计划"出台，使得成人教育大规模地发展。大学拨款委员会对成人教育政策也发生明显的变化，成人教育被看作大学教育的"第三个维度"。随后，印度大学的成人教育部不断扩大，开展了成人教育的研究和成人继续教育及扩展工作，在一定程度上促进了成人教育的发展。遗憾的是，印度大学的工作重点都放在大学的扩展上面，成人教育虽然成为大学体制中重要的研究领域，但成人教育的研究与教学并没有得到更多的关注，所以其在大学中的地位仍然没有大的提高。

印度大学拨款委员会对于函授教育给予了极大的支持。20世纪60年代后期到80年代初期，函授教育的发展非常快。印度的函授教育机构大部分是在20世纪70年代和80年代初开设的，有的大学还专门设置了函授教育和辅导学院。函授专业主要有文科、理科、商科和师范科，除高等院校函授部（学院）提供的函授课程外，印度还利用开放大学进行远程教育，使成人可以进入开放大学学习。1982年，安得拉邦通过本邦议会立法建立了印度第一所开放大学，即安得拉普拉迪什开放大学，现更名为阿姆贝德卡开放大学。[1] 1985年，英迪拉·甘地国立开放大学建立；1987年和1989年，科塔开放大学和那烂陀开放大学分别在拉贾斯坦邦和比哈尔邦建立。开放大学在印度成人教育中发挥了十分重要的作用，为成人提供了包括文、理、商科在内的学习内容和不同学历、证书及学位课程。开放大学因学习方式和学习进度灵活多样、课程结构比较合理、招生和入学年龄条件比较宽松、学习成绩管理具有科学性，受到了成年人的普遍欢迎，也因此得到了较大的发展。

1979年，中等教育委员会主办的新德里开放学校成立。教育对象主要是一些辍学者、家庭主妇和在职人员，注册生的年龄大约在20岁左右。该学校学科计划灵活，除了向学习者提供初中到高中的正规学校教育外，还提供非正规的技术、职业和生活教育。开放学校根据学习者的年龄、经历和性格爱好设计不同的教学大纲，利用广播、电视和录音磁带等提供良好的教育材料，近年来还利用计算机进行辅助教学。

---

[1] 张曼，胡钦晓. 解析印度国立开放大学：模式移植的视角 [J]. 中国电化教育，2013（9）：47-52.

2．社区中心

在印度，把所有的学校变成提供成人教育的社区中心存在一定的困难，但可以把每个区的少数学校作为社区中心。这些学校有更好的房舍条件、更高素质的工作人员和更先进的设备。成立社区中心的学校应符合以下要求：设在对于学习者来说较为方便的地方，进行专门的装修，尽可能提供良好的服务条件；应有条件较好的图书馆、礼堂和视听设备，能为学习者提供学习参考资料等。

3．图书馆

印度共有 6 万多个图书馆，图书馆系统是非正规教育和继续教育计划的重要组成部分。依据印度宪法，图书馆的发展包括在各邦的教育计划中。加尔各答的国家图书馆是印度最著名的图书馆，拥有印度出版的所有阅读和信息材料，以及外国人编写的、经过印度人自己整理的关于印度的所有印刷材料。馆中还有从联合国获得的材料和文件。这个图书馆与 68 个国家的 187 个研究机构保持着联系。德里的公共图书馆建于 1951 年，是在联合国教科文组织的资金和技术的支持下建成的，目前已经发展成为一个庞大的图书馆系统，是一个包括社区图书馆、盲文图书馆和流动盲文站点、医院图书馆、监狱图书馆以及大量阅览室的巨大的服务网。公共图书馆在发展印度成人教育方面发挥了重要的作用，为成年人的扫盲教育和继续教育提供了有益的学习材料和学习环境。

4．博物馆

印度博物馆也是进行社会教育尤其是成人教育的重要场所，其中著名的有新德里的国家博物馆、加尔各答的印度博物馆和维多利亚纪念堂。新德里的国家现代艺术博物馆是政府出资建立的博物馆。为了传播文化知识，每个博物馆都制定了大量的活动计划，其中如定期组织讲座和展览等教育扩展活动是活动计划的重要内容，可以使人们不断地提高珍惜和保护文化遗产的意识。文化局通过组织展出各个博物馆的馆藏来传播文化知识也收到了良好的效果。这些文化活动对成人教育计划的执行，尤其是对于培养成年人的社会意识起到了良好的促进作用。

第二节 成人教育的特点和经验

一、成人教育的主要特点

印度在 20 世纪 70 年代启动了"国家成人教育计划"，投入大量的资金和设备来推进成人教育，实施功能性文化扫盲、普及大众的教育。到了 80 年代，新的《国家教育政策》颁布，要求进一步推动成人教育，保障成人接受教育的权利，维护基础教育，发展高等成人教育，为经济社会发展提供人力资源。从 20 世纪 90 年代至今，印度成人教育不断完善，并进入持续改革和发展阶段。印度成人教育的宗旨是让所有人都能够接受教育，让文化能普及大众，并在文化普及的过程中慢慢发展针对不同人群的教育，比如女性、农民和残疾人的教育。[1]

---

[1] 曾舒婷. 印度成人教育的特色 [J]. 当代继续教育，2017，35（6）：14-19.

（一）通过女性教育提高女性社会地位

印度女性在家庭生活和社会发展中都做出了巨大的贡献，然而在现实中经常受到不公正待遇。直到印度独立以后，新政府才逐渐意识到女性地位低下的问题，开始逐步转变人们的思想观念，重视女性的教育，包括学龄阶段的女童教育和高等教育阶段的成年女性教育。这里谈到的女性成人教育的对象主要是已完成初等、中等教育进入社会或者已婚的妇女群体。

女性成人教育内容涵盖各种专业知识扩展和实际技能运用，并关注成年女性精神文化的需求，每一个计划都有相关的咨询委员会来提供帮助。在提升女性的思想意识方面，政府做了很多工作，比如：培养女性独立自主的意识，让她们变得自信和勇敢；帮助女性组建自助小组，定期召开会议，将广大女性团结在一起，解决问题，改善女性的生活和地位。在知识和技能方面，开展识字运动，降低女性文盲数量，让她们掌握更多的健康知识，比如计划生育、儿童护理知识，或者掌握专业知识，提高参与活动的能力，从而使她们能够自给自足，能参与社会经济活动。女性教育注重女性能力的培养，教授给妇女大量的管理、经营、劳动技能，并随着时代的发展，日益注重教育内容的实用与创新。除此之外，印度还组建了三个志愿者组织：喜马拉雅行动研究中心、国民创造性教育行动组织、集体学习与行动中心，通过这些组织对本国的女性生活和教育情况进行调查，并开展相关的援助活动。

印度政府在政策措施方面也很重视女性教育。《1974 年印度女性地位报告》肯定了教育过程当中教育平等的价值，强调要充分赋予女性教育权利。1985 年，印度建立了妇女和儿童发展部，专门为成年女性和儿童的教育以及其他方面的发展提供建议和措施保障，促进了女性教育的进一步发展。1987 年，"女性平等教育计划"开始实施，主要为偏远地区和农村地区的女性提供教育，帮助她们改善生活。1992 年，国家修订《国家教育政策（1986 年）》，十分关注各个年龄阶段女性的教育问题，提出要给予女性更多的优先权。21 世纪初，印度发布了若干国家性教育项目，旨在努力创造一个新环境，使成年女性能够面对信息和知识时代，能够有所改变，把握自己的生活。这一项目取得了成效并在很多地方进行了推广。

印度的女性成人教育从国家独立一直持续到现在，越来越多的印度成年女性有机会参与学习，通过教育变得更加独立自信。如今，越来越多的女性在接受教育后走上了工作岗位，改善了自己的生活条件，提高了自己的生活水平。她们在家庭中的地位也发生了变化，能够参与家庭事务的讨论，发表自己的意见。不仅如此，她们在教育观念上的变化有助于将知识传递给家人和朋友，尤其会影响到她们对下一代的教育态度。女性成人教育为印度培养出一批批优秀的人才，对提升女性地位、增强女性参与社会活动的能力起到了不可忽视的作用。如今，这些女性分布在印度的各个行业当中，为印度的发展贡献自己的力量。

（二）通过多媒体技术的运用提高农民教育水平

印度农业人口众多，农业人口的生活质量会直接影响农业的发展。农业也需要进行现代化的改革，在这个过程中，印度开始实施农民教育，以应对不断变化的时代。受过教育的农民能够成为更好的管理者，更善于使用现代生产技术，能更快地掌握创新技术。教育使农民有意识地去提高生产效率，了解市场价格、营销渠道，提高自我决策的能力。印度在独立初期为了帮助恢复农业生产、发展农村经济，最优先和最重要的任务是解决农民的识字问题。政府在很多农村地区建立学习中心，努力使更多农民能基本看懂书报，进行简单的算术。1967 年，印度农业部和信息部开始实施"农民功能性扫盲计划"，通过了解农民在学习过程中的需求，有针对性地教授各种农业技术，更新农业技能，帮助农民提高耕种效率，增加农业产量。1968 年，按照《国家教育政策》的要求，每个邦至少要建立一所农业大学，开设相关的课程，制定相应的教学计划，并鼓励开发农业课题项目。各地政府还会邀请农业专家到农村地区，面对面给农民讲授如何施肥、如何开发品种、保持水土等。印度在第五个"五年计划"（1974—1979 年）期间对农民继续开展系统的培训，并实施农林间作项目，让农民学会充分利用土地和农作物的习性，提高收成和收入。印度在推广农民教育的过程中有效地利用了信息通信技术，推动了农民教育在方式、途径等方面的改革：一方面将信息技术设备、通信技术与农业种植、农业培养等环节连接起来，建立农业价值链，通过信息通信技术对数据、信息做出快速回应；另一方面利用视听计划来吸引更多农民，还结合一些民间艺术形式如皮影戏、民间故事等在各个地区进行教育宣传。此外，印度还广泛利用传统媒体，在各地建立乡村图书馆，提供大量书籍、报刊等供农民阅读，比如在经济较落后的喀拉拉邦地区，建立了将近一万座图书馆和阅览室。农民通过阅读，不仅能自学到更多的知识并用于农业种植实践，而且丰富了精神世界，希望追求更有品质的生活。政府还在全国范围内建立信息通信技术示范点和农民培训中心，进一步提高农民的技术和文化水平。农民教育与多媒体技术的融合，在 20 世纪 60 年代推动了印度"绿色革命"的进行，各地开始培育农作物新品种，改进农业生产技术，使得印度基本实现粮食自给。除了在农业方面的技术辅导，政府还将科学技术带到农业基础设施建设中，比如饮用水、交通和通信都融入现代化技术，让农民在衣食住行方面感受到技术带来的便捷性，以此提高农民的生活质量。

（三）通过残疾人教育响应教育公平战略

早在英国殖民统治时期，印度一些地方政府就已经开始关注残疾成人的教育问题。独立初期，受经济、宗教等的影响，印度的教育发展不稳定，包括残疾人在内的很多人群都没有在学龄阶段接受教育。当时的残疾人教育主要采取分离式的教育形式，并带有歧视的性质。尼赫鲁总理上台后致力于消除不平等的教育现象，解决教育中发现的各种问题，提出"民主"和"公正"的口号，重视弱势群体的教育发展，开始推行教育公平战略。针对弱势群体的教育当中就包括残疾人教育。

印度残疾人教育根据残疾人的身体状况有所区别，一般残疾程度的人在普通学校接受正规学习，而针对残疾严重的人则建立专门的残疾人学校，配备专门的师资和设施，目的都是让残疾群体能够有机会参与到学习中来。所谓残疾人的教育公平，就是为他们提供更多的机会和帮助，让他们能和其他普通人一样参与学习、接受教育，比如让一些入学考试成绩低的残疾人获得优先录取的资格。1987年，印度政府在联合国的支持下实行"残疾人融合教育计划"，提倡将残疾人教育纳入普通教育，该计划在当时取得了一定的效果。印度制定的"五年计划"也从政策上为残疾人提供保障，如第三个"五年计划"指出要让残疾人通过教育培训找到工作，第六个"五年计划"要求企业或者其他机构发展教育时要让残疾人参与进来，为他们提供多样化的培训。

1992年的《康复委员会法》和1995年的《残疾人法》明确了残疾人包括教育在内的各项权益，从立法上给予残疾人更多的保障。各个教育阶段也都建立了专门的机构来保障残疾人受教育的权利。例如，印度大学拨款委员会发起了一系列的计划帮助和鼓励残疾人接受高等教育，并建立专门的"权益保障办公室"，为残疾学生提供指导和服务，还为他们提供一系列特殊设备，辅助他们的学习和日常生活；英迪拉·甘地国立开放大学建立了全国残疾人研究中心进行专门的残疾人教育研究。印度在残疾人教育上充分体现了教育公平的原则，从残疾人的学习过程到未来的工作和生活，政府和广大民众都给予了充分的帮助和鼓励。政府从法律、政策、资金等方面支持残疾人教育，为印度维护教育公平提供了强大的保障，起到了积极作用。印度残疾人教育作为教育公平战略的一部分，充分体现了印度政府对于弱势群体教育的重视。印度政府和各种机构不仅关注残疾人学历的获得，更关注他们通过学习以后生活工作会不会有变化。在印度，一些残疾成年学习者在参与了学习之后，还能参加国家资格考试，并享受录取分数线降低、奖学金名额保留、考试时间延长等政策。残疾人也能参加印度的公务员考试。公务员考试持续时间长，难度大，但是格外注重公平，无论应试者的家庭出身、学历背景、身体状况如何都能参加，分数是唯一的录取标准，这对于很多残疾人来说是改变命运的途径之一。在印度的各行各业当中，都会为包括残疾人在内的弱势群体保留录用名额。残疾人教育的实行使得一部分残疾人能够重塑对生活的希望，自愿参与到学习中来，学习相关的知识和技能，改变生活状况，更加自信地参与到社会建设中。

二、成人教育的发展经验

印度的成人教育形式多种多样，包括扫盲教育、人口教育、职业教育与培训、远程教育等。在发展过程当中，针对不同的社会群体，印度成人教育有着不同的特色。近些年，印度政府在扫盲教育、妇女教育方面均取得了显著的成效。

（一）扫盲教育的经验 [1]

1. 政府高度重视扫盲教育

首先，印度政府把扫盲教育当成一项长期战略任务来抓。独立后的印

---

[1] 关丽梅. 印度扫盲教育经验及其启示 [J]. 继续教育研究，2008（10）：160-161.

度最迫切的任务就是发展经济，摆脱贫困，从而在经济和政治上实现真正的独立。然而教育落后、成人文盲率高成为印度经济发展的严重阻碍。独立之初，全国的识字率仅为14%，而女性的识字率更低，仅为8%。因此，印度政府在独立后马上以法令的形式确定了扫盲教育的重要地位，1988年成立专门指导成人教育的国家教育机构——国家扫盲教育委员会，统一协调和组织各项扫盲计划。1977年，印度政府发布的《成人教育——政策声明》中指出，成人教育为国家发展规划中的重点，并在历次的"五年计划"中都对扫盲教育给予充分的考虑。印度第十一个"五年计划"对于扫盲教育的目标是到2012年男性的识字率达到85%，女性的识字率达到80%。

其次，多种途径筹集扫盲教育经费。印度政府采取直接拨款的方法，大力支持扫盲教育，扫盲教育经费逐年递增，各邦政府也共同分担扫盲教育的经费。例如，印度全民识字运动中每个识字者大约需要90—180卢比的经费，识字后计划中每个识字者大约需要90—130卢比的经费，这些费用由中央政府和邦政府共同支付，一般的地区按照2：1的比例进行支付，而在部落地区则按照4：1的比例进行支付。

此外，民间志愿组织和社会团体也为扫盲教育筹集和赞助资金。在印度，活跃着各种各样从事扫盲运动的志愿组织，对扫盲工作的推进起到了重要的作用。仅2003—2004年度，非政府组织就为各种基础扫盲计划提供了13.28亿卢比，其中奥里萨邦的117个非政府组织和北方邦的97个非政府组织提供了11.16亿卢比。

2．多方面多层次的人力参与扫盲教育

除了政府组织专业的扫盲人员进行各种专业扫盲行动、采取各种措施鼓励社会各界参与扫盲外，各种志愿组织和社会团体也在扫盲中发挥着作用。印度政府放宽了对志愿组织扫盲经费方面的资助，仅在1989年，就批

准了 198 个志愿组织开展的 272 个扫盲教育项目。这些项目涉及 12 615 个扫盲教育中心的扫盲活动。其中，最著名的就是在克拉拉邦开展的"科学民众运动"，涉及的扫盲志愿人员有 300 万之多。1988 年年底，印度的科学家们开始在喀拉拉邦发起全民识字运动，他们到识字率低的社区开办识字课，并采用充满创意、活力的方式，鼓励民众参与。识字运动取得了前所未有的成效，超出了组织者的预期。由于识字教育能惠及印度种姓制度中的最低阶级，许多人开始组织起来，挑战不平等的种族制度，争取自己的权益。

印度政府认为凡是公民都有参与扫盲的责任，所有有知识有文化的公民都应该积极参与到全民识字运动中来，在各种扫盲活动中担当一定的角色；而对于成年文盲来说，他们的责任就是认真接受扫盲教育。同时，广大的媒体也给予了扫盲教育大力的宣传支持，广泛传播识字的意义。

3．推行地域式扫盲教育，开展大型远程教育计划

推行大规模群众参与的地域式全面扫盲模式是印度扫盲教育的一大特点。这种扫盲教育针对特定的区域，通过动员该地区所有有文化的公民和所有的成年文盲积极参与，以达到彻底扫除这一地区文盲的目标。同时，结合当地的地域特点和传统习俗，充分考虑对象人群的地方性特点和具体要求后准备教学和学习材料，并根据对不同部落的社会经济和文化环境的考察，致力于用各个部落自己的语言或方言进行扫盲。

印度扫盲教育的另一大特点是推行大型的远程教育计划，在国家开放式学校中推行成人基础教育。1998—1999 年度，仅国家开放式学校就从印度大部分邦和邦联盟属地招收了约 130 000 名学员。小学、初中、高中阶段开设学习者选修的知识性和职业技能性课程，对象为 14—29 岁的弱势群体，多数人为 18—24 岁。[1]

---

[1] 关丽梅. 印度扫盲教育经验及其启示 [J]. 继续教育研究，2008（10）：160-161.

（二）妇女教育的经验 [1]

印度先后创办了三个志愿者组织，专门对妇女贫困现象及教育问题进行调研，制定了相关的援助计划，并开展了援助行动。这三个志愿者组织分别是：喜马拉雅行动研究中心、国民创造性教育行动组织和集体学习与行动中心。

三个志愿者组织根据国际权威组织的统计数据及相关文献分析，指出印度贫困地区妇女贫困的状况：贫困地区的妇女既没有独立的经济来源或较高的经济收入，也没有土地、家产，完全依赖体力劳动来维持最基本的物质生活需要。她们不仅饱受生计拮据之苦，而且饱受性别歧视和社会地位缺失之痛。针对妇女教育的窘迫状况，三个志愿组织采取的援助行动如下：

1. 建立学习型的妇女自助小组

妇女自助小组是印度贫困地区以鼓励储蓄与创业借贷为主轴，通过具有学习型团队特征的互助、互学方式来团结广大贫困妇女，解决妇女贫困状况、改善妇女社会地位，促进社会、经济发展的一种组织。这种具有学习型特征的妇女自助小组的一般运作模式是：由 15—20 名妇女组成，定期举行会议或开展相关活动；小组成员按照规定将一定额度的资金存入小组，当存款累积一年之后，小组成员可以向小组提出贷款申请，经过协商，可在共同积累的资金中获得贷款，从而进行集体合作性的创业活动；每个小组有独立的贷款事项决定权，包括确认出资人选、决定贷款数额、规定还贷利息以及还贷条约等。

---

[1] 樊星，高志敏. 成人教育：改变妇女生活的伟大力量——来自印度新世纪贫困妇女教育的经验 [J]. 成人教育，2007（10）：4-7.

自助小组成员权利均等，按规定收回的利润或分配给组员或由小组管理。自助小组的活动过程既是一个存款、贷款、创业的过程，又是一个互助互学、互帮互学、学会创业、学会生存的过程。其学习主题包括：必需的生活、经济分析能力与实用技能；有效的组织能力和组织技巧；如何利用、管理资源；如何选择合适的方法创业、谋生等。

国民创造性教育行动组织是妇女自助小组的积极倡导者和推进者。近年来，该组织在大力创建妇女自助小组的同时，又采取了一些新的创新举措。第一，组织形成妇女自助小组三级网络。第一层级，20 名妇女组成自助小组，组员定期储蓄，可以相互贷款；第二层级，由 10—20 个自助小组构成一个"小村"；第三层级，由 10 个"小村"再组成一个小区。第二，纳入互助借贷协会管理网络。每个自助小组成员都可以成为互助借贷协会会员，缴纳 100 卢比作为共享资本，接受互助借贷协会的管理。协会选举出管理委员会成员，并聘请一名首席执行官管理协会日常事务。

2．开展妇女教育与培训活动

贫困妇女的人力资源能力建设是减少社会贫困现象的重要途径，也是促进她们提高收入、改善生活的有效方法。三个志愿者组织在其教育援助活动中，以能力建设为中心，对贫困妇女展开了涉及经济、管理、生计等多个领域的教育和培训。而由于教育培训服务需求与教育培训服务对象的特殊性，也就决定了这样一种人力资源能力建设在其教育培训内容和教育培训方法方面的特定性。

（1）教育培训内容：坚持能力本位。

一是注重经营管理能力培训。其中有两个主要目的，一是提高妇女自助小组本身的经营管理水平，二是提高所有贫困女性创业过程中的经营管理水平。这类培训有企业领导能力、企业管理能力、信贷知识、会计能力、记账能力、报告撰写能力等培训。集体学习与行动中心尤其关注贫困妇女的能力培养问题。该组织提供的创业发展培训项目内容包括市场分析、营销策略、营销技能及产品促销、存贷和财务管理等，目的是使妇女创办的企业最终能够走上可持续发展的道路。

二是注重企业发展能力培训。喜马拉雅行动研究中心和集体学习与行动中心都关注小型企业的发展能力培训。他们除了提供一些比较宏观的企业发展知识培训以外，还进一步提供一些具有较强实际操作意义的项目，比如企业建设、企业多种经营、企业资源开发、营销管理、客户关系发展、企业合作关系发展等。喜马拉雅行动研究中心还特别注重鼓励妇女利用现有的资源发展企业。

三是注重劳动能力提高的培训。比如，国民创造性教育行动组织向妇女传授生态环保型、可持续性发展的农业生产知识和技术，妇女通过教育和培训，了解了家禽养殖、化学药剂使用等科学知识，从而提高了生产效率，改善了生活。集体学习与行动中心也对妇女自助小组成员进行各种生产技能培训，如蔬菜瓜果种植技术培训、包装袋制作技能培训等。

（2）教育培训方法：坚持新颖实用。喜马拉雅行动研究中心、国民创造性教育行动组织和集体学习与行动中心三个志愿者组织在对贫困妇女的教育培训中，非常注重对生活、工作中适合成人学习、妇女学习的方法的选择与运用，体现出很强的新颖性和实用性。其中两项主要的方法如下。

其一，整合性学习。以国民创造性教育行动组织为例，他们专门为贫困女性和较低文化教育程度的妇女制定了一套以识字教育为起点，配之以唤起觉悟、提高生存适应能力的内容，旨在改善生活、获取权益的女性教育计划。也就是说，贫困妇女、文盲女性掌握基本的读、写、算的能力以后，就有可能自行创建妇女自助小组，并实行自主管理。进而，国民创造性教育行动组织再帮助她们获得必要的知识和技能，特别是有关储蓄、贷款、财会、创业方面的知识和技能，以最终帮助她们找到适合自己的创业道路和生活道路。

其二，参与性学习。人力资源能力建设就其本质而言，具有显著的介入性、互动性与开放性特征。因此，三个志愿者组织在贫困妇女的教育培训项目实施中，还特别主张运用能够充分反映这些特征的"参与性学习"方式，具体包括旅行学习、考察学习、观摩学习、研讨学习、合作学习、与专家互动学习等。这些新颖别样的培训方式和学习方式提高了广大女性学习者的自信，同时也为她们搭建了创新实践的舞台。例如，某个妇女自助小组在学习采购、营销时，以旅行、考察的方式参加了德里国际贸易大型会展，她们一边学习一边运用所学到的知识与技能，或是很快找到"情投意合"的贸易伙伴，或是成功地推销了自己的产品，赢得了可观的利润。

第三节 成人教育的挑战和对策

一、成人教育发展中遇到的挑战

（一）识字普及率的目标还未达到

联合国教科文组织将文盲定义为"不能理解、阅读和书写出有关其日常生活的简短陈述文的人"。2014 年，据联合国教科文组织的测定，在 177 个国家中，印度的识字率排名在第 147 位。

印度的第十一个"五年计划"把教育放在最重要的位置，称之为实现快速全面发展的核心手段。印度政府的计划重点是突出"普惠式增长"，但是印度社会的落后阶层和富裕阶层相比，贫困率与文盲率都比较高，识字普及率的目标还未实现，尤其是农村的妇女、少数族群与部落群体没有分享到国家发展的成果。印度第十一个"五年计划"制定了以"普惠式增长"为中心的指导方针与政策，希望所有阶层都能够参与发展的进程，不管他们属于什么阶级、什么信仰、什么性别、什么种族以及什么地域。[1]

（二）农村扫盲教育遇到困难

1. 语言使用问题

印度是多语言的国家，宪法确认的语言有 15 种，而全国的方言则多达 1 600 多种。迄今为止，在应用现代信息技术进行远程农村成人教育、农村扫盲教育时，讲座、教材、试卷、视听辅助教学等，都是采用比较正规的书面语言或口头语言来进行交流的，这对于只能运用方言进行交流的边远地区、农村地区的成年学习者来说，是一个非常大的挑战，语言障碍严重地影响了他们远程学习的效果。为了激励更多边远、农村地区的劳动者参与到远程教育中，就必须考虑为他们提供语言使用上的便利，即最好能够使用方言对其实施远程教学，以便提高他们的学习效果，改善他们的学习质量。

2. 农民群体的生活境遇问题

目前的农村成人教育，特别是农村扫盲教育的主体是边远地区、贫困地区的农民群体，这个群体的主要特征是：感觉自己缺乏能力、无所依靠；感觉自己没有话语权，找不到代言人，心中的怨苦无处诉说；除了靠种地为生以外，还需要到处流动打工谋取收入；大多数人对政府的法律和福利

---

[1] 穆俊达尔，杜亚琛. 远程教育在印度扫盲教育中的关键作用——在"2008 世界开放与远程教育论坛"上的主题报告 [J]. 开放教育研究，2008，14（6）：51-53.

措施知晓度、认识度不高；他们中间有 60% 的人是文盲，有 63% 的人生活在贫困线以下；认为自己注定要受穷，再努力再辛苦也是枉然。农村扫盲教育的对象大多处在生存困境之中，他们对于社会的认知、对于自我的认同也都显得非常的悲观、消极，以至大大影响了他们的学习热情。

3．地方执行者公信力低下的问题

印度研究者非常尖锐地指出，执行农村扫盲教育具体项目的地方政府机构办事效率低下，腐败现象严重，而且存在歧视低种姓贫困农民的情况。此外，公共事务的决策权与执行权完全掌握在当权者的手里。广大农民与政府官员之间存在很大的隔阂，农民缺乏渠道，没有机会接触高一级的行政官员并与之沟通和对话，这就可能导致腐败现象滋生，并出现中间人即地方执行者对农村成人教育或扫盲教育项目的干扰。[1]

（三）妇女教育的问题

目前，印度许多地区保守的民众认为妇女没有能力管理现金数字交易。并且，长期盛行的男权意识、深闺制度都限制了妇女参与公共服务，农村妇女的权利常常被架空，沦为"橡皮图章"似的存在。[2] 印度在性别平等方面态度模糊，其所做出的支持农村妇女入选潘查亚特的努力，在很大程度上都是受动员"需求群体"的工具理性驱动的。由此也可以解释，印度农村妇女入选潘查亚特的人数居于世界前列，但印度农村妇女的社会地位和

[1] 穆俊达尔，杜亚琛. 远程教育在印度扫盲教育中的关键作用——在"2008 世界开放与远程教育论坛"上的主题报告 [J]. 开放教育研究，2008，14（6）：51-53.

[2] 刘春玉，任家乐. 印度乡村数字素养教育：演进历程、路径选择与现实挑战 [J]. 图书馆论坛，2022（4）：1-10.

家庭地位仍然很低。[1] 妇女教育使部分女性有了发展的机会，但是，从根本上而言，妇女教育要实现质的发展还需要克服很多障碍。

二、成人教育发展的解决对策

为了顺应 21 世纪以来全球教育发展的整体态势，应对教育领域所面临的一系列挑战，印度于 2020 年 7 月颁布了《国家教育政策（2020 年）》。该政策作为 21 世纪印度的第一项国家教育政策，聚焦于 21 世纪核心素养能力的培养，除对中小学教育进行改革，还对成人教育的发展提出了对策。

（一）重视识字和基础教育

《国家教育政策（2020 年）》明确提出，获得基本识字、接受教育和追求生计的机会必须被视为每个公民的基本权利。识字和基础教育为公民个人的终身学习提供机会，为他们打开了全新的世界，使他们能够在专业方面取得进步。在社会和国家层级，识字和基础教育是强大的增值力量。世界各国的数据表明，识字率和人均国内生产总值之间有着极高的相关性。

在印度进行的广泛的实地研究和分析清楚地表明，志愿服务、社区参与和动员、政治意愿、组织结构、适当规划和充分的财政支助，以及教育工作者和志愿者的高质量能力建设，是成人扫盲方案成功的关键因素。全国扫盲行动使包括女性在内的国民识字状况显著改善，有利于发起对话和讨论相关的社会问题，促进积极的社会变革。

---

[1] 刘筱红. 性别、家庭、国家：印度农村妇女参与村庄治理的政治张力——基于印度村庄的田野调查 [J]. 华中师范大学学报（人文社会科学版），2021，60（4）：41-49.

（二）加强社区参与和技术整合

为了加快实现 100% 识字率这一目标，印度政府提出了强有力的创新举措，特别是在促进社区参与和技术整合方面。

第一，全国教育研究与培训委员会指定一个新的、得到充分支持的专门从事成人教育的机构制定成人教育课程框架，以便与现有的专业知识协同发展，并在此基础上建设识字、算术、基础教育、职业技能和债券方面的优秀课程。成人教育的课程框架将包括至少五种方案，每种方案都有明确的目标：基础识字和算术；关键生活技能，包括金融识字、数字识字、商业技能、儿童保育和教育、家庭福利；职业技能发展（以期在当地就业）；基础教育，包括预科、初等和初级中等阶段；继续教育，包括参加艺术、科学、技术、文化、体育和娱乐等全面的成人教育课程，以及其他本地学习者感兴趣或对他们有用的课题。该框架指出，在许多情况下，成人需要的教学方法和材料与为儿童设计的教学方法和材料截然不同。

第二，确保适当的基础设施，使所有有兴趣的成年人都能接受成人教育和终身学习。这方面的一项关键举措是在放学后和周末利用学校和公共图书馆空间开展成人教育课程，这些课程将配备信息和通信技术。共享学校、高等教育、成人和职业教育的基础设施，以及其他社区和志愿活动的基础设施，对于确保有效利用资源，以及在这五种类型的教育之间产生协同作用至关重要。因此，成人教育中心也可以纳入其他公共机构，如高等院校、职业培训中心等。

第三，教师或教育者需要为成人教育提供课程框架。他们将接受国家、邦和地区层面的资源支持机构的培训，以组织和领导成人教育中心的学习活动，并与志愿者、指导员进行协调。国家教育政策鼓励和欢迎来自高等院校的外派社区成员参加短期培训课程和志愿服务，成为成人识字指导员或担任一对一志愿者导师。他们会因为为国家提供了重要服务而受到表彰。

第四，全力保障社区成员参与成人教育。社会工作者和辅导员也被要求收集家长、青少年和其他对成人教育感兴趣的人的数据。社会工作者和辅导员在社区中追踪并确保未注册学生和辍学学生的参与，然后让他们与当地成人教育中心联系，还将通过广告和公告以及非政府组织和其他地方组织的活动和倡议，广泛宣传成人教育。

第五，改善书籍的可获得性和可接受性，使人们养成在社区和教育机构阅读的习惯。该政策建议加强所有社区和教育机构如学校、学院、大学和公共图书馆的建设并使其现代化，以确保有充足的图书供应来满足所有学习者。公共和私营机构都将制定战略，以提高用各种语言出版的图书的质量和吸引力。中央政府和邦政府将采取措施提高图书馆图书的在线可访问性，并进一步扩大数字图书馆的规模。为社区和教育机构的图书馆提供足够的工作人员，并为他们设计适当的职业道路。其他措施还包括在贫困地区建立乡村图书馆和阅览室，广泛提供各种语言的阅读材料，开设儿童图书馆和流动图书馆，在各地建立跨学科的社会读书会，以及促进教育机构和图书馆之间更多的合作。

第六，利用技术加强上述倡议，开发以技术为基础的成人学习选择渠道，如应用程序、在线课程或模块、卫星电视频道、在线图书、配备信息和通信技术的图书馆和成人教育中心等。

第九章 教师教育

第一节 教师教育的发展和现状

　　印度的教师教育萌芽于早期尊师重教的文化传统和历史悠久的导生制，后受英国殖民统治的影响，其教师培训系统在英国模式下逐步成长和发展。1947年独立以后，印度社会和政府逐渐认识到教师在国家发展中的重要作用，开始大力发展师范教育，提高教师的专业水平和教育教学能力，印度教师教育迎来了真正意义上的大发展时期。经过70多年的发展，印度最终建立了种类多样的教师教育机构，教师队伍得到了大规模扩充，现已形成多层次、多类型的教师教育发展体系。

一、教师教育的发展历史

（一）独立之前的教师教育

　　在古代，印度的"教师"被称为"古儒"，梵语意为"天"。在当时的印度社会，教师是一个备受尊敬的职业，常被视为智慧、知识和力量的化身，享有崇高的社会地位和威望。那时的教师没有接受过正规的培训，也没有相应的学历要求，但由于拥有渊博的学识和崇高的地位，学生都渴望在教师的指导下学习。这一时期的印度还出现了导生制，即一个班被分成多个小组，每个小组由年纪较小的学生和一个负责管理的导生（通常是高年级学生）组成，导生协助教师指导年纪小的学生学习。导生如果在教学方面成熟精通，也能被批准成为教师。进入 8 世纪后，教学变得越来越机械化，死记硬背代替了对知识的理解与实践学习，但教师仍然备受尊敬，教师的选拔和培养与之前相比变化不大，导生制在此时也继续得以采用。

18 世纪，印度逐渐沦为英国的殖民地。随着英国人的到来，以及一种有组织的学校教育机构的建立，具有自身的理论、课程和方法的现代师范教育体制得以创建。[1] 为应对当时社会环境的发展变化，丹麦传教士在印度成立了首批教师培训机构，这些培训机构成为现在师范学院的前身。1793 年，第一所师范学校在孟加拉的塞兰布尔成立。1789—1796 年，安德鲁·贝尔在印度马德拉斯的学校中采用贝尔-兰卡斯特制 [2] 的教学形式，这是印度教师教育体制的前身。

19 世纪上半叶，印度各地陆续开办了许多培训学校或在学校内部增设培训部门，为当时的教师培训发展起到了奠基作用。1854 年，由查尔斯·伍德领导的委员会制定了一项教育发展方案——《伍德教育急件》。该方案高度重视师资培训，并为改善师资培训提出了一些实质性的建议。1882 年，印度成立了历史上的第一个教育委员会——亨特委员会。该委员会的报告确定教学原理为师资培训的内容之一，并把是否接受过教师教育作为教师录用的先决条件。《伍德教育急件》和亨特委员会的报告对印度形成较为完整的师范教育体系具有深远影响，是印度师范教育发展史上的重要里程碑。

进入 20 世纪后，印度教师教育继续向前发展。1937 年，印度全国开

[1] 瞿葆奎. 印度、埃及、巴西教育改革 [M]. 北京：人民教育出版社，1991：59.

[2] 贝尔-兰卡斯特制也称为导生制，由教师先教年龄大的学生，再由其中的佼佼者"导生"去教年幼或学习差的学生。因由安德鲁·贝尔和约瑟夫·兰卡斯特开创，故称为贝尔－兰卡斯特制。

始组织大范围的扫盲运动，甘地组织发起《华达教育方案》，由此开始对基础学校的教师进行培训。据统计，1936—1937 年，全国中小学教师约有478 193 名，其中有 206 695 名教师没有接受过培训，占 43.2%；到 1941—1942 年，全国中小学教师有 521 255 名，未接受过培训的教师降至 201 981名，占教师总人数的 38.7%。[1] 未培训的教师数量和比例都有一定程度的减少，教师教育事业发展取得了一些成效。1940—1941 年，印度共有 612 所教师培训学校，其中 376 所专门培训男教师，236 所培训女教师，这两类学校分别招收了学生 22 435 名和 8 896 名，以培养小学和初中教师，这些学校通常会有一到两年的基础培训期。[2] 到 1944 年初，印度中央教育咨询部提出了一项被称为"萨金特"的教育方案。该方案是印度颁布的第一个全国教育方案，强调了教师的重要性，并提议给教师足够的工资，提高教师的社会地位，以吸引更好的师资。1946 年，印度有师范学院 34 所，在校学生 2 493 人；师范学校 527 所，在校学生 33 947 人。[3]

总体来看，印度早期尊师重教的文化传统和导生制为其教师教育的萌芽奠定了基础，但在殖民时期，由于深受英国殖民统治的影响，印度教师教育基本遵循了西方发达国家的发展模式。独立之前，印度教师教育的培训方式以导生制为主，其他的师资培训方式和专门的师资培训机构都比较少，也没有特定而专业的师资培训课程，教师教育的发展速度相对缓慢。

（二）独立之后的教师教育

印度独立后，教育事业迎来了全新的发展时期。独立之初，印度约有3.6 亿人口，但识字人口仅占 17%，全国教师培训状况堪忧。对此，印度开

[1] 李英. 印度教师教育的历史变迁及主要特点 [J]. 教师教育学报，2014，1（2）：101-108.

[2] ADAVAL S B, AGRAWAL K L, ASTHANA R S, et al. An analytical study of teacher education in India[M]. Allahabad: Amitabh Prakashan, 1984: 9.

[3] 赵中建. 战后印度教育研究 [M]. 南昌：江西教育出版社，1992：206.

始对教师教育给予高度关注，并着力解决相关问题，推进教师教育快速发展。1950 年，全印培训学院第一次会议在巴罗达召开，全国师范学院代表聚集于此，共同商讨遇到的问题并探索解决办法。第二年，全印培训学院第二次会议从更广泛的角度探讨了教师培养问题，并且废止了"教师培训"（teacher training）一词，而采用"教师教育"（teacher education）。此后，印度社会迅速兴起了各种有关教师教育的讲习班和研讨会。至此，印度正式开启了现代化教师教育改革的进程，并确立了教师教育事业发展的新方向。根据 1953 年中等教育委员会提交的一份报告，当时的印度教师培训机构分为三类，分别为小学或初级教师培训机构、中学教师培训机构和毕业生教师培训机构，并建议只保留两种教师培训机构：一种是为那些参加了中学教师资格考试的人提供为期 2 年的培训，另一种是为师范毕业生提供为期 1 年的培训。该报告还强调毕业生教师培训机构应得到重视，并使其附属于大学；大学应为参加培训者提供学位；培训学校应由独立的委员会而非教育部来管理。整个 20 世纪 50 年代，工作重点是扩充教师教育与培训机构，使教师教育获得初步发展，教师教育机构明显增多。师范学院从 1947 年的 51 所增加到 1955 年的 132 所，师范学校从 1950 年的 312 所增加到 1960 年的 759 所。[1] 此时，印度教师教育机构在数量上有了大幅提升，但是与独立初期的社会经济发展需求相比，仍相差甚远。

20 世纪 60 年代，印度在教师教育领域进行了一系列的探索与实验。1961 年，印度成立了全国教育研究与培训委员会，旨在就提高学校教育质量的相关政策和计划，向中央和邦政府提供帮助与建议。该委员会还成立了国家教育研究所，探索提高教师职前培养与职后培训质量的途径和方法。1965 年，印度各地陆续成立了邦教育研究所，探索教师教育发展的新模式。1964 年，印度成立了以科塔里为首的教育委员会，对印度整个教育系统的

---

[1] 赵中建. 战后印度教育研究 [M]. 南昌：江西教育出版社，1992：210.

工作进行指导。该委员会认识到教师职业培训的重要性，建议中央政府和邦政府为教师教育提供必要的经费保障。根据该委员会的建议，所有教师培训机构都应培训出具有大专水平的教师，所有教师教育机构都必须置于大学之下，建立大型的综合教育学院，以培养中小学师资和开展教育研究。

20 世纪 70 年代，印度教师教育逐渐走向成熟。1973 年，印度政府成立了全国教师教育委员会，协调和监督教师教育及其在全国的发展，为教师教育中任何特定类别的课程或培训制定规范，包括入学的最低资格标准、录取方法、课程时长、课程内容和课程模式等。该委员会还制定了"10+2"的学校教育新模式，并对该模式的运用进行了探索。该模式在 1976—1977 年进行了具体实施，于 1978 年正式通过，成为教师教育的全国性政策。[1]同一时期，全国教育研究与培训委员会与印度大学拨款委员会在 1977 年举办的全国性大会上通过了一份关于教师教育的草案，正式批准成立一个函授组织。为了加强该组织与各地培训机构的联系，全国教育研究与培训委员会还批准创办了许多继续教育中心，以共同培训在职教师。为了巩固邦政府已经实施的教师培训计划，有关部门还提议在 1976—1978 年建立 100个继续教育中心。[2]此外，印度也注重对教师教育课程的修订与调整。1978年，全国教师教育委员会发布了题为《教师教育课程：一种框架》的报告，认为教师应该在课堂内外发挥领导者的作用，并作为社会变革的代言人主动采取行动改造社会，并帮助实现国家发展的目标。该报告将教师、教师教育同国家发展紧密联系起来，试图扭转教师教育与社会发展脱节的局面，同时进一步明确了教师的职责，以及教师教育发展的目标、内容与途径，成为印度教师教育工作的指导性文件。

20 世纪 80 年代，印度更加注重教师职前培养和职后培训的一体化发

---

[1] NCERT. Teacher education curriculum: a framework[R]. NCERT: New Delhi, 1978.

[2] ADAVAL S B, AGRAWAL K L, ASTHANA R S, et al. An analytical study of teacher education in India[M]. Allahabad: Amitabh Prakashan, 1984: 15.

展，并且加大对信息与通信技术的利用，改善教师教育机构的基础设施，促进教师培训规范化。印度人力资源开发部发布的《国家教育政策（1986 年）》认为，"教师教育是一个连续的过程，它的职前培养和在职培训是不可分割的。因此首要任务是对教师教育制度进行彻底评估与检验，新的教师教育计划将重视继续教育以及教师满足本政策所预期的需求"。[1] 在一系列政策的推动下，印度中小学阶段教师培训状况大为改观，小学阶段接受过培训的教师比例从 1946—1947 学年的 68% 增加到 1979—1980 学年 86.8%，增幅约 19%；而中学阶段接受过培训的教师比例从独立之初的 57%，增长到了 80 年代的 83.7%，增幅约 27%。[2] 20 世纪 90 年代以后，印度又对教师教育课程进行了一系列改革，如全国教师教育委员会在 1998 年推出优质教师教育课程大纲，为不同阶段的教师教育课程安排提供指导；全国教育研究与培训委员会于 2005 年推出新的教师教育课程，此后对其进行多次修订，从而使教师教育课程更具实际效用，进一步推动了教师教育的快速发展。最新数据统计显示，2019—2020 年度，印度有近 1 000 万名中小学教师在 150 万所学校任教，中小学在校学生人数达 2.5 亿人。[3] 印度教师教育的社会需求潜力巨大，需要印度政府投入更多的力量来发展教师教育事业。

二、教师教育的发展现状

（一）办学机构

独立后，印度日益重视发展本国的教师教育。经过多年的精心建设，

---

[1] MOHANTY J. Current issues in education[M]. New Delhi: Cosmo Publications, 1992: 89.

[2] 李英. 印度教师教育研究 [D]. 重庆：西南大学，2013：38.

[3] 资料来源于 TILAK J 和 BANDYOPADHYAY M 关于印度教师教育发展的调查报告。

印度已经拥有一个由中央、邦和地区机构共同构建的庞大的教师教育管理与培训系统，承担着全国教师的职前培养和在职培训的管理、监督和实施工作。目前，印度教师教育的办学机构主要包括县教育与培训学院、教师教育学院、高级教育研究院、邦教育研究与培训委员会，以及邦立教育学院等十多种类型。截至 2020 年 3 月，印度的教师教育机构共有 16 754 所，这些机构共提供了 24 621 门课程。[1] 为进一步了解印度教师教育机构的发展情况，下面将简要介绍县教育与培训学院、教师教育学院、高级教育研究院和邦教育研究与培训委员会四类重要机构。

1. 县教育与培训学院

《国家教育政策（1986 年）》认为教师的工作改进和支持能改善初等教育质量，提议成立县教育与培训学院，使之成为小学职前和在职教师教育机构。此后，县教育与培训学院逐渐发展为县级职前和在职教师教育的重要机构。设立县教育与培训学院的目的在于，通过创新性的职前和在职培训来提升中小学教师的素质。县教育与培训学院主要为从事非正规教育、成人教育和小学教育工作的教师安排各种职前和在职培训课程，其目标是发展中小学教师教育，使之更具灵活性，直至实现基础教育的普及化。2016 年，印度拥有 588 所县教育与培训学院，规模日益扩大。

多数邦的县教育与培训学院是分阶段建立起来的，还有一些邦通过在中小学教师教育机构新建基础设施和增加工作人员，将其升级为县教育与培训学院。县教育与培训学院会定期举办教师会议，参会人员有教务主任、受训人员和其他教师教育机构成员。有些县的教育与培训学院也会同外地学校建立联系，开展实地互动活动。县教育与培训学院的课程一般由邦教

---

[1] NCTE. 25th Annual Report 2019—2020[R]. New Delhi: NCTE, 2020: 17.

育研究与培训委员会规划和实施。多数邦提供为期两年的教育文凭项目，南部地区的一些县教育与培训学院除了提供常规的两年初级教师教育课程外，还提供语言教学课程。在师资方面，县教育办事处的工作人员担任学院院长，教育主任担任高级讲师，中小学教师和校长则担任讲师。近年来，印度各邦都建立了县教育与培训学院，并获得了中央政府的财政资助，为教师提供了大量的职前和在职培训课程，极大地提升了教师的专业能力。

2．教师教育学院

根据《国家教育政策（1986 年）》和《行动纲领（1992 年）》，印度提出改善中等教师教育，并要求重组和加强建设教师教育学院。1987 年，人力资源开发部从当时的 360 所中等教师教育机构中选取了 250 所给予财政支持，并增加了人力资源和基础设施，将其升格为教师教育学院。截至 2016 年，印度共有 118 所教师教育学院。印度的教师教育学院主要负责初高中的教师培训，包括提供教师和其他教育人员的在职培训，安排对个体教师、学校和专业机构的长期资源支持和扩大服务，开展课程发展、教学方法、评价技术方面的革新实践和实验等。教师教育学院的在职培训时间长短不一，短期有 3—10 天的主题培训，长期有 3—4 周的教学技巧和学科定向培训。

根据人力资源开发部的指导方针，教师教育学院应有 17 名师资人员，其中包括 1 名院长、3 名副教授和 13 名讲师。此外，还应有图书管理员和 7—8 名技术人员。教师教育学院的教师每 5 年至少进行一次长期培训和短期课程学习，或进行教学革新活动和实验等。教师教育学院设置了 1—2 年的课程，第一年学习各学科知识，第二年学习教学方法。课程完成后授予的文凭和证书不同，根据其资格可教 1—8 年级的功课。每个教师教育学院设有一个课程咨询委员会，用以批准课程并确定课程之间的相关性。教师教育学院设置的课程有理论课、实习、手工艺课和课外活动等，这些课程由教育部或中等教育委员会负责编制。其中，理论课程属于必修科目，每周学习时间为 3—5 个小时。对于课程设置，全国虽然有统一的要求，但并没有做出硬性规定，各地可根据实际情况自行设置。

3．高级教育研究院

目前，印度已建立 31 所高级教育研究院，分布在全国各地。其中，阿萨姆邦拥有 2 所高级教育研究院，大学设立了 6 所，资助机构设立了 3 所，其余的均由邦政府进行管理。作为其职能的一部分，高级教育研究院对县教育与培训学院或教师教育学院组织的培训活动给予支持，有些高级教育研究院利用自身的优势，在课程、调查和资源开发等方面为邦教育研究与培训委员会提供帮助。同时，高级教育研究院还与各邦大学联系，对各大学的在职培训课程及研究生课程进行相应的指导。高级教育研究院的师资力量主要由高级讲师和讲师构成，其中 20% 是直接任命，80% 是晋升产生。高级教育研究院的所有教师都要参加由职业学院和大学开展的定向和进修课程，以提高业务能力，更好地迎接培训课程和研究领域所带来的挑战。

高级教育研究院都开设了教育学专业课程。按照人力资源开发部的规定，每个高级教育研究院都应该开设教育硕士和博士阶段的课程。实际上，在全国 31 所高级教育研究院中，15 所开设了硕士课程，2 所开设了博士课程。高级教育研究院的职责广泛，如负责组织中小学校长、教师、管理人员的在职教育，通过教育硕士或博士课程计划培养中小学教师和教育科研人员，向县教育与培训学院和教师教育学院提供学术咨询等。

4．邦教育研究与培训委员会

邦教育研究与培训委员会提供中小学层次职前和在职教师的培养，为邦教育事业提供支持，并协助全国教育研究与培训委员会开展工作，其主要工作包括开展教育研究与调查、提供其他拓展性服务、制定教育计划和管理等。邦教育研究与培训委员会设立在不同的邦或者直辖区。第一个邦教育研究与培训委员会于 1988 年在德里建立，其目的是提高中小学教师的培训质量、引进教学法、改善课程、提升学校教育质量。

目前，印度共设有 32 个邦教育研究与培训委员会。邦教育研究与培训委员会拥有教授、副教授、高级讲师和讲师等诸多师资力量，主任由高级科研机构骨干担任，大部分教职工来自县教育与培训学院、教师教育学院以及各中学。此外，邦教育研究与培训委员会还有会计、图书管理员、计算机助理和实验室助手等辅助人员。邦教育研究与培训委员会积极参与学校课程的修订和教科书的编写工作。大多数的邦教育研究与培训委员会都会组织教师在职培训课程，负责监督县教育与培训学院的教师教育课程的实施，同时也是制定地区学校教育计划、执行和评估地区学校教学和教师教育活动的最高机构。作为学术机构和咨询机构，邦教育研究与培训委员会一方面要协调组织各邦的学术项目和活动，另一方面负责把教学事务的相关咨询提交给各邦教育部门。

（二）培养模式

目前，印度教师教育的培养模式主要包括职前培养和在职培训。职前培养和在职培训的侧重点各有不同，前者更具理论性和专业性，后者更具实践性和应用性，目的都是为了提升教师的综合素质。

1. 职前培养

根据政府的职前教师培养目标，职前教师教育模式主要包括连续性教师培养和整合性教师培养两种模式，国内学者也将其称为"非定向型的培养方式"和"定向型的培养方式"[1]。

连续性培养模式是对师范生学习的学术性课程和教师教育课程分开进行教学，主要针对大学非师范专业毕业生。在这种模式下，非师范专业毕业生在取得第一学士学位或硕士学位后，再集中进行一年的教师教育课程学习，取得教育学士或硕士学位后，进而分别获得初中或高中任教资格；而那些完成 12 年普通学校教育的学生在继续接受两年的教师教育专业课程学习后，可担任小学教师。作为印度中小学教师职前培养的主要方式，连续性培养模式是印度大多数师范学校、教育学院和综合性大学为基层学校培养大量中小学教师而采取的一种重要方式。连续性培养模式的突出特点是，学生分别在各自的高中、本科和硕士阶段完成学术性课程之后，参与并完成一定年限的教师教育专业课程研修，才具备中小学教师任职资格。由于印度各地教师资源不均衡，连续性培养模式在不同地区的实施具有很大的差异性，如有的地区采取"一年教育学士 + 半年学校实习"模式，即不同阶段的非师范生在完成各自基本的学校教育任务后再攻读一年教育学士课程，接着到学校进行半年左右的教学实习。这种模式注重理论和实践相结合，通过半年的教学实习，增加实践工作的时间和经验。

整合性培养模式将学术性课程和教师教育课程进行整合，学习顺序不分先后，同时进行。作为连续性培养模式的一种替代形式，整合性培养模式同样适用于培养中小学教师，该培养模式通常采用"整合教育项目"，由各大学具体实施，并根据小学、初中和高中教师不同的培养目标制定不同的入学条件和培养时限。小学教师培养须完成普通初中教育（8+2）后再接受三年教师教育整合培养；初中教师培养须完成普通高中教育（10+2）后再接受四年教师教育整合培养；高中教师培养须完成专业本科教育（10+2+3）后再接

---

[1] 赵中建，等. 印度基础教育 [M]. 广州：广东教育出版社，2007：140.

受三年教师教育整合培养。整合教育项目的课程包括普通教育课程、学科专业课程和教育专业课程，三类课程各占不同比重，同时进行。以初中教师的整合教育项目为例，其中普通教育课程占比 25%，主要包括语言学、社会科学、计算机技能、生理健康和体育教育等；学科专业课程占比 60%，课程目标与初中阶段学科专业教师的培养目标一致，主要由印度各大学提供三年的课程学习，选修课有 2—3 门；教育专业课程占比 15%，主要课程有历史学、哲学、社会学、心理学、教育问题与实践等。[1] 无论是课程内容还是实施年限，整合性培养模式都与连续性培养模式有较大区别。

2．在职培训

印度的教师在职培训可以分为三个等级，分别开展初等和中等学校的在职教师培训。在国家一级，主要由全国教育研究与培训委员会组织的培训师资担任培训课程的领导和教员。在邦一级，由邦教育研究与培训委员会或邦教育学院组织短期在职教师培训。在地区一级，由地区教育学院为基层教师提供教育培训服务。具体承担培训任务的机构包括县教育与培训机构、教师教育学院和高级教育研究院等。印度在职教师培训的主要责任是不断更新教师的教学内容、教学方法和教学评价等，对在职教师正在从事的任务进行升级，以及激励并促进教师适应新角色和新技术等。印度政府希望通过对教师进行在职教育和培训，实现提升不具备资质或未经过培训的在职教师的素质、提升在职教师的专业能力和使教师为新角色做好准备等多重目标。总之，印度教师在职教育和培训项目提倡以"转型目标"为中心，努力提升教师素质，使教师成为反思的实践者，促进教师专业能力发展。印度教师在职培训所采取的模式既有传统的面对面交流培训模式，

---

[1] 李英. 印度教师教育研究 [D]. 重庆：西南大学，2013.

如研讨会、研究小组活动、学术会议、研习班和讲座培训等，也有灵活方便的远程教育模式。培训者会根据培训主题、时限和受训者的背景等实际情况合理选择一种培训模式或混合使用多种模式。

（三）课程设置

为了适应社会经济发展，特别是为应对初等教育的普及与学校教育的扩张，印度对教师教育课程不断进行调整和革新，试图将教师教育的理论研究成果反馈到教师教育体制之中，以推动教育改革。印度教师教育的分段与其学制相对应，分为初等教育和中等教育两个阶段，初等教育包括 5 年初级小学和 3 年高级小学，中等教育包括 2 年初级中学和 2 年高级中学。全国教育研究与培训委员会根据不同学段分别为小学和中学教师教育设计不同的课程模板。全国教育研究与培训委员会在 1978 年颁布了《教师教育课程：一种框架》，这可以看作印度教师教育培养方案确立的重要标志。此后，印度对教师教育课程框架进行了多次修订，最终在 2009 年 10 月发布了新的《教师教育国家课程框架》。该课程框架确立反思性实践是印度教师教育的中心目标，主要包括：为学习者提供各种实践和机会；更新教师教育课程的示范教学大纲；建立教师教育监管框架，包括监督访问和取消对不合格机构的认证等。[1] 在课程框架的指导下，小学教师教育课程主要由邦政府或邦教师教育管理委员来开发，中学教师教育课程则由大学来开发，邦政府和大学可采纳课程模板或据此调整各自的课程计划。

---

[1] GILLESPIE C W, FAIRBAIRN S. Changing educational policies in the United States and India: perspectives of teacher educators[J]. The teacher educator, 2020, 55 (2): 129-147.

1．小学阶段教师教育课程

印度小学阶段教师教育课程主要包括理论课程、实践教学和实践工作，其中，理论课程涉及印度社会的形成，印度小学教育现状、问题和争论，以及6—11岁年龄段学生的心理和教学心理等知识；实践教学包括小学科目的教育学分析、学校的实践教学和模板课程的观摩等；实践工作包括实习在内的学校检验、劳动教育和学校与社区的互动等内容（见表9.1）。

表 9.1　小学阶段教师教育课程框架 [1]

理论课程	实践教学	实践工作
• 印度社会的形成 • 印度小学教育现状、问题和争论 • 6—11岁年龄段学生的心理和教学心理 • 评估、评价和修正教学 • 身心健康教育 • 学校管理 • 特殊需求学生的教育 • 指导与咨询 • 行动研究	• 小学科目的教育学分析 • 学校的实践教学 • 模板课程的观摩	• 包括实习在内的学校检验 • 劳动教育 • 学校与社区的互动 • 行动研究的学习 • 组织相关的教育活动

2．初中阶段教师教育课程

印度政府希望受过专业培训的教师能够辨别印度中学教育的优势和劣势，能够对初中阶段的教育现状、问题和争论有一定的洞察力，形成一套

---

[1] KHAN M S. Teacher education in India and abroad[M]. New Delhi: APH Pub. Corp, 2010: 27.

思维上的评价体系，并用这套体系来促进教育的卓越发展。初中阶段教师教育课程包括理论课程、选修课程、实践教学和实践工作（见表 9.2）。

表 9.2 初中阶段教师教育课程框架 [1]

理论课程	选修课程 （以下任选两门）	实践教学	实践工作
• 印度社会的形成 • 印度中学教育的现状、问题和争论 • 教学与学习心理学 • 指导与咨询 • 评估、评价和修正 • 课程设计与开发 • 学校管理 • 比较教育 • 行动研究	• 学前教育 • 基础教育 • 教育技术 • 职业教育 • 成人教育 • 非正式教育 • 远程教育 • 环境教育 • 计算机教育 • 特殊需求的儿童教育 • 身心健康教育 • 教育史和教育问题 • 人口教育	• 对两个学校的教学主题进行教学法分析 • 学校教学实践 • 模板课堂的观摩	• 实习和学校经历 • 基于项目的社区实习 • 创造性和人格发展项目 • 劳动教育 • 会议、实际工作 • 体育教育活动 • 审美发展项目与活动 • 行动研究的学习

3. 高中阶段教师教育课程

由于学生高中毕业后将面临就业和升学两种分流，印度便为学生开设了学术流课程和职业流课程，以满足各类学生的发展需求。学术流课程分为理论课程、选修课程以及教学实践三个部分（见表 9.3），主要目的是为高一级的学习做准备，课程丰富而全面，注重抽象和创造性思维培养等。

---

[1] KHAN M S. Teacher education in India and abroad[M]. New Delhi: APH Pub. Corp, 2010: 31.

表 9.3 学术流高中教师教育课程框架 [1]

理论课程	选修课程（任选其一）	教学实践
<ul><li>印度社会的形成</li><li>高级中学教育——性质、目的、教育技术地位和问题及争论等</li><li>教学与心理学</li><li>课程、教授法和评价</li><li>研究方法论</li><li>在高中阶段教授某一主题的方法</li></ul>	<ul><li>教育评价</li><li>教育技术</li><li>人口教育</li><li>环境教育</li><li>历史和问题教育</li><li>比较教育</li><li>教育管理、教育计划和教育经济</li><li>教育创新</li><li>身体教育</li><li>计算机教育</li></ul>	<ul><li>该阶段某一主题的教学法分析</li><li>教学实践、实际工作</li><li>实习经历和学校经历</li><li>内容与方法上的项目工作</li><li>该领域的实际工作和研讨会</li><li>行动研究</li><li>实地实习</li><li>组织学生活动和身体教育活动</li><li>人格与领导能力的发展</li><li>学校和社区关系</li><li>学校发展计划和项目</li><li>预习和应用测试</li><li>预习和应用教学辅助工具和教学技术</li></ul>

职业流课程包含理论课程、教学实践和实际工作三个方面（见表9.4），其主要特点是注重工作实践、强调操作性和实用性、经济价值较高、重视就业或自我创业等。职业流教师教育课程的重点是针对学生的自主创业或就业，因此需要教师具备不同的能力和技能。

---

[1] KHAN M S. Teacher education in India and abroad[M]. New Delhi: APH Pub. Corp, 2010: 41.

表9.4 职业流高中教师教育课程框架 [1]

理论课程	教学实践	实际工作
• 印度社会的形成 • 职业教育的原则、目标、需求、地位、问题和争论 • 教学心理学、学习心理学、发展职业能力 • 企业家精神 • 组织行为 • 管理知识 • 项目制定 • 计算机教育	• 教授关于该行业的知识 • 发展该行业的技能和能力 • 车间实地教学	• 组织 • 学徒 • 在岗培训 • 车间实践 • 制定和实施计划 • 职业项目 • 教授职业教育的项目 • 营销 • 广告 • 基本的财务管理知识

从上述各阶段教师教育课程标准与框架来看，印度职前教师教育课程在必修课的基础上开设了众多内容丰富的选修课，既有理论课又有实践课，既有教育类科目又有心理类科目，有助于进一步加深主要科目的学习内容，开阔学生视野，从而激发学生的学习兴趣和动力。

（四）资格标准

印度教师教育的资格标准主要包括教师的任职标准、教师教育的准入标准和教师的录用标准。在任职标准方面，印度全国教师教育委员会2010年颁布的《义务教育教师任职最低资格标准》规定，小学低年级（1—5年级）的教师必须完成普通高中教育并接受过两年制师范培训机构的职前培养，获得初等教育专业学习文凭，并通过教师资格考试；小学高年级（6—8年级）教师必须大学本科毕业加一年制教育学士专业学习，或高中毕业加四年制

---

[1] KHAN M S. Teacher education in India and abroad[M]. New Delhi: APH Pub. Corp, 2010: 45.

初等教育学士专业学习，并通过教师资格考试；初中教师必须完成 12 年的普通学校教育，获得文学或理学学士学位后接受一年的教育专业训练，并通过教师资格考试；高中教师必须完成 12 年的普通学校教育，获得文学或理学硕士学位后接受一年的教育专业训练，并通过教师资格考试。根据《国家教育政策（2020 年）》，到 2030 年，印度学校教师的最低学位资格将是四年的综合教育学士学位。[1]

在准入标准方面，由于印度教师教育课程分为普通课程和整合课程，申请不同的课程，其修业年限和准入标准有所不同。从普通课程的准入标准来看，印度初等教师教育是指为培养在小学阶段（1—8 年级）从事教学工作的教师组织的教育培训，其最低准入资格是已完成 12 年的普通学校教育，并且在全国高中年级统一考试中至少获得所有科目总分的 45% 及以上分数或同等级别。中等教师教育是指为培养在中学阶段（9—12 年级）从事教学工作的教师组织的教育培训，其最低准入资格是要完成 12 年普通学校教育，取得科学、社会科学和人类学等学科的本科及以上学历，并且在其学士或硕士学位中至少有两门课程的总分达到所有考试科目总分的 45% 及以上。

在录用标准方面，印度教师的职前培养主要由大学负责授予学位，邦教育局颁发文凭，邦教育局或者全国教师教育委员会等机构负责教师资格证书的认定。根据全国教师教育委员会的规定，相关政府部门至少每年要进行一次教师资格测试并规定教师资格测试合格证书的有效期，有效期最长不能超过 7 年。在通过全国教师资格考试之后，教师还需要通过各地区的录用考核，才能到学校或者教育部门任职。每年招聘和录用教师的人数取决于学生的人数和各邦规定的师生比例。在印度，教师招聘分为直接招聘和间接招聘。直接招聘主要是招聘目前尚未在教育系统任职的人员，间

---

[1] Ministry of Human Resource Development. National Education Policy 2020[R]. New Delhi: Government of India, 2020: 42.

接招聘主要招聘目前已经在教育系统工作的教师或需要提升的教师。通常情况下,间接招聘主要考量教师的经验和资格。大多数邦级学校通过采用固定薪水、有时限的合同来招聘教师。不同的邦有不同的录用程序和选拔方式,有些邦侧重选拔性考试成绩,有些邦注重申请者的学术和专业背景,还有一些邦则将两者都纳入考核的范围。总之,从印度教师的任职标准、准入标准和录用标准的发展情况来看,印度教师教育的资格标准日趋规范化和制度化,这对提升学校的教师质量具有重要的促进作用。

第二节 教师教育的特点和经验

在印度教师教育的整个发展历程中,特别是独立后,印度政府对教师教育进行了一系列重要改革,体现出不断调整教师教育发展目标、适时革新教师教育课程体系和重视女性教师教育与培训等特点。同时,印度教师教育也取得了丰富的发展经验,如:坚持观念革新,明确教师教育发展目标;拓宽机构职能,加强教师教育组织建设;发挥技术优势,丰富教师教育实施手段等。

一、教师教育的发展特点

(一)不断调整教师教育发展目标

受英国殖民统治的长期影响,独立初期的印度教师教育具有明显的殖民色彩,缺乏真正符合本国国情的教育目标。在推进国家建设的过程中,印度对教师教育的角色和发展目标的定位一直模糊不清,从而严重阻碍了学校教育的发展。一方面，同社会其他职业相比，此时印度教师的社会地位较低，教师所希望获得的证书只能由校长颁发，这在很大程度上限制了教师的发展与教师职业的选择。另一方面，印度普通民众对教师作用的认识也非常有限，评判一个优秀教师的标准通常是行为端正，而不是高效率、富有想象力或创新意识。20世纪50年代，印度部分有识之士逐渐意识到教育对国家发展的重要作用。在教师教育方面，他们认为教学是一个高度复杂的活动，除了教师和教学，还涉及其他诸多因素，如教学过程中复杂的社会心理因素。尽管少数人对这些因素有了初步的认识，但是仍没有对其进行深入思考。这一时期，教师教育的概念被初步定位于适合当时的学校体系，教师重视纪律和严格遵守规章制度。此时教师教育还没有将自身发展同社会进步紧密联系起来，教师和教师教育的角色仍然局限于课堂教学。

20世纪60年代，印度教师教育进入改革阶段，开始注重区分教育学和教学法的概念，认为教师教育课程应全面专业化，并从中抽出大量理论，创建独立的教育学学科。大学拨款委员会对这一思想进行了大力推广，并在一些地方以教育学士和教育硕士、教育方向的文学学士和文学硕士这两种不同体系的课程加以实施。受此影响，很多地区用自己的方式实施了一系列教育实验，但这些教育实验都缺乏方向性，且彼此没有协调。即使是印度最专业的机构如全国教育研究与培训委员会，也不能制定出一个大胆、清晰的执行方案，教师教育项目的试验和尝试仍然杂乱无章。教师教育者们所主张的改革方向各不相同，教师教育领域没有一个全国广泛认可的发展目标，教师的角色没有被确定，因此教师教育的概念也没有目标导向。由于实际的培训只是学习一些考试技巧，导致教师教育机构输出的教师学识不足。对这一时期受训的大部分教师来说，教书只是一个谋生的职业。

到20世纪七八十年代，当教师教育走向深入改革并逐渐发展成熟时，教师教育才开始有了一个体现本质的目标导向，即"教师应该在课堂内外起到领导者的作用，并作为社会变革的代言人主动采取行动改造社会，并由此帮助实现国家发展的目标"[1]。教师的形象及其在学校和社区中的角色都有了一个清晰的构想,整个教师教育的目标导向是把教师培养成为社会的改造者。最终,在《教师教育课程:一种框架》中,印度进一步明确了教师教育的发展目标,即发展同社区合作的新观念,强调打破教师教育发展障碍,确立了教师能够接受并在社会中可实现的、意义明确的角色和功能。

(二)适时革新教师教育课程体系

独立后,印度政府逐渐意识到教师教育和学校教育是一种共生关系,二者的互动发展对教育发展具有重要作用。因此,在对教师教育进行改革的过程中,印度政府特别关注学校课堂教学的改革,而改革课程成了最直接有效的途径。自 20 世纪 60 年代开始,印度中小学实行统一的课程计划,陆续出台并修订了一系列有关教师教育课程的政策文件,以不断更新中小学教师教育课程。1978 年,印度全国教师教育会议通过了一项政策性文件《教师教育课程:一种框架》。该文件自公布之日起,就引起了各大学和国家管理委员会的极大关注,此后为适应社会对教师培养需求的变化,又几经修订和更新,如 1988 年的《教师教育课程框架》、1998 年的《高质量教师教育课程框架》、2005 年的《国家课程框架》和 2009 年的《教师教育国家课程框架》。

印度政府和全国教师教育委员会在不同时期对教师教育课程体系的更新,其主要内容和侧重点各有不同。1978 年的课程框架强调要与儿童、学校以及社会需求紧密相连,在国家目标与价值可接受的范围内,增强灵活性。1988 年的课程框架注重促进人民团结和社会、文化、道德价值观的融合。1998 年的课程框架强调宪法中提倡的国民价值和目标,让教师重视社

---

[1] NCERT. Teacher education curriculum—a framework[R]. New Delhi: NCERT, 1978: 13.

会团结、国际谅解、人权保护和儿童权利，并对环境、生态、人口和男女平等新生问题更加敏感，让教师有能力培养学生的国民思维和科学精神，以消除学生的偏见和歧视态度。教师教育课程体系更新的转折点主要体现在 2005 年修订的课程框架和 2009 年制定的最新课程框架中。2005 年的课程框架在当代教育的重大问题上展现了新观点和新立场，第一次将课程讨论引入学生的课堂，教师作为讨论的中介使得课程在一种新的形式下得以推广。该框架提出了学校课程的包容性空间的思想，这一空间拓展到传统课程领域之外，进入到教与学的领域，促使学生自己学习，并使教师有机会依据学生学习的快慢和背景来规划课程。2005 年的课程框架认识到教师在能力教育中的重要作用，认为能力教育可以弥补学生因性别、地区和语言能力等不同而导致的差异。此外，该课程框架还关注两个重点：一是知识与校外生活相联系；二是弱化以课本为中心，丰富单一化的课程。2009 年的课程框架体系内容更加广泛，包括了教师教育现状、教师教育愿景、现代教师教育的新大纲范例、教师发展评估、教师在职培训以及职业发展和师范教育等，不仅是印度教师教育课程的纲领性文件和教师教育课程改革的重要依据，也是印度培养中小学教师的重要依据和基本目标。

（三）重视女性教师教育与培训

从性别的角度来看，印度教师教育还具有强化女性教师地位、重视女性教师教育与培训的特点。早在 1882 年，印度教育委员会就支持建立专门的女性教师培训机构。1913 年，印度政府决定成立大学，并将实施女童教育列为重点。[1] 独立之后，印度政府的各项政策体现出更多的民主意识。1950 年，印度宪法承诺"为所有 14 岁以下儿童实施统一的免费义务教育"。

---

[1] PATNAIK M S. Organisation and progress of teacher education in India[M]. Delhi: Indian Pub. Distributors, 2007: 184.

在宪法的影响下，女性被归为"弱势群体"而受到特别照顾和保护。为了实现更深层次的目标，推动教育体制改革，印度政府还成立了女性教育委员会，重点关注女性教师的培训与录用。1968 年，印度的第一项全国教育政策提出："女童教育也应该受到重视，这不仅仅是为了社会公平，也是为了加快社会的转型。"此后，印度政府增加了对女童教育的关注，强化了女性教师的权利。1992 年，印度政府还采取了一系列措施来保障女性教师接受在职教育的权利，如为所有的女性教师和指导者提供培训，为教师教育者和管理者开发性别项目和性别敏感课程，清除教科书上的性别歧视内容，给予女性教师优先录用权以激励父母送女童读书。此外，全国教育政策还明确规定，至少为女性教师保留 50% 的录用指标，并鼓励为其提供充足的培训设施。

为了缩小男女教师比例差距，印度曾多次尝试提高女教师的数量，实施了以强化女教师教育为目的的"教师强化项目"，对改善女教师培训状况起到了一定的推动作用。该项目关注教师的性别平等，提高女教师的地位，增强女教师的各种权益，重点强调女教师的互动参与和决策，并切实将权利授予教师本人。

二、教师教育的发展经验

（一）坚持观念革新，明确教师教育发展目标

从知识的化身转变为以教学为职业，再到当今社会的改造者，印度教师的专业身份与社会责任的角色定位是经过长时间的观念革新才得以成型的。独立后的印度对教育系统进行了全方位的改革，努力使教育体系与国家发展目标相匹配。印度社会逐渐认识到教师教育不仅仅是教师培训，还

必须考虑到社会的发展需要，并且在课堂内外发展教师品格和角色。教师教育和教师角色观念的转变必须重视这样一个事实：任何对社会有价值的教育项目都要适应社会的需求，而一个高效实用的教师教育体系能够培养出有责任感和有社会良知的教师。这时，观念革新对教师角色的重新定位起到了至关重要的作用，人们开始探寻"优秀"教师的定位，以便制定更有效的教师教育发展目标。由于对"优秀"的含义理解不同，人们对优秀教师的定义也经过了反复的观念革新。

随着印度教师教育的社会化程度不断提高，印度政府认识到教师教育的课程、目标和方法论必须在更广泛的社会角度下构思，教师的角色定位不能脱离社会环境，应该具备社会责任感并成为社会的改造者。因此，全国教师教育委员会出台的《教师教育课程框架》将教师教育设立在社区生活环境中，以便通过教师与社区的互动持续扩大教师的视野，丰富自身及其服务的社区。由此，同社区合作的思想融入整个教师教育发展目标。

在教师教育观念转变的过程中，印度政府努力追求教师的角色与学校和社会的教育目标和理念相一致，最终确定了新时期教师教育发展的目标，明确了发展方向：发挥教育价值；成为学校和社区的纽带，并采用合适的方式将社会资源与学校工作相整合；视自己为社区中社会变化的代理人；视自己既为学生的领导者也为社区指导者；在校外组织教育实验学习并帮助学生与社区进行交流；帮助保护环境资源、历史纪念碑及其他文化遗产；对学生的学习、社会情感以及个人问题保持热心和积极的态度且具备指导他们的能力。[1]

---

[1] 李盛聪，胡永甫，庞利. 印度教师教育的目标及管理 [J]. 湖北大学成人教育学院学报，2006（1）：49-51+55.

（二）拓宽机构职能，加强教师教育组织建设

印度政府非常重视推动教师教育机构的组织建设，并且不断对其进行合并或重组以拓宽其职能。目前，印度共有小学教师教育机构 6 410 所，中学教师教育机构 9 780 所，[1] 大学教育系 238 个，县教育与培训学院 588 所，教师教育学院 118 所，高级教育研究院 31 所以及邦教育研究与培训委员会 32 个。[2] 各机构相互合作，为促进教师教育的发展提供了有力的组织保障。

按照组织机构的类型，印度教师教育机构可以分为政府管理类、研究机构管理类、政府资助的私人管理类、自筹资金的私人管理类四大类。[3] 按照行政级别，承担教师在职教育与培训任务的机构主要有中央政府、邦政府以及一些非政府机构。政府在推动教师教育体系完善的过程中，对一些教师在职教育机构进行了重组或改造。这些机构也随着印度社会、政治和经济的发展以及教师角色与需求的变化而呈现出职能不断扩展、人员配备更加齐全的特点。例如，邦教育研究与培训委员会在全国教师教育与培训中一直发挥着重要的作用，承担着具体指导、组织和实施邦级和县级教师在职培训的任务，其主要职能先后经历了三次转变和拓展。该委员会的前身为 1964 年成立的邦教育学院，1979 年改组为邦教育研究与培训委员会，1990 年改组为教师教育和邦教育研究与培训委员会，作为一个独立指导机构而存在。其职能也随之不断扩大，从一开始只负责入职培训和教具开发等少量工作，到从事初等教育阶段课程和教科书的开发、考试改革和出版发行刊物等多种工作，再到承担教师教育机构的管理和控制、大学推广教育与全民教育、区域小学教育项目与初等教育普及项目等新任务。这种从

---

[1] 资料来源于 TILAK J 和 BANDYOPADHYAY M 关于印度教师教育发展的调查报告。

[2] 资料来源于 PANDA S 关于印度教师教育的相关调查研究。

[3] 李英. 印度教师教育研究 [D]. 重庆：西南大学，2013.

邦教育学院到教师教育和邦教育研究与培训委员会的发展过程，是通过教育的扩张和改革而逐步完成的。随着邦教育研究与培训委员会职能的不断扩展，其机构人员的配备也逐步完善，体现出分工精细、职责明确和人员充足的特点。可以看到，印度在推进教师教育发展的过程中，不仅注重提高教师教育组织的数量，还着眼于未来，提升教师教育组织的发展质量并拓宽其职能。

（三）发挥技术优势，丰富教师教育实施手段

作为世界主要的发展中国家之一，印度的基础教育质量虽然有待进一步提升，但其高等教育体系却十分庞大。随着科学技术的不断发展，印度拥有世界一流的计算机软件开发技术和高新科技人才，特别是在远程技术方面具有明显优势，因此也促进了远程教育模式在印度各地的广泛推广与实施。各个大学及教师教育机构通过发挥其强大的远程技术优势，丰富了教师教育的实施手段，提高了教师培训的效率。20 世纪 60 年代，印度开始启动远程教育发展项目。1962 年，德里大学成立了通信与继续教育学院，这标志着印度正式开启了远程教育。1982 年，印度建立了第一所远程教育大学——安得拉邦开放大学。此后，印度在 1985 年成立了英迪拉·甘地国立开放大学，表明印度的教育改革已经发展到了一个重要阶段。印度通过开放的远程教育系统，为那些寻求提升自身素质和专业技能的人提供了一条新通道。1992 年，印度政府成立了远程教育委员会，对全国的远程教育体系进行规范和协调，这对印度远程教育的发展具有重要意义。

印度早期远程教育的发展为教师教育利用远程技术手段开展现代化的教育培训奠定了基础。目前，印度大多数大学和许多教师教育机构都在借助远程教育模式开展教学和培训工作。由于计算机知识的广泛普及，近几年印度开发了一项小学教师在职远程教育项目，在已经实施地区初等教育

计划的县应用多媒体技术开展培训，由英迪拉·甘地国立开放大学和全国教育研究与培训委员会共同负责。总之，远程教育在准入资格、时间控制和信息传递等方面具有很强的灵活性和开放性，通过远程技术开展的职前教育可以为更多的教师提供发展机会。

第三节 教师教育的挑战和对策

当前的印度教育体制正处在改革的关键期，不断受到正在变化和改革的世界教育形势的挑战。印度教师教育面临着发展起点较低、地区差距显著以及教师教育认证制度落后等问题。在推进教师教育快速发展的过程中，印度不断加大对教师教育的投入力度，强化有效的在职培训项目，完善教师教育评估认证制度，以期实现教师教育的高质量发展。

一、教师教育面临的主要挑战

（一）发展起点较低

近年来，印度政府实行全面经济改革，经济发展速度引人注目。2018 年，印度成为全球经济增长最快的国家之一。然而，印度人口规模庞大，人均国内生产总值较低，属于中低收入国家。受庞大且持续增长的人口和社会贫富差距悬殊的影响，印度人均国内生产总值较低，这必然影响到教育发展的速度和质量。在教师教育方面，印度仍远远落后于发达经济体和许多新兴经济体。由于经济发展不平衡、待遇低下和工作条件恶劣等原因，印度普遍存在教师旷工的现象。在全国范围内，学校教师的平均缺勤率约为

25%。[1] 教师的旷工对学校的运作、教学进度、教学过程和整体教育质量都会产生不利影响，极大地损害了教师的社会地位和形象，同时也阻碍了教师培训项目的推广和普及。而且，由于缺乏履行基本工作职责的意识，也导致教师的培训意识不强。

因经济落后而导致的教师教育起点较低主要体现在以下三个方面。首先，最直接的影响和表现是教师数量不足。由于学校基础设施与资金的缺乏，许多学校都缺少教师，而真正能够参加每五年一次在职培训的教师人数也极其有限。近年来，受节约成本和经济改革政策的影响，印度一些学校开始大量招聘未经培训的教师，使得这部分教师的比例不断上升。第八次全印教育调查报告显示，在各级学校教育中，大约有 15% 的教师未经培训。[2] 这种情况容易导致很多低水平或不合格教师进入教育系统，使教师水平不断下降，进而降低了社会对教师职业的认同。其次，印度教师的整体学历水平低下。受个人经济条件和客观培训条件的限制，印度早期的中小学教师主要凭借长期的教学经验而留校任教，其学历资质并无严格的要求和标准，长久以来积累了大量学历低下的教师。从印度全国第三次教育普查的结果来看，无论是农村还是城市，目前都存在大量学历资质不符合国家最低任职标准要求的中小学教师，给教师培训带来了巨大的压力。最后，印度教师教育尚未实现职前-入职-在职的三阶段教育，印度教师教育主要关注职前和入职两个阶段，对在职后的教育即新教师的培训虽然已有初步的认识，但还停留在介绍欧美国家先进经验和理论探讨的层面，尚未形成规范的实践体系。在印度大多数邦，职前教师教育作为教师任职的必要条件受到重视，但多数地区并没有对新入职的教师进行入职培训，只有少数机构为新入职的教师组织了一些短期培训。

[1] 资料来源于 TILAK J 和 BANDYOPADHYAY M 关于印度教师教育发展的调查报告。

[2] 资料来源于 TILAK J 和 BANDYOPADHYAY M 关于印度教师教育发展的调查报告。

（二）地区差距显著

长期以来，印度社会发展一直存在着明显的地区差异，印度教师教育的发展也是如此。印度教师教育的地区差距主要体现在三个方面。首先，从教师教育的准入资格来看，根据 1986 年全国教育政策的规定，一名合格的小学教师应该在完成 12 年的学校教育后再接受两年的小学教师培训，然而现状却是各邦情况各有不同，有的邦的教师是在 10 年公共教育后接受了为期 1 年的小学教师培训，有的邦大部分在 1986 年以前入职的教师只接受了 10 年的公共教育，还有的邦有一部分资格较老的教师只接受了 8 年甚至更少的公共教育。其次，从教师培训的覆盖率来看，2009 年的第八次全印教育普查显示，约 84% 的小学教师经过了培训，但存在明显的地区差异。整体而言，东北地区缺少受过培训的教师，南部地区受过培训的教师比例较高，平均达 90% 以上。即便是现在也并不是所有的教师都接受过培训，在供需方面同样存在地区、区域和学科之间的不平衡，这种不平衡是由无规划、无系统地创办培训机构和培训教师所造成的。最后，从教师教育机构的发展状况和培训课程的实践来看，也存在差异。《北方邦和马哈拉施特拉邦中等学校教师教育对比研究》的调查显示，北方邦的教育学院数量由 1947 年的 2 所发展到 1978 年的 51 所，其中 80% 是公立学院，而马哈拉施特拉邦的公立学院却只占 27%；马哈拉施特拉邦的教师教育实践课为 30—40 节，孟买大学只有 20 节；而在北方邦规定的是 40 节，其中实习生 30—35 节。这两个邦的教师教育的持续时间都为一年。[1] 可见，印度教师教育的机构发展和课程实施存在着较大的地区差异，极易造成地区间教师教育的发展水平差距过大。

---

[1] SHARMA S R. Teacher education in India[M]. New Delhi: Anmol Publications, 1992: 180.

（三）认证制度相对落后

印度教师教育认证制度是在借鉴世界先进教师教育认证制度优点的基础上，基于印度教师教育整体布局和本土特征，经历单一机构认证时期和项目与机构双重认证时期发展而来。与教师教育认证制度历史悠久且成效明显的西方发达国家相比，印度教师教育认证制度还存在很多不足之处。

首先，缺少地方性的专业认证机构，认证效率有待提高。国家评估与认证委员会总揽印度教师教育机构认证工作，但由于人力资源有限，加之未建立专业的地区性教师教育认证机构协助其开展认证工作，导致评估速度缓慢。2002—2017 年，印度认证了 1 522 个教师教育机构，但是约有 1.6 万—1.8 万个教师教育机构需要被认证。[1] 待认证的教师教育机构数量远超接受认证的机构数量，认证进度和效率亟待提升。目前地区教师教育认证工作主要由全国教师教育委员会的地区教育委员会承担，缺乏独立的专业教师教育认证机构参与此项工作，这不仅加大了教师教育委员会的认证压力，还阻碍了评估和认证效率的提高。其次，认证标准尚未分级分类，有待健全。在教师教育项目认证标准方面，印度目前仅针对学前教育和初等教育的教师教育项目制定了认证标准，尚未制定针对中等、特殊及职业教育的项目认证标准。此外，目前的教师教育项目认证标准同时适用于学前教育和初等教育阶段，未充分考虑到这两类教育各自的特殊性。在教师教育机构认证标准方面，印度尚未针对不同类型的教师教育机构分类设置认证标准，多类型、各层次的教师教育机构采用同一认证标准，可能导致本身处于劣势的教师教育机构盲目追求与优质教师教育机构同等水平而忽略自身的独特性发展，或导致为了通过认证而提供虚假信息的现象，从而使认证工作流于形式，发挥不出真正的效用。最后，机构排名相对固化。在印度

---

[1] 钱隽至. 印度教师教育认证制度研究 [D]. 武汉：华中师范大学，2020.

的教师教育机构排名程序中，教师教育机构每年提交的自评报告将作为全国教师教育委员会和质量委员会每两年开展一次排名活动的重要评估依据。但在实际操作中，在上一轮排名中取得前 100 名的教师教育机构提交的自评报告将在下一轮自动通过验证，前 100 名教师教育机构的名单固定不变，使排名方式受到广泛质疑。

二、教师教育的发展对策

（一）加大投入力度

为了促进教师教育的快速发展，印度不断加强对教师教育的投入力度。首先，提升教师待遇。印度不断合理优化教师教育经费投入结构，巩固完善教师待遇保障机制，大力提升教师待遇，落实各项教师工资待遇保障政策，加快推进高等学校教师薪酬制度改革等，有力地维护了教师的合法权益，提高了教师的社会地位，进而提升了印度民众对于教师教育的重视。其次，重视在师资培养培训、优化师资结构、提升师资能力水平等方面投入资金，全面提升教师队伍质量。印度各级财政不断加大对师范院校的支持力度，提高师范专业生均拨款标准，提升师范教育保障水平，确保教师培养质量。再次，逐步建立健全各教育阶段教师培训体系，着力提升各类学校教师能力素质，缩小区域、学校和性别之间的财政投入差距。政府支持各类学校改善办学条件，配备必要的教学设备，不断提升学校信息化应用水平，为教师提供良好的教育教学环境。最后，印度还加强了对教育财政的监管，极力防止教育腐败，树立法治和绩效观念，严格执行预算法等法律法规，及时修订完善各项资金管理办法，明确支持范围、对象和标准等内容，不断提高资金使用的规范性。政府加强预算编制和执行管理，按规定足额安排和及时拨付教师队伍建设所需的各项资金，为教师教育发展提供支持。

（二）强化有效的在职培训项目

独立后的印度经历了一个教育全方位快速发展的重要时期，教师教育机构数量快速增长，只不过常以牺牲发展质量为代价。由于社会对教师需求的日益增加，导致越来越多培训质量参差不齐的教育机构不断诞生，许多机构开设千篇一律的低水平培训课程。印度教育委员会指出了教师培训项目质量整体下降的问题，并意识到培训机构标准低下且课程贫乏、培训系统缺乏活力且与现实脱节、培训方式是固定套路和死板练习等问题。[1] 因此，强化有效的在职培训项目逐渐受到印度政府和教师教育部门的重视。

印度政府提出，无论何时，当教师由小学阶段晋升至初级中学，或由初级中学晋升到高级中学时，都应该为其提供大量的有针对性的在职培训项目。同时，如果教师被授予新的职务，如被委任为中小学校长时，也需要接受相应的与其职务相关的在职培训。培训的组织方也开始由培训机构向学校和教育部门转移，如全国教育规划与管理研究所、邦教育研究与培训委员会、邦教育学院、中等教育委员会和县级继续教育中心等都参与教师在职培训的规划与实施。邦教育研究与培训委员会、邦教育学院主要负责对教师培训机构、普通高等院校、高中教师和教育部门的管理人员提供在职培训，同时还为一些非正式的校本教师以及教师教育者和管理者提供在职培训项目。此外，印度政府还进一步加强了教师的学习资源以及各种软件和硬件设施的建设，包括图书馆、刊物、手册以及其他资源，以促进教师在职培训的质量能够得到全面改善。

---

[1] PATNAIK M S. Organisation and progress of teacher education in India[M]. Delhi: Indian Pub. Distributors, 2007: 12.

（三）完善评估认证制度

独立以后，印度教师教育呈现出前所未有的发展速度，教师教育机构数量空前增加，这些教师教育机构约有 85% 属于私营性质，政府难以对这些机构的办学质量进行实时监控。为了遏制可能出现的无序商业竞争，进一步提高教师教育发展质量，印度对全国的教师教育机构进行广泛的评估和认证，使申请教师培训课程的人员能够清楚地了解各类机构的办学情况，从而更好地选择合适、优质的教育机构。

印度一直在积极完善教师教育评估认证制度。一方面，教师教育机构的评估认证工作主要由国家教师教育委员会和国家评估与认证委员会合作开展，从而保障教师教育评估认证的专业性。为了改变教师教育评估认证方式过于量化和单一、覆盖不全的状况，印度政府着力加强评价内容的全面性，并且对教师教育机构在养成教师教学态度、秉性、习惯和爱好等无法量化的情感因素方面也给予评价，以使评价更客观、更合理且更具人性化。另一方面，印度对教师教育的质量评价从关注"投入"和"产出"的量化指标逐渐向定性指标方面转移，从关注某一个项目的指标延伸到考虑整个教育大环境和机构所承担的不同任务转变，摆脱过分依赖最低限度的信息和统计标准，同时考虑教师教育机构地理位置的区别，建立更加合理完善的评价机制。总之，印度教师教育的评估认证从原来单纯考虑机构整体的基础设施和学习资源，转变到聚焦于各个项目的成果质量，使评估认证制度更加科学与完善。

第十章 教育政策

教育政策推动印度的教育改革，同时也体现着印度教育的发展趋势。2015 年以来，印度政府颁布了多个教育政策文本、教育年度报告和相关的教育指南，主要包括《国家教育政策（2020 年）》《职业教育优先：印度 2020 年职业教育报告》、教育指南与年度报告等。

第一节 教育政策与规划

一、《国家教育政策（2020 年）》[1]

（一）制定背景

《国家教育政策（2020 年）》是 21 世纪以来印度的第一项国家教育政策，其制定与颁布都铭刻着时代发展的印记，一方面，呼应了可持续发展议程下全球教育生态的整体发展态势，积极应对第四次工业革命和知识经

---

[1] 资料来源于印度教育部官网。

济的挑战；另一方面，延续了印度一以贯之的以教育政策指导教育实践的优良传统，并肩负着解决国内教育现实难题的重任，有助于打造一个充满活力的知识社会。[1]

《国家教育政策（2020年）》旨在解决印度许多日益增长的发展需要。该政策提议修订和改造教育结构的方方面面，包括监管和治理，在借鉴印度传统和价值体系的同时，创建一个符合21世纪教育理想目标的新体系。《国家教育政策（2020年）》的制定基于这样一个原则，即教育不仅必须培养认知能力——识字和算术的"基础能力"和"高阶"认知能力，如批判性思维和解决问题的能力——还必须培养社会、道德、情感能力和倾向，特别强调发展每个人的创造潜力。

（二）制定愿景

《国家教育政策（2020年）》的愿景是建立一个植根于印度精神的教育体系，通过向所有人提供高质量的教育，将印度可持续地转变为一个公平和充满活力的知识社会。《国家教育政策（2020年）》设想，印度院校的课程和教学方法必须以培养学生对基本义务和宪法价值的深刻尊重，并意识到自己在不断变化的世界中所扮演的角色和责任为目的。印度教育要向学生灌输一种根深蒂固的作为印度人的自豪感，不仅体现在思想上，而且还体现在精神、智力和行为上；培养学生对人权、对可持续发展和生活以及对全球福祉负责任的知识、技能、价值观和国民品格，从而使其成为一个真正的全球公民。

---

[1] 王战军，雷琨. 印度国家教育政策变革及其对高等教育的影响——基于印度《国家教育政策2020》的研究 [J]. 江苏高教，2021（10）：109-115.

（三）主要内容

1. 学前与基础教育

（1）幼儿保育与教育。在印度，数以千万计的儿童，特别是来自弱势群体的儿童，无法获得高质量的教育。对幼儿保育与教育的大力投资有可能为所有儿童提供高质量的教育机会，使他们能够在一生中参与教育系统并在其中茁壮成长。因此，必须在 2030 年前实现普遍高质量的幼儿发展、护理和教育，以确保所有进入一年级的学生都能做好入学准备。

理想的幼儿保育与教育包括灵活的、多方面的、多层次的、以游戏为基础的、以活动而不是以探究为基础的学习，内容涉及字母、语言、数字、数数、颜色、形状、室内外游戏、谜题和逻辑思维、问题解决、绘画和其他视觉艺术、工艺、戏剧和木偶、音乐和运动，还包括注重发展社会能力、敏感性、良好行为、礼仪、道德、个人和公共卫生教育。幼儿保育与教育的总体目标是在以下领域获得最佳结果：身体和运动发展、认知发展、社会-情感-伦理发展、文化艺术发展，以及沟通和早期语言、识字和计算能力的发展。

幼儿保育与教育国家课程的教学框架由两部分组成：0—3 岁子框架和 3—8 岁子框架。该框架符合上述教育指导方针和国内外最佳实践，并适当融合印度数千年来在幼儿保育与教育发展方面丰富的地方传统内容，包括艺术、故事、诗歌、游戏、歌曲等内容，为父母和幼儿保育和教育机构提供指导。

（2）基础能力。读写能力，以及对数字进行基本运算的能力，是未来求学和终身学习的必要基础和不可或缺的先决条件。然而，各种政府和非政府机构的调查表明，目前印度大部分小学生——估计超过 5 000 万——还没有达到基本的读写和计算能力要求。因此，让所有儿童获得基础读写和计算能力将成为一项紧迫的国家使命。为此，人力资源开发部将优先完成一项国家基础识字和计算任务，在所有小学实现普及基础识字和计算能力，到 2025 年要实现阶段性目标，并密切跟踪和监测这些目标的进展。

在教师方面，教师空缺将在规定时间内尽早填补，特别是在贫困地区和生师比或文盲率较高的地区，本地教师或熟悉本地语言的教师的聘用将得到重视。每所学校的生师比将确保在 30：1 以下；社会经济困难、学生较多的地区在 25：1 以下。教师将得到培训、鼓励和支持并不断进行专业发展，以提高学生的基础识字和计算能力。

在课程方面，将增加对基础读写和计算能力的关注。一般来说，阅读、写作、口语、算术和数学思维贯穿预科和中学课程，建立健全、持续的形成性和适应性评估系统对确保每个学生的学习至关重要。教师教育和早期课程将重新设计，重新强调基础读写和计算能力。

鉴于当前的现实情况，印度将探索所有可行的方法来支持教师履行普及基础读写和计算能力的使命。世界各地的研究表明，一对一的对等辅导对教师和学习者的教学非常有效。此外，每一个有文化的社区成员都可以致力于教一个学生或一个人如何阅读。为了提高基础识字和计算能力，印度将为各个层次的学生编写有趣和鼓舞人心的书籍，大力拓展公共图书馆、学校图书馆资源，设立数字图书馆和乡村图书馆，发展全民阅读文化。此外，辅以国家图书推广政策，采取广泛行动，确保图书在不同地域、不同语言、不同层次、不同类型人群中的可获得性和可接近性。

（3）降低辍学率，确保各级教育普及。通过颁布《教育权利法》等举措，印度近年来在实现基本普及小学入学方面取得了显著进展。然而，针对高年级的调查数据表明，如何让学生留在学校还存在一些问题：6—8 年级的毛入学率为 90.9%，而 9—10 年级和 11—12 年级分别为 79.3% 和 56.5%。[1] 这表明

---

[1] 资料来源于印度教育部官网《国家教育政策（2020 年）》。

有很大比例的在校生在 5 年级之后辍学，8 年级之后情况更加严重。根据印度国家抽样调查办公室 2017—2018 年第 75 轮家庭调查，6—17 岁年龄段的失学儿童人数为 32.2 万。因此，当务之急是让这些儿童尽早重返校园，并进一步防止学生辍学，到 2030 年使学前教育和基础教育的总入学率达到 100%。

印度将采取两项全面倡议使辍学儿童重返学校，并防止更多的儿童辍学。第一，提供有效和充分的基础设施，使所有的学生都能获得 1—12 年级的安全的、有吸引力的学校教育。除了在每个阶段定期培训教师外，还应特别注意确保所有学校都获得基础设施支持。重建公立学校的信誉，这将通过升级或扩大现有学校，在没有学校的地区建造更多的高质量学校，特别是为女童提供安全实用的交通工具和宿舍来实现。将与社会力量合作建立替代性和创新性的教育中心，以确保随迁工人的子女和其他由于各种情况而辍学的儿童重返主流教育。第二，实现全民参与。为给所有儿童提供 12—18 岁的公平优质教育，应建立适当的便利制度。与学校或学校综合体有关的辅导员或训练有素的社会工作者和教师将继续与学生及其家长一起努力，以确保所有学龄儿童都能上学。

（4）学校的课程和教学。学校教育的课程和教学结构将会重新调整，分别对应 3—8 岁、8—11 岁、11—14 岁和 14—18 岁的年龄范围，以适应学习者在不同发展阶段的发展需要和兴趣。因此，学校教育的课程和教学结构以及课程框架将以 "5+3+3+4" 的设计为指导，包括基础阶段（分两部分，即 3 年学前教育 +2 年的小学教育（1—2 年级，3—8 岁）、预备阶段（3—5 年级，8—11 岁）、中期阶段（6—8 年级，11—14 岁）和中级阶段（9—12 年级，14—18 岁）。

基础阶段包括五年灵活、多层次、以游戏或活动为基础的学习，以及幼儿教育课程和教学方法。预备阶段包括三年的教育，建立在基础阶段的游戏、发现和以活动为基础的教学和课程上，也将开始包括一些轻课本但更正式、互动的课堂学习，为学生在阅读、写作、口语、体育、艺术、语言、科学、数学等方面打下坚实的基础。中期阶段包括三年的教育，是构建教学和课程风格的预备阶段，这个阶段将引入更抽象的概念，学生将准备学习社会科学和人文科学课程。尽管引入了更专业的学科和学科教师，但每个学科内的经验学习和不同学科之间关系的探索将被鼓励和强调。中级阶段将包括四年的学科学习，以中学的学科教学和课程风格为基础，但选择更灵活，课程更有深度，更注重批判性思维，更关注人生抱负。特别是在 10 年级之后，学生仍然可以选择退学或继续学习 11—12 年级的职业课程或其他课程。如果需要，也可以在更专业的学校学习。

上述阶段是纯粹的课程和教学阶段，旨在根据儿童的认知发展情况优化学习，它们将为每个阶段的国家课程和教学战略的制定提供信息。具体开展的内容包括：致力于学习者的全面发展；减少课程内容，加强必要的学习和培养批判性思维；从实践经验中学习；通过灵活的课程选择来增强学生的能力；多元化语言和语言的力量；基本学科、技能和能力的课程整合；确立国家课程框架；开发具有地方内容和特色的国家教科书；实施学生发展转型评估；资助表现优秀的学生和有特殊才能的学生。

（5）教师。教师塑造孩子的未来，也塑造国家的未来。正因如此，印度的教师才成为社会上受尊敬的成员。虽然只有最优秀和最博学的人才能成为教师，但是在现实情境中，教师教育质量、招聘、调配、服务条件、教师赋权等方面还存在问题，教师的素质和积极性没有达到预期的标准。必须恢复对教师的高度尊重及其崇高地位，才能激励最优秀的人进入教师职业。为了每个孩子有个美好的未来，为了国家有一个美好的未来，需要提升教师的积极性和为教师赋权。

2．高等教育

（1）建设高质量的大学和学院。随着印度走向知识经济社会，越来越多的印度年轻人渴望接受高等教育。为了培养全面发展的个人，在从学前教育到高等教育的每个学习阶段，都必须纳入一套确定的技能和价值观。在社会层面，高等教育必须助力国家找到并实施强有力的解决方案来解决自己的问题。高等教育必须成为知识创造和创新的基础，从而为国民经济的增长做出贡献。因此，高质量高等教育的目的不仅仅是为个人创造更多的就业机会，而且要使社会更有活力、更团结、更合作、更幸福、更有凝聚力、更有文化、更多产、更创新、更进步、更繁荣。

印度高等教育系统目前面临的主要问题包括：严重碎片化的高等教育生态系统；不太重视学生的认知技能和学习成果的发展；严重的学科分离；社会经济条件较差的地区学习机会有限；教师及机构领导人的晋升机制不健全；大多数大学和学院对研究的重视程度较低；高等学校治理和领导不力；监管体系效率低；大型附属大学拉低本科教育标准。

《国家教育政策（2020年）》设想对高等教育体系进行全面改革，重振其活力，从而提供公平和包容的高质量高等教育。该政策对现行教育制度做出如下改变：向由大型、多学科大学和学院组成的高等教育系统迈进，每个地区至少有一所大学或学院，各地有更多以当地语言或印地语作为教学语言或提供课程的高等院校；向多学科本科教育迈进；走向教师和机构自治；改革课程、教学方法、评估方式，以增强学生体验；成立国家研究基金，资助优秀的同行评审研究，并积极推动大学和学院的研究；由具有学术和行政自主权的高素质独立委员会管理高等教育院校；由单一监管机构对高等教育进行"轻而紧"的监管；采取一系列措施，包括为优秀的公共教育提供更多机会，私立大学或慈善大学为弱势群体学生提供奖学金、在线教育和远程开放学习，对残疾学习者开放所有的基础设施和学习材料，等等。

（2）机构改革和整合。这一举措的主要目标是通过将高等教育机构转变为大型多学科大学、学院和高等教育集群或知识中心，使每个机构的学生人数达到 3 000 人以上，从而结束高等教育的碎片化。这将有助于建立充满活力的学者和同龄人社区，发展活跃的跨学科研究社区并提高资源利用效率，使学生在包括艺术、创意、分析以及体育在内的各学科上全面发展。

（3）为学生提供最佳的学习环境和支持。有效的学习需要适当的课程、持续的形成性评估和学生的充分支持。首先，课程必须是有趣的和相关的，并定期更新，以符合最新的知识要求和达到预定的学习成果。其次，高质量的教学方法非常必要，教学实践决定了能提供给学生的学习经验，直接影响学习结果。再次，评估方法必须是科学的，旨在不断提高学习能力和测试知识的应用。最后，发展促进学生健康的能力对高质量的学习也至关重要，如健康的身体、良好的心理和优良的品德。

因此，课程、教学、持续评估和学生投入是高质量学习的基石。除了提供合适的资源和基础设施，如优质图书馆、教室、实验室、技术、运动和娱乐区域、学生讨论空间和用餐区域，还需要采取一系列措施，以确保学习环境具有参与性和支持性，以使所有学生都能成功。为了给学生提供最佳的学习环境和支持，《国家教育政策（2020 年）》提出以下几点。

第一，为了提高创造力，高等教育机构和教师将在高等教育资格的广泛框架内，在课程、教学方法和评估方面自主创新，以确保跨机构、跨课程、在线和传统"课堂"模式的一致性。因此，课程和教学方法将由各机构和有积极性的教师设计，以确保所有学生都能获得有激励性和参与度高的学习体验，并使用持续的形成性评估来进一步实现每个项目的目标。为了培养学生的创新能力和灵活性，将对"选择学分制"进行修改。高等教育院校应采用以标准为基础的评分制度，根据每项课程的学习目标更持续、更全面地评估学生的成绩，使该制度更公平，成绩更具可比性。

第二，每一所院校将把其学术计划（从课程改进到课堂转换质量）纳入其院校发展计划，并创建强大的内部系统，以致力于学生的整体发展。例如，所有高等教育院校都将设立专门机制，资助学生在教师和其他专家的帮助下举办以主题（如科学、数学、诗歌、语言、文学、辩论、音乐、体育等）为中心的俱乐部和活动。随着时间的推移，一旦具备适当的教师专业知识并且学生有需求，这些活动就可以被纳入课程。

第三，建立高质量的资助中心。来自贫困群体的学生需要鼓励和支持，才能成功进入高等教育机构学习。因此，大学和学院要建立高质量的资助中心，并将获得足够的资金和学术资源来有效地开展这项工作。此外，学校还将为所有学生提供专业的学术和职业咨询，以及辅导员，以确保贫困学生的身体、心理和情感健康。

第四，远程开放学习和在线教育为提高高等教育质量提供了又一条途径。为了充分发挥其潜力，远程开放学习将进行扩展，同时确保遵守明确的质量标准。远程开放学习课程的目标是成为最高质量的课堂课程。远程开放学习系统的发展、监管和认证须制定规范、标准和指南，并制定一个建议所有高等教育院校都使用的学习质量框架。

第五，所有项目、课程和跨学科的教学方法，包括课堂、在线和远程开放学习模式以及学生支持，都将以达到全球质量标准为目标。

（4）高等教育国际化。将印度推广为一个全球留学目的地，以承担得起的成本提供优质教育。每一个接待外国学生的高等学校都将设立国际学生办公室，协调所有与外国留学生的相关事宜。推动与国外高质量院校开展科研、教学合作和师生交流。在其他国家设立分校，同样地，也将推动世界前100名大学在印度的运营。此类大学将在监管、治理和内容规范方面获得与印度其他自治机构同等的待遇。此外，努力促进印度机构和其他各国机构之间的研究合作和学生交流，在国外大学取得的学分，可根据各高等教育机构的要求酌情计入学位考量。

在学生活动与参与方面，学生是教育系统的主要利益相关者。充满活力的校园生活是高质量教与学过程的必要条件。为此，学生将有机会参与体育俱乐部、文化艺术俱乐部、生态俱乐部、社区服务计划等。在每个教育机构，都应该有处理压力和情绪调整的咨询系统。此外，应制定系统化的安排，为来自农村的学生提供必要的资助，包括根据需要增加宿舍设施。所有高等学校都要确保为学生提供高质量的医疗设施。

对学生实行多种形式的资助，努力激励优秀学生。将国家奖学金门户网站信息扩大到支持、培养和跟踪奖学金获得者的发展，鼓励私立学校为学生提供更多的免费服务和奖学金。

（5）留住积极的、充满活力的和有能力的教师。高等教育机构成功的最重要因素是教师的质量和参与。政府认识到教师对实现高等教育目标的重要性，在过去几年里采取了各种措施，使教师招聘和职业发展制度化，并确保在招聘教师时各群体的公平代表权。此外，政府还采取了各种措施为教员提高薪酬和提供专业发展机会。然而，尽管教师的地位有了不同程度的改善，但在一些高等教育机构，教师在教学、研究和服务方面的积极性仍远低于预期。教师工作积极性低下背后的各种因素必须得到解决，以确保每一位教师都是快乐的、投入的，并有热情去教学和实现个人发展。

作为最基本的步骤，所有的高等教育机构将配备基本的基础设施，包括干净的饮用水、干净的厕所、黑板、办公室、教学用品、图书馆、实验室和教室。每个教室都应该配备最新的教育技术设备，使学生的学习体验更好。

教师将被赋予在批准的框架内设计课程和教学方法的自由，包括教科书和阅读材料的选择、作业和评估。授权教师提供他们认为最好的创新教学、研究和服务，将是一个关键的动力，并使他们能够真正出色地、创造性地工作。对优秀的教师将通过适当的奖励、晋升和表彰进行激励，与此同时，未能达到基本要求的教师将被追究责任。

（6）高等教育的公平与包容。高质量的高等教育可以带来大量的可能性，可以让个人和社区摆脱恶性循环。因此，为所有人提供高质量的高等教育机会必须是最优先考虑的事项之一。这项政策的目标是确保所有学生都能公平获得优质教育机会，所有政府部门和高等教育机构需要采取相应的行动。

政府须采取的措施包括：拨出适当的资金用于弱势群体的教育，为弱势群体设定更高的毛入学率目标，加强高校招生工作中的性别平衡，通过在拥有更多弱势群体的学区和特殊教育区建立更多高质量的高等学校来增加入学机会，发展和支持用当地语言或印地语或双语授课的高质量高等院校，为公立和私立高等院校的弱势群体提供更多的资助和奖学金，开发技术工具以便学生更好地参与学习。

高等教育机构须采取的措施包括：降低接受高等教育的机会成本和费用；为经济困难的学生提供更多的援助和奖学金；举办有关高等教育机会和奖学金的外展活动；使招生过程更具包容性；使课程更具包容性；提高高等教育课程的就业潜力；发展更多用印地语和双语授课的学位课程；确保所有设施都是无障碍的；为来自贫困地区的学生开发"桥梁课程"；通过适当的咨询和辅导计划，为所有学生提供社会情感支持和学术支持；确保教职员工和学生对性别问题达成共识，并将其纳入高等教育机构的各个方面，包括课程；严格执行所有禁止歧视和反骚扰的规定；制定机构发展计划，包括具体行动计划。

3. 教师教育

教师必须以印度的价值观、语言、知识、民族精神和传统为基础，包括部落传统，同时也要了解教育和教学法的最新进展。

由于教师教育需要多学科的投入，以及高质量的教学内容和方法，所有教师教育方案都必须在综合多学科机构内制定，因此，所有多学科大学和学院都将设立教育部门，除了开展教育各方面的前沿研究外，还将研究与其他领域相结合，例如心理学、哲学、社会学、神经科学、语言、艺术、音乐、历史、文学、体育、科学和数学。

设置四年制综合学士学位，到 2030 年，完成这种多学科高等院校提供的课程将成为学校教师的最低学位要求。四年制综合学士学位除了学习教育学之外，还将包括社会学，历史，科学，心理学，幼儿保育和教育，基础识字和算术，对印度及其价值观、民族、艺术、传统等的了解，以及更多如语言、音乐、计算机科学、化学、经济、体育等方面的基础知识。提供四年制综合学士学位的高等院校也可以为已经获得某一专业学士学位的学生提供两年制的学士学位教育。

二、《职业教育优先：印度 2020 年职业教育报告》

《职业教育优先：印度 2020 年职业教育报告》概述了目前印度国家和非国家行为者（包括教育机构）通过开办的短期和长期课程提供技术和职业教育与培训的能力，并根据印度的优先事项（其中一些优先事项源于《联合国 2030 年可持续发展议程》），详细阐述了《国家教育政策（2020 年）》中反映的职业技术教育与培训方法。报告回顾了迄今针对目标取得的进展，强调了仍然需要面对的挑战，并详细说明了今后需要做的工作。

（一）出台背景 [1]

报告出台之际，印度正遭受新冠疫情的重创。印度不像其他亚洲国家那样受人口老龄化的困扰，近年来在各个国际组织谋求话语权，如在世界职业教育舞台上积极与联合国教科文组织合作。

---

[1] 王静. 职业教育优先：联合国教科文组织《印度 2020 年职业教育报告》解读 [J]. 中国职业技术教育，2021（21）：65-73.

（二）实施机制

为了落实职业教育与培训政策，印度政府建立了相应的组织机构。2014年11月，为加快职业教育的发展，印度政府专门成立了技能发展和创业部，实施职业教育项目和计划，协调其他部委诸如教育部、卫生部、农业部等，解决效率低下的问题。

技能发展和创业部下设国家职业教育与培训委员会，各邦设立相应邦委员会，主要职能有：规范从事职业教育机构的职责，设立职业教育的最低标准，对职业教育的发展进行研究。另外，还设有培训总局，具体开展国家层面的职业教育培训项目，如妇女职业培训项目；指导行业培训学院、理工学院实施教学，落实学徒制等职业教育改革措施；负责对职业教育院校的绩效进行评估等。国家技能发展基金管理部隶属技能发展和创业部，以资金管理协议的形式下拨中央财政预算资金，具体执行机构是国家技能发展公司，该机构也受技能发展和创业部的管理和指导。

印度目前有37个行业技能协会，包括两个跨行业的协会，主要涉及环保性质的绿色工作和残疾人工作。行业技能协会主要开展培训需求分析、课程开发、实施培训、测评和颁发证书四项活动，其代表来自行业企业、政府部门和教育界。

在印度，除了技能发展和创业部与教育部负责职业教育外，还有其他19个部委也在实施自己的培训，每年培训的人员大约有1 000万，短期培训课程从几周到几个月不等，培训费用大多由政府支付。但随着由国家技能发展公司建立的技能培训网络的完善，很多部委不再建立自己的培训体系，而是依靠国家技能发展公司业已建立的系统进行培训，有效地整合了培训机构和培训资源。而在技能培训和职业教育方面，技能发展和创业部与教育部也进行了紧密合作。比如，前者在行业培训学院实施源于德国的双元制培养模式，而后者也在积极打通职业培训和学术教育之间的壁垒。技能发展和创业部下属的培训总局和教育部下属的国家开放教育学院紧密合作，使得行业培训学院的学生能够获得中等或高级中等教育资格。[1]

（三）其他政策

印度职业教育政策还重点关注以下方面：将学习者放在职业教育和培训方案的中心位置；为教师、培训者和评估者创造一个合适的生态系统；注重技能提升、技能更新和终身学习；确保妇女、残疾人和其他处境不利学习者获得技术和职业教育与培训的包容性机会；大规模拓展职业教育培训数字化；通过利用印度的文化遗产支持当地社区创造就业机会；更好地与《联合国 2030 年可持续发展议程》保持一致；采用创新的职业教育融资模式；扩大循证研究，以便更好地规划和监测；建立健全部际合作协调机制。

三、教育指南与年度报告

近几年，印度政府针对教育发展的不同方面出台了相关指南，例如《国家残疾学生海外奖学金教育指南》《午间膳食计划食物安全及卫生指南》《国家教师和教学使命计划指南》《学校停课期间家长参与居家学习指南》。其中，《学校停课期间家长参与居家学习指南》对儿童从幼儿到青春期每个阶段的显著特征进行简要描述，有助于家长支持和促进儿童居家学习。该指南提出的内容对包括家长、照顾者、其他家庭成员、监护人、校长、教

---

[1] 王静. 职业教育优先：联合国教科文组织《印度 2020 年职业教育报告》解读 [J]. 中国职业技术教育，2021（21）：65-73.

师、教师教育工作者和儿童在内的不同利益攸关方具有很强的相关性和实用性。其兼顾了学校的多样性，涵盖乡村学校和城市学校、政府资助的学校和无资助的学校。印度政府希望在新冠肺炎疫情期间，努力创造一种环境，让儿童学会如何学习，让父母和其他照顾者学会如何成为孩子共同学习的伙伴，从而为学习型社会的建设奠定基础。

印度教育部门每年对本国的初等教育、中等教育、表列种姓和表列部落教育、少数族裔教育、成人教育、女性教育、高等职业技术教育、残疾人教育情况进行梳理，如此不仅可以对教育总体情况进行总结，也可以让教育部门更加明确各自的职能。例如，2019—2020教育年度报告确立了全国教育研究与培训委员会的主要目标，即承担、推动和协调学校教育相关领域的研究工作，编写和出版示范教科书、补充材料、时事通讯、期刊，开发教材包、多媒体数字资料等，组织教师职前和在职培训，开发和传播创新的教育技术和做法，与国家教育部门、大学、非政府组织和其他教育机构合作并建立网络等。年度教育报告实质是反思教育实践进程，促进和鼓励不同人群在全国范围内表达不同的文化，同时，也是社会参与和监督印度教育改革进程的一种渠道。

第二节　教育政策的实施与挑战

一、国家教育政策的实施

迄今为止，印度政府共颁布了四个国家教育政策，颁布的时间分别是1968年、1979年、1986年和2020年。其中，1979年的国家教育政策因为政府权力的丧失未能得到实施，1986年颁布的《国家教育政策》在1992年进行了首次修订。2020 年，印度政府颁布了 21 世纪以来第一个国家教育政策——《国家教育政策（2020 年）》。[1]

（一）1968 年国家教育政策：提高高等教育质量的初步探索

印度国家教育政策首次颁布于 1968 年，在印度教育历史上具有里程碑意义。该政策对印度高等教育发展的主要贡献有两方面：一是布局研究生教育，要求大学特别注意开设研究生课程，提升研究生阶段教学水平和研究水平；二是提出建立全国统一的 "10+2+3" 学制模式。

独立后的印度把教育作为实现由贫穷落后的帝国主义殖民地转变成发达国家这一目标的主要工具，特别是高等教育，被视为经济和社会发展的一个关键因素。研究生教育在促进知识发展和培养研究型人才方面更是发挥着重要作用。在 1968 年国家教育政策颁布之前，一些大学已经成立了一些研究中心，从事研究工作并负责培养研究生，对经济社会发展做出了一定贡献。在 1968 年的国家教育政策中，特别强调了大学的研究生教育工作，为大学全面开展研究生工作进行布局。

全国统一的 "10+2+3" 学制模式的设置，对于多语言、多民族、多宗教的印度实现国家一体化具有重要的意义：一方面对于印度不同地区进入高等教育的学生的选拔、授予学士学位的最低标准进行了统一规定；另一方面，统一的学制模式成为授予学位的级别、学位获得者的资格、学位评定办法等相关内容的制定依据，为提高高等教育质量奠定了基础。

---

[1] 王战军，雷琨. 印度国家教育政策变革及其对高等教育的影响——基于印度《国家教育政策 2020》的研究 [J]. 江苏高教，2021（10）：109-115.

（二）1986年国家教育政策（1992年修订）：提高高等教育质量的实践

"1968年的国家教育政策没有转化成任何形式的实施细则，没有规定辅助其实施的具体职责、财政以及组织援助，结果导致年复一年积累起来的入学、教育质量、数量、效用和资金等方面的问题如此严重以至于需要迫切地去解决"。[1] 1986年的国家教育政策应势而生。相较于1968年不足8页的政策内容，1986年的国家教育政策对印度的教育进行了较为详细的规划，高等教育政策主要包括发展自治学院、成立专门负责检查和鉴定高等教育质量的鉴定委员会和发展开放的学习系统。

自治学院是印度高等教育改革的主要方向之一，目标是提升附属学院的教育质量，将其发展成为具有学位授予权的独立学院。印度高等教育系统拥有数量庞大的附属学院，这些学院只是从事具体教学的单位，无权开展学业标准设置、课程开设、组织考试、授予学位等工作，而是由其所附属的母体大学具体安排。一所大学可以拥有多达上百所的附属学院，范围可遍布全国各地。母体大学制定各种标准时并不考虑附属学院所在地区的经济、文化、生源、办学条件等差异，导致附属学院培养的人才多数不能满足区域经济社会发展的需求，也造成附属学院"同质化"发展。

为了提高印度高等教育质量，《国家教育政策（1986年）》提出成立专门的质量鉴定与评估委员会。1987年，印度大学拨款委员会成立了独立的质量鉴定与评估委员会，负责检查和鉴定高等普通教育的质量。同年，全印技术教育委员会成立了全国质量鉴定委员会，负责对高等专业教育的质量进行检查和鉴定。初步建立的高等教育质量保障和监督体系，在印度高等教育质量提升过程中发挥了重要作用。

---

[1] Ministry of Human Resource Development. National Policy on Education 1986 (As modified in 1992) [Z]. Government of India, 1998: 3.

发展开放的高等教育系统的目的是在减缓正规高等教育扩张速度的同时增加民众接受高等教育的机会。随着 20 世纪 80 年代邦立和国立开放大学的建立，印度逐渐建立起了完整的开放大学体系，开放大学成为民众接受高等教育的重要方式之一。2019—2020 年度，印度共有开放大学 16 所，另有 110 所普通大学开展函授课程，包括博士研究生、硕士研究生、本科生等在内的 427 万余名学生注册了远程教育，注册人数占印度高等教育注册人数的 11.1%。[1] 面对资源有限而高等教育注册人数增长速度不断加快的现实，发展开放的高等教育系统成为权宜之计。

《国家教育政策（2020 年）》刚刚颁布不久，其实施情况还有待进一步跟踪研究。

二、国家教育政策实施的挑战

（一）高等教育目标宏大，改革任重道远

政治、经济、社会、文化和历史等方面的因素致使印度教育发展的背景十分独特。高等教育发展需要依靠社会其他子系统的变革，部分改革目标难以实现或将花费更长的时间实现，使得印度高等教育的改革任重而道远。

首先，印度复杂的高等教育系统给政策的贯彻落实带来诸多不便。在印度高等教育机构中，附属学院所占比重最大，约占整个高等教育机构数量的 77% 左右，其中私立附属学院的数量占整个学院数量的 78.6%。私立院校不接受政府的资助，经费来源的重要部分是学生的学费，导致高等教

---

[1] Ministry of Human Resource Development. All India survey on higher education (2019—2020) [R]. New Delhi: Government of India, 2020.

育商业化。在印度，高等教育的私营化和商业化几乎是同义词。以营利为目的的私立学院在硬件投资、师资投入等各方面普遍存在降低成本的现象，大都发展运行成本较低的高等普通教育。以盈利为目的的私立院校牵涉多方利益，各种既得利益集团互相牵制的力量越来越大，致使未来改革取得突破性进展的难度也越来越大。

其次，印度高等教育发展要依靠社会其他子系统的变革。高等教育发展需要稳定的环境，而贫困、失业、阶层问题等都是印度社会不稳定的潜在因素，对高等教育发展极为不利，削弱了高等教育的整体竞争力。世界银行2013年的报告显示，印度贫困人口约占世界贫困人口的1/3。全球新冠肺炎疫情加大了印度减贫脱贫难度，税制改革、农村经济发展的压力以及城市青年高失业率都将阻碍印度的减贫步伐。贫困问题与印度的宗教、种族问题乃至复杂的国际因素交织在一起，容易出现社会动荡、暴力活动等社会问题。印度大学毕业生的失业率高于全国总体失业率，就业不足不仅剥夺了人们分享经济增长成果的机会，而且还造成了资源的浪费，对社会的稳定产生威胁。印度公共基础设施落后、财政投入不足、种姓制度和阶层问题带来的教育公平问题等也使印度高等教育的整体竞争力下降。

最后，部分改革目标难以实现或将花费更长的时间实现。印度教育管理体制是由中央政府和邦政府合作管理，并由宪法和各种立法分别规定相关管理权限的体制。《国家教育政策（2020年）》建议成立新的高等教育管理机构，如果要保障这些新机构的有效运作，立法势在必行，而立法过程需要花费相应的时间，不能一蹴而就。比如印度大学拨款委员会成立于1945年，但直到1956年，成立大学拨款委员会的法案才在议会获得通过。从以往印度教育改革的实践来看，许多原则性建议长期难以付诸实践。比如，1968年的《国家教育政策》要求每5年对全国教育发展情况进行评估，并根据评估结果规划今后的发展策略，这个要求就一直没有得到落实。相较于以往的政策，《国家教育政策（2020 年）》提出了更多更高标准和要求的改革举措，但印度高等教育沉疴积弊，彻底治理任重道远。[1]

（二）职业教育面临多重阻力，实施困难

尽管《国家教育政策（2020 年）》对职业教育在政策和资金方面有所倾斜，但是职业教育的发展还是面临一些挑战：一是在人们的传统观念中，对职业教育的认可度不高，从事职业教育的教师们的待遇、地位和专业发展也远不如普通高等学校教师；二是在印度的劳动力群体中，零工等临时性劳动力占到了 90% 以上，妇女的就业比例也很低，不到 26.5%；三是新冠肺炎疫情期间，更暴露了全国各地区的数字鸿沟，数字化基础设施的落后、高质量在线职业教育资源的匮乏，必将影响后疫情时代职业教育的发展；四是采用由技能发展和创业部的合作培训机构开发课程、行业技能协会进行评估的模式，增加了成本，很多高校所进行的职业教育学士项目资金难以为继；五是对年轻人，尤其是对农村地区年轻人的技能差距分析做得不充分，培训机构开发的课程和岗位与实际需求不匹配。[2]

---

[1] 王战军，雷琨. 印度国家教育政策变革及其对高等教育的影响——基于印度《国家教育政策 2020》的研究 [J]. 江苏高教，2021（10）：109-115.

[2] 王静. 职业教育优先：联合国教科文组织《印度 2020 年职业教育报告》解读 [J]. 中国职业技术教育，2021（21）：65-73.

第十一章　教育行政

独立后的印度实行联邦制。一般邦以下设立专区、县、发展区和行政村四级单位，中央直辖区下设县、发展区和行政村三级。教育行政体系依照印度行政区划而设。在印度，联邦政府、邦政府或直辖区政府都有管理教育的部门。此外，地方政府部门和私立组织也有自己的教育管理机构，但实际的教育管理权主要在邦和中央直辖区。目前，印度的教育行政管理体系分为5个层次，即中央教育行政、邦教育行政、县（自治市）教育行政、私人（或民间）教育行政和学校教育行政。[1]

第一节　教育行政管理体系

在印度，中央一级的教育机构主要从事国家教育政策的制定、财政经费的拨发、为教育事业的发展提供人员培训、进行教育督导与咨询等全国性事务。

---

[1] 王长纯. 印度教育 [M]. 长春：吉林教育出版社，2000：119.

一、中央教育行政体系

教育部是印度较早就有的教育管理机构，成立于 1855 年，是当时英属印度殖民政府管理教育的中央级机构。独立后，教育部成为管理全国教育事务的中央机构。教育部职能通过两个部门开展，学校教育与文化部和高等教育部，前者负责高等教育外的学校教育和扫盲教育，后者则负责高等教育。

学校教育与文化部着眼于普及教育，致力于将印度年轻人培养为具有更高素质的公民。为此，各种新的计划和倡议被定期采用，并开始以提高学校入学率的形式产生效益。高等教育部则致力于为学生带来世界一流的高等教育和研究机会。

（一）人力资源开发部教育司

1986 年初，文化部、艺术部、青年事务和体育部、妇女和儿童发展部等部门合并组建人力资源开发部，教育部也并入其中成为教育司，负责所有与教育有关的事务，包括审定各种教育计划并为这些计划的实施提供指导。此外，教育司还负责协调学校内的各种教育活动，监督全国教育工作的进程，出版教育统计资料和教学大纲以及与教育有关的其他出版物。

教育司由一位国务部长（相当于副部长）任司长，他与教育司的秘书处协商工作。秘书处由一位主要秘书、两名专职秘书和一位负责学术与教育政策事务的顾问组成。教育司下设执行具体职能的局，分别是初等教育局，中等教育局、大学和高等教育局、成人教育局、课本促进和奖学金中央直辖区局、语言局、行政规划与联合国教科文组织局、技术教育局和综合教育局。各局的负责人称为联合秘书或联合教育顾问，协助他们工作的人员称为处长、助理或副教育顾问。各局下设若干处、科、室等职能部门。[1]

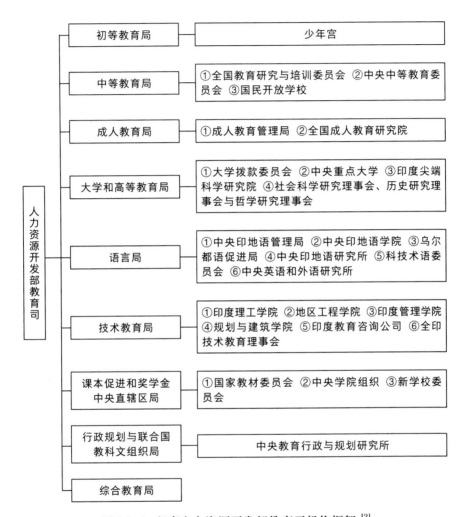

图 11.1 印度人力资源开发部教育司机构框架 [2]

[1] 王长纯. 印度教育 [M]. 长春：吉林教育出版社，2000：121-122.

[2] 赵中建，等. 印度基础教育 [M]. 广州：广东教育出版社，2007：24.

（二）中央教育咨询委员会

中央教育咨询委员会是印度成立时间最长也是最重要的政府教育咨询机构。建立咨询委员会的建议是由加尔各答大学委员会在 1919 年提出的。由于 1919 年的《印度政府法》把管理教育的权力从中央政府下放到地方政府，限制了中央对教育的控制权，为了承担起咨询的角色，中央教育咨询委员会在 1920 年紧急成立，后由于经费困难于 1923 年解散，1935 年再次恢复。委员会主席由联邦教育部长出任，其成员包括中央政府代表、各邦政府代表、著名教育家、议会议员以及大学代表等。委员会的主要作用是：对涉及中央和地方政府的各种教育问题提出建议；搜集对印度教育发展有特别意义和价值的信息和建议，进行审查后推荐给中央及地方政府。

中央教育咨询委员会自成立以来在提高印度社会对教育的认识方面发挥了积极作用，如在 1935 年的首届委员会会议上，面对当时受教育青年大量失业的状况，提出了改革教育体制以帮助应付失业问题的建议。通过调查研究，委员会在 1944 年批准了第一份对战后印度全国教育发展具有指导意义的文件——《印度战后教育发展规划》，为现代印度的教育规划打下了良好的基础。

伴随着印度政治上的独立，印度教育也相应地发生了巨大的变化。1950 年，印度宪法的颁布使教育成为中央和地方共同关心的一项事业。作为最高教育咨询机构，中央教育咨询委员会在使中央和地方政府共同参与发展教育方面起了协调作用。中央教育咨询委员会在 1948 年就曾建议成立中等教育委员会。印度大学拨款委员会也是由中央教育咨询委员会在 1950 年 4 月开会讨论大学教育委员会报告时建议成立的。1951 年，印度开始制定并执行第一个"五年计划"时，中央教育咨询委员会亦为准备教育发展规划提出了很多颇有价值的建议。在 1953 年中等教育委员会建议的基础上，中央教育咨询委员会通过实施如下两个主要项目来帮助重建中等教育结构：一是把部分中学改建为多目的学校；二是改建或新建高级中等教育学校。增加初等教育的设施和扩大女子教育机会也是中央教育咨询委员会始终关注的问题。

中央教育咨询委员会召开的每届会议都重点讨论研究教育发展及当时的重大问题：1948 年的第 14 届会议着重研究独立后印度"整个基础教育必须进行变革"这一主题；1954 年的第 21 届会议主要讨论中等教育委员会的报告建议并关注学生纪律状况不断下降的问题；1970 年的第 35 届会议讨论在教育机构中引入道德和价值观教育，以解决学生暴力行为的出现和价值观念的蜕变等。中央教育咨询委员会通过其咨询活动向中央和地方政府提出了众多的改革建议，对印度教育的改革和发展产生了重要影响。[1] 1986 的《国家教育政策》进一步强调了中央教育咨询委员会的作用，并指出其将在考察教育发展、教育制度改革和监督上起主要作用。

（三）中央中等教育委员会

中央中等教育委员会是在 1929 年印度政府通过的一项特殊决议后成立的。其职责是提高中等教育的学业标准，使全国各地的教育机构都能享有其提供的教育服务。中央中等教育委员会是一所经费自给的机构，通过征集和销售出版物获得所有的经费，满足所有的资金需求。

中央中等教育委员会的最高领导是委员会主席，他履行委员会所拥有的所有权力，并领导下属各个分委员会。中央中等教育委员会有 7 个分委员会，即资金委员会、课程委员会、考试委员会、考试成绩委员会、附属委员会、私人代表委员会和膳食委员会。委员会主席也是管理机构的负责人，管理并经常就各分委员会分管的不同事务提出建议。教育秘书也是委员会中拥有实权的人物。

---

[1] 赵中建，等. 印度基础教育 [M]. 广州：广东教育出版社，2007：26-27.

中央中等教育委员会在阿拉哈巴德和德里等地分设 6 个地区办公室，以确保附属于不同地区的机构和学校之间的交流更加通畅，所提供的服务更加令人满意。隶属于中央中等教育委员会的学校数目增长极为迅猛，1962年仅为 309 所，1999 年达到了 5 200 所以上。[1]

（四）全印技术教育委员会

印度中央教育咨询委员会在规划二战后印度教育发展计划时，认为工业如要有效地获得实质性发展，就必须规划全国技术教育，这就需要有一个全国性机构。据此，全印技术教育委员会于 1945 年成立，专事制定全国总的技术教育政策并管理所有中学以上阶段的各类技术专业教育院校，但不包括大学的技术教育系。委员会由议会、邦政府、工业、商业等各界代表组成，负责教育事务的部长任主席。其常务机构由 60 名成员组成，从中再产生执行委员会。委员会下设 7 个技术教育局，各地区和邦分别设立地区和邦技术教育委员会。全印技术教育委员会成立后的第一项任务就是调查全国高等技术教育的需求情况，并就建立何种类型的技术院校、提供何种技术类别及按何种标准进行教育等提出建议。其主要职责是扩大全国的技术教育并维持其标准，协调技术员、工程师、技术专家教育，调查全国技术教育状况，考虑技术教育中的紧迫项目，举行年会讨论技术教育政策、实施规划及存在的问题等。委员会的第一、二届年会在印度独立前召开，第三届年会在 1948 年召开。年会主要讨论当时技术教育所面临的最重要问题，如第十九、二十届（分别于 1968 年和 1969 年召开）连续两届年会都十分关注 20 世纪 60 年代印度受教育青年的严重失业状况，分析产生这一问题的原因。印度议会在 1987 年通过《全印技术教育委员会法》，从而确立了全

---

[1] 赵中建，等. 印度基础教育 [M]. 广州：广东教育出版社，2007：27-28.

印技术教育委员会的法定地位。进入 20 世纪 90 年代，全印技术教育委员会先后制定了证书、学位和研究生课程的技术教育标准，并在 1994 年公布了不受政府资助的技术专业院校的招生和收费标准。[1]

（五）中央职业教育研究所

印度政府于 1993 年 7 月在中央邦的博帕尔市成立了中央职业教育研究所，作为印度职业教育研究和发展的最高机构。在研究所成立时，印度已有 5 701 所学校提供了 82.2 万个修习职业教育的名额，但入学人数却低于所提供的名额。成立这一研究所的目的就在于促进和推动印度中等职业教育的发展。[2] 中央职业教育研究所的主要活动集中在课程、教科书、教学材料的检查和标准化，教师培训计划以及各邦之间的相互影响上，以促进职业教育领域的信息和经验共享。研究所已被确认为印度参与联合国教科文组织的"技术和职业教育国际项目"的主要机构。研究所首先利用了全国教育研究与培训委员会编制的 6 个职业教育学科领域的 82 门能力为本项目的课程，并提出普通教育和基础学科及语言发展应占总学时的 30%，其余 70% 的学时应用于职业理论和实际操作培训。

二、地方教育行政体系

（一）邦一级的教育行政

在印度，教育管理主要是邦一级政府的职责。国库收入中用于教育经

---

[1] 赵中建，等. 印度基础教育 [M]. 广州：广东教育出版社，2007：28-29.

[2] 赵中建，等. 印度基础教育 [M]. 广州：广东教育出版社，2007：29-30.

费的 90% 是归于邦预算的，98% 的教育工作人员由邦支配。邦的主要职责是在全国教育发展计划的指导下，结合本地区的实际情况，不断改善本邦的教育水平。同时，邦还是中央与地方联系的桥梁。

1. 邦教育部

早在英属殖民地时期，印度就确立了各邦教育部的基本结构。但是这一机构是为殖民统治服务的，其设计的目的和作用十分有限，带有鲜明的殖民色彩。印度独立后，邦教育部职能有了某些扩大，但其程序和计划仍很传统和保守。20 世纪 60 年代，科塔里教育委员会建议把邦教育部改革为制定和执行教育计划的主要机构。科塔里教育委员会认为：首先，要克服邦一级教育管理上存在的"分散"现象，邦教育部应加强与邦内其他教育管理部门的合作，把分散的教育发展规划适当地联系起来，并把它们看成是一个整体的各个部分。其次，在邦一级，有必要创建某些协调合作计划的机构和对教育计划与发展提出建议和意见的机构。具体的做法是：在邦一级，建立一个法定的教育委员会，其职责范围应限制在普通学校教育或大学水平以下的所有教育，由邦教育部长担任该委员会的主席，其余的领导成员应包括该邦大学的代表、主管不同教育部门的领导以及一些著名的教育家。该委员会的主要职责是向邦政府提供与学校教育相关事务的建议，评价邦教育的发展，以及不时地通过恰当的机构评价教育发展方案。该委员会是邦一级最重要的咨询机构，有必要的话，可以组织常设委员会或准委员会，并在邦教育部秘书的领导下，定期召开会议。委员会应将其年度报告和建议一起呈给邦立法局。科塔里教育委员会的建议在日后印度的教育行政改革中得到了采纳。印度还在邦一级建立邦评价组织和邦教育咨询委员会。

邦教育部由秘书主管，其成员还包括助理秘书或联合秘书、副秘书、候补秘书及其他辅助人员。邦教育部负责本邦所有的教育发展计划，主要职责包括：制定发展中小学教育的一揽子计划，包括定期修改和更新课程，编印教科书、教师手册和其他教学材料以及改进教学和考试方法；征求邦中小学教育委员会及邦评价组织的意见，规定学校所应达到的各项标准，并通过督导、下拨经费和后勤保障等来确保标准的执行；负责配备教师，拟定教师的工资、退休金和工作条件；以适当的方式组织教师培训；吸收和派遣适当的人员建立、指导和资助高质量的教师培训机构；直接派人对学校进行监督；建立并维持邦评价组织，以平衡邦内各地区的考核标准，并帮助修订中小学毕业考试的国家标准；鼓励、指导和帮助地方当局更好地管理学校教育，经常有计划地对这些学校提供帮助，以保证其质量不断提高；建立和维持邦教育学院，通过适当的学术研究、培训和帮助，促进地方当局及督学改进学校的各项标准；逐步过渡到承担中小学阶段的各种职业技术教育。

2．邦教育秘书处

邦教育秘书处是邦教育部下属的一个重要的教育管理机构，设有秘书一职。邦教育秘书与中央一级的教育顾问相似，其职位由知名教育家担任，且有一定的任期。教育秘书主要负责对行政、财政和教育工作的检查。

3．邦教育董事会

在邦一级还设有教育董事会，董事会的最终任务是通过一种多目的的和有力的领导来改善教育。邦教育董事会设董事一职，主要职责是协调和督导县教育官员和县学校委员会成员。教育董事主要从事技术性工作。

教育秘书与教育董事之间的关系问题在印度邦一级教育管理中一直存在。20世纪60年代，科塔里教育委员会认为，解决这一问题的关键是划清二者的职权范围，认为二者在地位上应是平等的，不存在谁领导谁的关系。

为此，印度采取的措施是建立县学校委员会，并且让其成员在大学水平以下的所有教育管理中进行协调；加强县教育办公室教育视导员的权力，使其能在管辖区内执行几乎所有的职权。如今，这一问题已得到较好的解决。[1]

邦一级还设有与中央一级类似的机构，如邦教育研究所、邦教育研究与培训委员会和邦教材局等。

（二）地方一级的其他教育行政

在印度，邦以下设有县或自治市，县和自治市以下设区，区以下是自然村。它们都是地方行政单位。在教育行政上，地方一级主要管理初等教育，也包括少部分中等教育。

1. 县（自治市）教育委员会

在地方一级，具体负责教育事务的机构是县教育委员会（也称县教育局），自治市教育委员会是与县教育委员会类似的机构，它是在邦中拥有10万人以上的城镇中设立的地方教育管理机构。委员会的成员由以下人员组成：由区自己选出的代表；以法定的方式选出的县或自治市代表；由邦政府任命或由区推选且经邦政府同意的人员或著名教育家；由其他行政部门，如工业部和农业部从与教育管理相关的行政人员中选出的官员。前两类人员和后两类人员各占一半。邦政府的一位高级官员担任该委员会的专职秘书，委员会为专职秘书配备必要的管理和督导人员。

县（自治市）教育委员会的职责是直接管理辖区内的所有由政府和地方力量主办的学校，还依据邦政府制定的有关规定管理政府拨款，并向各

---

[1] 王长纯. 印度教育 [M]. 长春：吉林教育出版社，2000：126-129.

类学校发放。该委员会的另一项职责是在邦政府给出的指导框架范围内，制定该县（自治市）的教育发展计划。

印度初等教育的师资问题一直很突出。因此，教师的接收工作至关重要。县（自治市）教育委员会的一项重要工作就是参与教师的接收工作。在印度，通常由县（自治市）教育委员会、秘书及县（自治市）教育官员组成的专门委员会来负责教师的接收。教师的工资、奖金及服务条件由邦政府规定，并且辖区内所有的县（自治市）都是同一标准。县（自治市）教育委员会保证这些规定的实施。[1]

2．县（自治市）学校委员会

为了加强学校与社区的联系，根据科塔里教育委员会的建议，印度在地方建立县（自治市）学校委员会，管理主要的教育机构。学校委员会一半的人员由地方当局推选，另一半由县（自治市）教育委员会指定的对教育感兴趣的人组成。

县（自治市）学校委员会在地方教育行政中负责以下事务：负责资金的积累和校舍以及其他运动和游戏场所的修建与维修；提供教学设备；给儿童提供书本和书写材料；提供统一服装（校服），设立奖学金及其他奖项；在所在地区强制实施义务教育；帮助学校组织课外活动，帮助学校与社区建立一种亲密关系；为学生提供午餐；为教师的住宅积累资金。学校委员会所有工作的目标是改善本地学校教育状况。

此外，地方还设有其他教育管理机构，如县（自治市）学校建筑委员会，专门负责本地区学校校舍的修建与维护。私人教育管理机构主要是一些地方力量建立的用以管理其所属教育机构的机构，大量地存在于各私立

---

[1] 王长纯. 印度教育 [M]. 长春：吉林教育出版社，2000：129-131.

教育机构中。印度实行校长负责制，最低一级的教育职责由校长来履行。印度现行的教育行政管理体制较之以往更加完善，机构的设置也较为完整，已经形成了自己的特色。[1]

第二节 教育行政管理体系的多元主体与特点

一、教育行政管理体系的多元主体

在印度教育行政管理中，多元主体在系统的法律指导下，相互配合与统一，保证了教育行政权力配置、布局和治理行动的落实与执行，显著区别于殖民统治时期的中央和各邦的上下两级管理模式。

（一）宪法、全国性专门法及各邦法律构成的法律体系

独立后，印度确立了以法律为准绳的教育行政原则，除宪法的教育条款外，辅之以其他全国性专门法和各邦法律，共同构成印度教育治理的法律基础，实现了公民权利与国家教育治理之间的平衡。从宪法来看，自1950年1月生效，截至2016年，已进行101次修订，其中关于教育的诸项条款明确表述了印度的基本教育政策，并规定了印度教育发展的相关要求，如教育实行中央和地方分权，地方各邦作为管理主体，中央主要负责经费划拨和方向指导。此外，免费初等义务教育、少数民族创办及管理教育机构的权利、妇女教育、世俗教育、母语教育、弱势群体教育等多方面教育

---

[1] 王长纯. 印度教育 [M]. 长春：吉林教育出版社，2000：131-132.

内容都被纳入宪法。基于宪法这个根本大法，印度还制定了多项全国性专门法来指导各领域教育治理行动的开展。另外，各邦所制定的法律是本邦教育行政的基本依据。

（二）中央、邦、县（自治市）及学校四级教育行政网络

印度教育行政管理形成了中央、邦、县（自治市）和学校四级教育行政网络。中央教育行政部门主要是人力资源开发部教育司，是国家一级主管教育的部门，承担全国性教育行政管理任务，颁布、推行教育计划及改革，制定各级各类教育治理政策，还负责教育涉外联系合作。邦级教育行政部门一般称为邦教育部，或普通教育部，主要承担中小学教育管理，其具体职权范围十分广泛，中小学教育的一揽子计划、中小学评价标准、教师配备及安排、中小学考试标准修订等都由邦教育部主管，同时负责沟通中央与地方。需要指出的是，邦教育部并非邦内唯一的教育行政管理机构，在具体教育领域内，相关业务部门也会参与到教育治理中，如某些邦的农业部、卫生部还负责兼管本邦的农业教育、卫生教育。邦以下的地方教育行政主体由县（自治市）教育委员会和县（自治市）学校委员会负责，其职权范围涉及全县（市）的普通教育，制定和执行教育计划，对辖区内所有学校进行直接管理，如提供教师教学设备和材料，组织学生课外活动，提供课本、校服和午餐，负责校舍及运动场地的修建和维护等，全方位参与教育实践活动，以提升本地区学校教育质量。地区教育管理最基层单位是学校联合体，承担对学校的管理职责。

（三）以全国性教育咨询委员会为代表的"半行政机构"

印度教育行政管理的另一支关键力量是以政策咨询为主要任务的"半

行政机构"，此类机构以众多全国性教育咨询委员会为代表。这些委员会多是按照法律成立的自治机构，虽然并非由政府直接领导的行政机构，但是其政策和权力又具有一定的行政效力，协助政府制定和落实各项教育政策，是印度教育治理体系中不可或缺的一环。典型的"半行政机构"有大学拨款委员会、全国教育研究与培训委员会、中央教育咨询委员会、全国教师教育委员会、全印技术教育委员会等。区别于政府的教育行政机构，这些委员会职权范围十分广泛，概括起来，其引导教育治理的作用主要体现在政策咨询、标准制定、教育督导等方面。

（四）社区、企业、非政府组织和民间智库组成的社会力量

教育行政管理对社会的参与提出全新要求。独立之初，印度就认识到社会力量参与教育的重要性，在 20 世纪 80 年代后"新自由主义"的影响下，更为重视社会力量参与的深度和广度。大体上来说，印度社会参与教育治理的各方包括村教育委员会、家长、企业、非政府组织、民间智库团队等，以上各方发挥着各自的作用，丰富完善了教育治理系统，一起服务于印度教育的发展。社区是社会参与的最主要力量，作为最重要的社区组织之一，村教育委员会发挥地方教育管理职能，负责小学和中学的架构、行政和财务管理，此外还承担教师的薪金、14 岁以下学生的招生、学校基础设施的改善等事项。一些非行政性质的社区组织，如家长-教师协会也成为地方教育治理的重要力量。其他民间机构和组织也积极服务印度的教育实践，尤其是在政府资源无法满足受教育者需求时，其补充性作用更加显著，这类机构和组织典型的有布拉罕协会、毛拉·阿扎德教育基金会等。[1]

---

[1] 王建梁，赵鹤. 从"管理"到"治理"：印度独立以来教育治理的演变、特色及问题 [J]. 华中师范大学学报（人文社会科学版），2019，58（4）：161-169.

二、教育行政管理体系的特点

印度历经 70 余年形成的教育管理体系具有鲜明特色，不仅成为印度教育的标签，也代表着印度在教育治理领域中取得的成绩，直接推动了印度教育事业的综合发展，最终为印度经济发展提供了"教育红利"。

（一）法治导向：以法为纲统揽教育管理全局

印度宏观教育行政管理格局依靠法律统摄，法律先于行动，宪法、专门法及邦法律三者结合形成完整的法律体系，为各级各类教育事务的管理提供了法律依据，奠定了管理基础。首先，宪法作为根本大法规定了教育行政管理基本原则，调整了中央与地方治理权限，并且宪法的不断修正与调整也直接影响教育行政的走向。其次，中央政府制定多项全国性法律进行具体指导。最后，各邦依据宪法要求不断通过教育法令规定教育行政部门、学校及家长的职权以确保普及初等教育目标的实现。例如，1958 年《喀拉拉邦教育法》为喀拉拉邦提供了治理框架，对学校的设立和维护、学生的出勤及假期、教师管理、教育咨询委员会和地方教育行政部门的人员选配和管理等都做出了详尽的规定。

（二）民主导向：多元主体协同参与教育行政

印度教育行政管理主体呈现多元化状态，参与行政管理的各级教育行政部门、众多"半行政机构"和社会力量成为印度教育行政管理的中流砥柱。首先，以政府为代表的行政力量是整个系统的主线，通过分权将教育决策权下放到各邦、县（自治市）及以下的各教育部门和教育机构，中央的作用主要限于宏观调控和信息收集、交换，为下一级政府提供信息、服务及经费支持等诸多资源以完善各级教育管理。这样的宏观指导作用是其他组织或个人无法替代的。其次,"半行政机构"通过政策咨询、标准制定、教育督导积极引导教育治理。比如大学拨款委员会就为印度高等教育的发展贡献良多。再次,社会力量的参与逐步深入,除社区参与这一最主要形式之外还有多种形式,如公私合作。印度很多私立学校(主要在基础教育领域)都是由某些基金会、大企业,甚至个人出资举办的,以企业举办最为常见。印度是一个人口大国,但民众识字率较低,这说明学校的数量与需求仍存在着巨大的差距。目前仅靠政府难以满足巨大的需求,公私合作管理模式中的私营实体则可以承担起初期的资金支持。政府可逐渐偿还这些费用,偿还是有间隔的,也是长期的,所以,利用这种模式实质上减少了政府的资金压力。印度拟建的 6 000 所样板学校、旁遮普邦的阿达希学校、拉贾斯坦邦的新建学校均采用这种管理模式。[1] 此外,还有一些智库团队和非政府组织也积极建言献策并协助政府进行教育管理,如在教育领域享有盛名的印度社区教育研究中心。

(三)公平导向:持续优化弱势群体教育治理

印度非常重视教育公平,采取了多种措施提高弱势群体受教育的机会,尤其注重优化对女性、少数民族等弱势群体的教育治理,努力让"短板"不再"短"下去。印度独立以来一直非常重视教育公平问题的解决,并为此不断出台相关的法律、政策、战略、规划,形成了以宪法为指导的较为严密的法律保障体系。行政管理方面,印度政府一方面建立各类管理和咨询机构,如社会公正与赋权部、部落事务部和少数民族事务部等中央部门相互协调,对弱势群体教育发展事务进行管理和监督;另一方面加大对弱

---

[1] 石水海. 印度基础教育 PPP 管理模式研究 [J]. 教学与管理,2013(34):86-88.

势群体教育的财政支持力度，出台了诸多激励措施，如义务教育阶段的免费，各种奖学金、助学金、助学贷款等。同时，少数民族教育咨询委员会、大学拨款委员会等教育治理"智囊团"为弱势群体的教育发展提供信息咨询和决策建议，并参与到具体的事务管理中。比如大学拨款委员会专门设立负责表列种姓、表列部落和其他弱势群体的高等教育办公室、常务委员会及相关小组委员会，对保留政策的实施进行有效监控，并处理和解决相关投诉。在社会参与领域，社会力量也不断壮大，社区、家长和学校以及包括基金会、民间志愿组织在内的各种力量在弱势群体教育治理中发挥着日益重要的作用。[1]

（四）技术导向："E 治理"创新教育治理模式

E 治理即"电子治理"，是信息技术在治理过程中的应用，也是实现智能化治理的有效手段。印度致力于采用信息与通信技术手段实现"简单、道德、负责、响应及透明"的治理目标。E 治理正是印度政府大刀阔斧进行治理信息化改革过程中领衔教育行政治理的重要举措，充分利用信息与通信技术使治理的业务成本更低廉、包容性更广，促进对各项事务进行高质量回应。[2] "E 治理行动"计划是印度所制定的多项长期计划之一，于2003—2007 年实施。此外还有其他举措，例如 2000 年制定《信息技术法》，为所有包括教育行政治理在内的电子化活动提供法律框架；建立"E 治理中心""电子办公室"，联系地方、各邦及国家管理部门。具体到教育行政治理方面，印度还实施了多项教育 E 治理项目，如基础教育信息化方面的

[1] 王建梁，赵鹤. 从"管理"到"治理"：印度独立以来教育治理的演变、特色及问题 [J]. 华中师范大学学报（人文社会科学版），2019，58（4）：161-169.

[2] RIZVI A H. A study of e-governance educational projects in India[J]. Global journal for research analysis, 2016, 5 (1): 37-38.

Vidya Vahini 项目。该项目于 2001 年由政府和非政府组织合作发起，最初的目标是为印度的中小学配备充足的电子教学设备，随着项目的逐渐深入，加大了针对农村及偏远地区的教育服务力度。印度政府 2006 年 5 月通过国家 E 治理计划，重点关注教育领域，2015 年又推出国家 E 治理计划 2.0 版本，目标是为所有学校接入宽带，为 25 万所中学提供免费无线网络，开发大规模在线课程资源，促进网络教育发展。E 治理也是未来印度教育行政治理的改革重点，目前已经有了一些初步计划，比如广泛应用信息与通信技术进行学校教育管理（如教师缺勤、教师短缺和基础设施缺口等问题）;[1] 进一步健全数据系统，收集和发布教育过程中的所有相关数据，增强邦、县（自治市）和发展区不同利益相关者通过数据分析采取干预措施的能力；努力提高社区参与治理的信息化水平，升级并配备更多设施，使更多社区可以通过信息化手段配合学校教育。[2]

---

[1] JAGATHKAR A. Draft National Education Policy 2016: will it help in achieving education outcomes?[J]. IARS' international research journal, 2016, 6 (2): 171-172.

[2] 王建梁，赵鹤. 从"管理"到"治理"：印度独立以来教育治理的演变、特色及问题 [J]. 华中师范大学学报（人文社会科学版），2019，58（4）：161-169.

第十二章 中印教育交流

中印教育交流最初是依附于双方文化交流的。关于中印文化交流确切的起始时间学者们说法不一，但从已有的文字记载来看，已有 2 000 多年的历史。著名的教育家季羡林先生认为，在中印文化交流悠长的历史进程中，两大文明相互接触、碰撞，进而吸收、改造，直至融合、同化，演奏出壮美的人类文明交响乐。概言之，"上至天文、地理，下至语言和日常生活，中间文学、艺术、哲学、宗教、科学、技术等，在很多方面，无不打上了交流的烙印"。[1]

第一节 交流历史与现状

一、交流历史

从教育交流角度看，中印教育交流可以分为 5 个阶段。一是公元前的交往通道形成初期，这时两国之间的文化交流产生于贸易往来。西汉时期张

---

[1] 王树英. 中印文化交流 [M]. 北京：新世界出版社，2015：7.

骞出使西域，打开了西域通道，促使两国开始贸易往来。二是 1—10 世纪的佛教教育时期，这一时期由于佛教得到了统治者的支持，信仰者逐渐增多，寺庙开始大力兴建，佛教教育迅速发展。三是 10—17 世纪海上交往兴盛时期，虽然这一时期佛教交往逐渐衰微，但海上贸易交往逐渐兴盛，使得两国之间的文化交流经久不衰。四是 18 世纪—1949 年，近现代时期的两国建立了新联系。这一时期，两国之间的政局虽然经历了大动荡，但在贸易方面依然维持联系。同时，两国的知识分子、政治活动家、作家和艺术家试图在新条件下重新发现和认识对方。五是新中国成立后双方建立多方面交流与联系时期。1947 年印度宣布独立，1949 年中华人民共和国成立，中国与印度逐渐增强双边往来。然而在 1962 年两国发生边界冲突后，经济、文化、教育等方面的交流几乎全面中断。直至 20 世纪 70 年代后，两国重新派遣文化和教育代表团互访，增进相互了解，为开展实质性合作项目铺平道路。近年来，中印两国学者之间的学术交流也在稳步增加，涵盖多种学科。除官方主办的文化交流外，还有民间交流。印度的瑜伽、食品和电影在中国越来越受到人们的青睐。中文课程、中国武术和中医在印度的声望也日益提升。[1]

二、交流现状

当前，中印在教育领域的交流已经取得成效，具体表现在多层次的交流活动、互设研究机构和互派留学生上。

---

[1] 中印联合编审委员会. 中印文化交流百科全书 [M]. 北京：中国大百科全书出版社，2014: 2.

（一）多层次的交流活动

目前中印双边教育交流合作平台主要有"中印教育科技联盟""中印大学校长论坛""中印高级别人文交流机制""中印青年对话论坛""中印语言教育交流合作研讨会"等。"中印教育科技联盟"主要通过探索国际教育合作模式，建立产学研完整体系，开发中印双向国际教育交流项目，促进两国学生的国际流动，加强两国教育合作交流。"中印大学校长论坛"主要通过经验交流及交换合作协议等方式，夯实两国高等教育交流与合作基础。两国还积极搭建并参与区域多边教育论坛，如中国–南亚教育分论坛、金砖国家大学校长论坛、新加坡–中国–印度高等教育对话论坛、亚洲大学校长论坛、上合组织青年交流营、亚洲大学联盟、金砖国家教育部长会议、上合组织成员国教育部长会议等。此外，在文化交流方面，双方也搭建了一些平台，促进了教育交流合作，如中印青年传统文化交流大舞台、玄奘与丝绸之路学术研讨会、中印文化交流国际研讨会、中印佛教及相关友好交流：历史与未来国际研讨会。此外，"中印教育文化交流周"与"中印友好年"也是中印教育交流的主要载体。

（二）互设研究机构

设立研究机构是两国增进理解、加强沟通的重要途径。据不完全统计，中国的印度研究中心共有6所，分别是西华师范大学印度研究中心、深圳大学印度研究中心、北京大学印度研究中心、复旦大学甘地和印度研究中心、华中师范大学印度研究中心及云南财经大学印度洋地区研究中心。另外，中国还设有多所研究印度的机构，如中国社会科学院亚洲太平洋研究所、中国社会科学院梵文研究中心、北京大学南亚研究中心、四川大学南亚研究所、中国传媒大学金砖国家研究中心、云南省社会科学院南亚研究所、云南财经大学印度洋地区研究中心等。尽管各研究中心的研究方向和侧重点不同，但是研究内容基本都涉及印度国家概况、印度对外关系等方面。

印度国内比较著名的中国研究中心有印度中国研究所、德里大学中国研究所、中国分析与政策中心、亚洲研究所、金奈中国研究中心、锡金大学亚洲研究系、印度理工大学马德拉斯分校中国学研究中心、印度国际大学中国学院、德里政策集团、印度国立伊斯兰大学国际关系学院中国研究中心、尼赫鲁大学东亚研究中心、尼赫鲁大学国际关系学院等。其中，德里大学中国研究所是印度专门从事中国问题研究的权威学术机构，代表着印度中国研究的最高水平。

（三）互派留学生

进入 21 世纪以后，高等教育全球化发展趋势日益显著，中印两国留学生教育的发展也顺应了这一潮流。2003—2007 年，印度来华留学生数量呈现出井喷式增长。2003 年，印度来华留学生数量首次突破 100 人，到 2004 年超过了 700 人，2005 年更是超过 3 000 人，此后一直保持高速增长的态势。[1] 2007 年，印度来华本科留学生占所有来华留学生的比例达到 11.9%，学科专业主要集中在临床医学。中国云南省拥有与南亚国家间便利的陆路通道，2003 年以后积极开展对印度等南亚国家的教育交流。大理大学从 2005 年开始与印度的教育机构合作招收留学生，主要学习临床医学。2010 年，江苏大学国际教育交流学院的外国留学生共 226 人，其中印度学生 139 人，绝大部分学习临床医学、外科学、药学等专业。2012 年，印度来华留学生超过 1 万人，10 年间增长了 100 倍。2014 年印度来华留学生 13 578 人，在来华留

---

[1] 教育部国际合作与交流司. 来华留学简明统计 [Z]. 北京：教育部国际合作与交流司，1999-2016.

学人数最多的国家中位列第七，此后印度来华留学生人数长期位列前五。印度留学生到我国留学多侧重于学习医学、计算机、高铁建设等相关专业。[1]

我国政府及各个高校也十分重视学生赴印度留学，从 20 世纪 80 年代至今，我国政府每年都会公派一定数量人员赴印度留学。自印度大力发展高等教育后，我国赴印度留学生规模也逐渐增加。2005 年以后，随着自费留学的兴起，逐渐有更多的中国学生选择自费赴印留学。据不完全统计，2009 年在印度的中国留学生人数约有 2 000 人，比前 10 年中国赴印留学生总数还要多，且大多是自费留学生。[2] 由于印度在计算机科学及软件工程、人工智能等方面有十分强劲的研究基础及实力，我国赴印度留学生大多都选择相关专业进行学习和深造，另外，还有部分留学生选择医学等方向进行研究和学习。[3]

1. 印度来华留学生规模[4]

2010 年，我国教育部制定《留学中国计划》，明确提出"扩大规模，优化结构，规范管理，保证质量"的来华留学工作十六字方针，"扩大规模"作为十六字方针的首要目标，成为这些年来华留学工作的重心。2009—2018 年，印度来华留学生规模逐年扩大。[5]

如表 12.1 所示，2009 年，来华留学生总人数达到 238 184 名，其中印度学生 8 468 名，占总人数的 3.56%。到 2018 年，来华留学生总人数达到 492 185 名，比 10 年前翻了一番，其中印度学生达到 23 198 名，将近 10 年前的 3 倍，

---

[1] 资料来源于教育部国际合作与交流司编写的《来华留学简明统计》（2009—2018）。

[2] 吴霓，杨薇. "一带一路"视域下中印留学生教育的发展历程与未来趋势 [J]. 河北师范大学学报（教育科学版），2020，22（3）：74-82.

[3] 资料来源于教育部国际合作与交流司编写的《来华留学生简明统计》（2009—2018）。

[4] 周艳梅，周发强. "一带一路"建设背景下印度来华留学教育发展与路径选择 [J]. 南亚研究季刊，2021（1）：139-153+160.

[5] 资料来源于教育部国际合作与交流司编写的《来华留学生简明统计》（2009—2018）。

表 12.1 2009—2018 年来华留学生总体情况及印度来华留学生情况 [1]

年份	2009	2010	2011	2012	2013	2014	2015	2016	2017	2018
来华留学生总人数	238 184	265 090	292 611	328 330	356 499	377 054	397 635	442 773	489 172	492 185
来华留学生总人数年增长率	6.57%	11.30%	10.38%	12.21%	8.58%	5.77%	5.46%	11.35%	10.48%	0.62%
印度来华留学生人数	8 468	9 014	9 370	10 237	11 781	13 578	16 694	18 171	20 911	23 198
印度来华留学生年增长率	3.97%	6.45%	3.95%	9.25%	15.08%	15.25%	22.95%	8.85%	15.08%	10.94%
国别排名	7	8	8	8	8	7	4	5	5	4
印度来华留学生占来华留学生总人数的比例	3.56%	3.40%	3.20%	3.12%	3.30%	3.60%	4.20%	4.10%	4.27%	4.71%

[1] 数据来源于教育部国际合作与交流司编写的《来华留学生简明统计》(2009—2018)。

占来华留学生总人数的 4.71%。[1] 近十年，来华留学生规模年平均增长率为 8.27%，印度来华留学生规模则以年平均 11.2% 的速度扩大，高出整体来华留学生年平均增长水平 2.93 个百分点。特别是 2013 年"一带一路"倡议的提出，吸引了更多的印度学生来华学习，增长率突破 10%，高出 2012 年 5.83 个百分点。在 2009—2018 年的生源国留学生总人数排名中，印度名次略有起伏，但总体仍呈螺旋式上升态势，2009 年位居第七位，2018 年上升至第四位。[2] 因此，印度来华留学生在我国留学生教育培养工作中占据着重要的地位。

2. 印度来华留学生的培养层次

培养层次是留学生教育考量的一个重要指标，主要包括学历生与非学历生，学历生包括本科生、硕士研究生和博士研究生，非学历生包括短期生、普通进修生、高级进修生。留学生的培养层次，能反映我国留学生教育的层次和水平，也能反映国际社会对我国综合国力以及我国高等教育的认可程度。[3]

2009—2018 年，印度来华留学生以学历生居多，非学历生和学历生相比，人数悬殊。虽然二者规模都逐年稳步提升，但学历生基数高，增量也更大。2009 年，印度来华学历生仅 8 064 名，2018 年则高达 21 259 名，而非学历生 2009 年仅 404 名，到 2018 年还不到 2 000 名。[4] 印度来华学历生中，本科生人数占比相当高，长期占比 95% 左右，2009 年甚至高达 97.86%。印度来华本科生总人数在全部来华学历生总人数中名列前茅，2009—2017 年

[1] 数据来源于教育部国际合作与交流司编写的《来华留学生简明统计》（2009—2018）。

[2] 数据来源于教育部国际合作与交流司编写的《来华留学生简明统计》（2009—2018）。

[3] 胡瑞、朱伟静. 南亚国家来华留学生教育发展状况与优化策略 [J]. 西南大学学报（社会科学版），2019，45（2）：88-95.

[4] 资料来源于教育部国际合作与交流司编写的《来华留学生简明统计》（2009—2018）。

仅落后于韩国，稳居第二（如表 12.2 所示）。但两者的人数相差悬殊，2009年，印度来华留学本科生不到 8 000 名，而韩国学生已经达到 23 176 名，印度直到 2013 年才突破 10 000 人，此后稳步增长，到 2018 年，人数翻了一番，达 20 201 名，排名第一，比第二名的韩国多 3 135 名。[1] 近十年，印度来华本科生数量在全部来华留学本科生总人数中占比非常高，平均占全部来华留学生总人数的 10.6%。

2009—2018 年，印度来华留学研究生人数在全部来华研究生总人数中位居第 20 名左右，其间名次有所提升，到 2016 年又有回落。印度来华留学研究生中（如表 12.2 所示），硕士生人数高于博士生，但博士生增幅高于硕士生，2009 年博士生仅有 45 名，2018 年达到 438 名，10 年间增加了将近10 倍。硕士生人数在 2009 年为 127 名，2018 年达到 561 名，其间有增有减，但总体呈上升趋势。印度来华学历生中，专科生非常少，2017 年前均为个位数，之后也增长缓慢。印度来华非学历生人数不多，高级进修生和短期生都少于普通进修生。普通进修生在 2017 年和 2018 年只有 1 000 多人。[2]

2009 年，由中国政府奖学金资助的印度来华留学生有 129 人，2018 年为 666 人，其中学历生人数增加较为明显，2009 年学历生为 91 人，2018 年为 602 人，非学历生在 2009 年为 38 人，2018 年为 64 人，非学历生在 2009—2015 年人数总体变化不大，在 30 人上下浮动，到 2018 年也未过百。[3]

近年来，获中国政府奖学金资助的印度来华本科生人数变化不太明显，除了 2009 年的 49 人外，此后 9 年，每年资助人数都是 100 多人。在印度获中国政府奖学金学历生中，研究生人数在 2013 年前低于本科生，2013 年后，研究生人数反超并一直领先本科生人数，至 2018 年，研究生人数接近本科

---

[1] 资料来源于教育部国际合作与交流司编写的《来华留学生简明统计》（2009—2018）。

[2] 资料来源于教育部国际合作与交流司编写的《来华留学生简明统计》（2009—2018）。

[3] 资料来源于教育部国际合作与交流司编写的《来华留学生简明统计》（2009—2018）。

表 12.2 2009—2018 年印度来华留学生层次 [1]

年份	2009	2010	2011	2012	2013	2014	2015	2016	2017	2018
学历生	8 064	8 486	8 760	9 327	10 848	12 501	15 240	16 790	18 946	21 259
非学历生	404	528	610	910	933	1 077	1 454	1 381	1 965	1 939
博士生	45	63	81	99	127	156	208	288	357	438
硕士生	127	183	259	352	446	565	616	629	597	561
研究生	172	246	340	451	573	721	824	917	954	999
研究生人数排名	22	22	21	19	17	16	15	17	21	21
本科生	7 892	8 240	8 419	8 875	10 273	11 778	14 414	15 864	17 979	20 201
本科生人数排名	2	2	2	2	2	2	2	2	2	1
本科生占全部留学生的比例	10.7%	9.7%	10.1%	9.3%	9.8%	10.3%	11.3%	11.2%	11.4%	12.6%
专科生	0	0	1	1	2	2	2	9	13	59
高级进修生	20	24	24	22	46	51	84	73	106	146
普通进修生	259	306	331	474	603	595	706	693	1 038	1 309
短期生	125	198	255	414	284	431	664	615	821	484

[1] 资料来源于教育部教育部国际合作与交流司编写的《来华留学生简明统计》（2009—2018）。

生人数的 3 倍。[1] 近十年，印度获中国政府奖学金的博士生和硕士生人数不相上下。中国政府奖学金资助的印度来华进修生人数较少，每年不到百人，高级进修生则更少，好几年都仅有几名。

印度来华留学高层次学历生人数稳步增加，这与中国政府加大对留学生的教育投入密不可分。2008 年，教育部设立"高校研究生"中国政府奖学金项目，鼓励高校自主招收研究生，吸引了很多印度高学历学生来华学习。

第二节 交流实践与思考

一、交流实践

近年来中国与印度间的校际合作逐渐增多，双方优势互补，在信息技术、医学、高铁等方面开展合作。2003—2019 年，中国约有 40 所高校与印度开展了校际交流互访和合作。在此介绍四川大学、云南民族大学与印度教育交流的实践。

（一）四川大学与印度的教育交流

四川大学是教育部直属的综合性大学，学科门类齐全，也是最早接收来华留学生的高校之一。

2009 年，四川大学的印度留学生仅有 210 人，2018 年达到 661 人。其

---

[1] 资料来源于教育部国际合作与交流司编写的《来华留学生简明统计》（2009—2018）。

中，本科生以绝对优势增长，研究生人数增长缓慢（如表 12.3 所示）。[1] 可以看出，四川大学印度留学生的规模与层次的变化趋势，基本和前面分析的印度来华留学生总体情况相一致。四川大学印度留学生的专业分布大致能反映印度来华留学生的整体专业情况。

四川大学的印度留学生学习的专业门类比较齐全，覆盖 10 个以上学科门类，主要以医学为主，人数占印度学生所学专业的 78.2%；管理学位居第二，占 7.7%；工学占 6.8%；文学占 4%。医学专业的印度留学生主要学习全英文授课的临床医学本科专业，比例高达 97.2%。[2]

表 12.3 2009—2018 年四川大学印度留学生人数

年份	2009	2010	2011	2012	2013	2014	2015	2016	2017	2018
总人数	210	241	297	374	361	447	506	578	606	661
本科生	209	239	289	331	353	430	463	533	558	603
硕士生	1	2	4	4	5	7	11	12	19	25
博士生	0	0	0	0	0	1	2	2	7	11
其他	0	0	4	39	3	9	30	31	22	22

四川大学印度留学生的专业分布呈逐年扩大的趋势（如表 12.4 所示）。"一带一路"倡议提出之前，印度来华留学生所学专业比较单一，主要以临床医学和汉语类为主；"一带一路"倡议提出后，逐步向经济、管理、工科类延伸，且向高层次方向发展。值得一提的是，印度医学研究生对外科学专业比较青睐。另外，本科专业中的软件工程、土木工程、国际工商管理和旅游

[1] 资料来源于教育部国际合作与交流司编写的《来华留学生简明统计》（2009—2018）。

[2] 周艳梅，周发强. "一带一路"建设背景下印度来华留学教育发展与路径选择 [J]. 南亚研究季刊，2021（1）：139-153+160.

管理都是全英文授课，自 2013 年开设以来，吸引了包括印度学生在内的很多南亚学生。国际关系专业的普通进修生和高级进修生则是依托教育部人文社科重点研究基地南亚研究所的专业影响力招收的校际合作交流生。

表 12.4 2009—2018 年四川大学印度留学生学习专业及人数

年份	本科生	硕士生	博士生	普通进修生	高级进修生
2009	临床医学 208、汉语言 1	汉语国际教育 1			
2010	临床医学 238、汉语言 1	汉语国际教育 1			
2011	临床医学 288、汉语言 1	汉语国际教育 1、外科学 3		汉语 4	
2012	临床医学 330、汉语言 1	汉语国际教育 1、外科学 3		汉语 4	
2013	临床医学 345、汉语言 1、口腔医学 1、软件工程 6	外科学 5		汉语 1	
2014	临床医学 416、汉语言 1、口腔医学 1、软件工程 11、土木工程 1	外科学 6、放射学 1	中印经济 1		
2015	临床医学 448、汉语言 2、口腔医学 1、软件工程 11、土木工程 1	外科学 7、放射学 1、工商管理 2、影像医学与核医学 1	中印经济 1、外科学 1	汉语 8	
2016	临床医学 514、汉语言 2、口腔医学 1、软件工程 15、土木工程 1	外科学 7、放射学 1、工商管理 2、影像医学与核医学 1、麻醉学 1	中印经济 1、外科学 1	汉语 9	

年份	本科生	硕士生	博士生	普通进修生	高级进修生
2017	临床医学502、口腔医学1、国际工商管理5、旅游管理12、软件工程31、土木工程7	外科学6、放射学1、工商管理1、影像学与核医学1、麻醉学1、汉语国际教育2、神经病学1、内科学1、土木工程2、机械工程2、企业管理1	中印经济1、外科学2、语言学及应用语言学1、有机化学1、动物学1、皮肤学与性病学1	汉语5、国际关系7	国际关系9、有机化学1
2018	临床医学510、口腔医学1、国际工商管理15、旅游管理24、软件工程39、土木工程14	外科学5、工商管理9、影像学与核医学1、汉语国际教育2、神经病学1、内科学1、土木工程2、机械工程2、企业管理1、宗教学1	中印经济1、外科学1、语言学及应用语言学1、有机化学1、动物学1、皮肤学与性病学1、宗教学1、佛教语言文学2、内科学2	汉语5、国际关系15	国际关系1、有机化学2

（二）云南民族大学与印度的教育交流 [1]

云南民族大学一直致力于推动与南亚、东南亚国家的教育、科技和文化合作，积极服务国家"一带一路"倡议。该校在国家和云南省相关部门的支持下，把印度作为重中之重，大力加强与印度的交流与合作，现已形成以瑜伽和太极人才培养为先导，以语言人才培养、学者互访交流和科学研究为重要支撑的全方位中印人文交流体系，取得了显著成效。

---

[1] 于欣力，段淑丹."人类命运共同体"视域下的中印人文交流研究——以云南民族大学为例 [J]. 世界教育信息，2019，32（5）：25-27.

1．搭建中印人文交流合作平台

2015 年 6 月，由云南民族大学与印度文化关系委员会共同创办、印度本土以外全球第一所瑜伽学院——云南民族大学中印瑜伽学院，以及全国西部高校首家开设印地语专业的云南民族大学南亚学院相继成立。2016 年 4 月，为更好地服务和融入国家"一带一路"倡议，以培养国内外高端武术（太极）人才为目标的国际化教学机构——云南民族大学国际太极学院成立，该学院被纳入"新时代孔子学院新模式的探索"；2018 年 1 月，由云南民族大学牵头的高校国际太极联盟成立，同时，学校在印度德弗文化大学和印度辨喜瑜伽大学设立国际太极中心。2018 年 6 月，由云南民族大学与印度尼赫鲁大学联合成立的中印人文交流中心揭牌。

云南民族大学通过不断探索，正逐步走出一条以面向南亚、东南亚的交流与合作为特色的教育国际化发展之路，而中印交流与合作是这条道路的重中之重，是举全校之力重点推进的领域。瑜伽和太极分别是印度和中国的文化象征之一，二者有诸多相似之处。云南民族大学从瑜伽、太极等双方容易接受的领域切入，合作内容逐步扩展到语言人才培养、人文交流、创新药物开发等多个领域，彰显国际性的办学特色。

2．开展多领域多层次的互动与交流

中印瑜伽学院是中印友谊的具体体现。学院成立以来，印方高级别领导曾多次赴学院访问。学院先后派出 91 人次赴印度交流访问和学习，印度也派出 225 人次到云南民族大学交流，互动互访促进了中印人文交流。学院先后与印度辨喜瑜伽大学、印度艾扬格瑜伽学院、印度自然疗法国家研究中心、印度德弗文化大学、印度莫拉基德赛国立瑜伽大学、印度苏里尼大学、印度卡瓦拉亚达翰慕瑜伽研究学院等建立合作关系，在合作办学、课程开发、师资培养、科学研究等方面达成协议。

国际太极学院多次接待包括印中联盟中心代表团、云南省领导及相关上级部门领导等的来访和调研，并在 2017 年澜湄大学生友好运动会暨第三届南亚东南亚国家大学生文化体育昆明交流周上向来自印度、老挝、缅甸、泰国、柬埔寨、越南、新加坡、孟加拉国等国家的 17 所高校的 800 余名运动员展示了太极拳。同时，云南民族大学还组织代表团赴印度进行出访活动，大力宣传太极文化。

此外，印度尼赫鲁大学第一副校长钦塔马尼·马哈帕查教授一年之内 4 次到访云南民族大学；印度著名汉学家墨普德教授、尼赫鲁大学国际关系学院斯瓦兰·辛格教授、印度卡加林工业技术研究院副院长一行、印度国际大学中国学院院长阿维吉特等学者也相继访问中印人文交流中心。

3．培养了一大批致力于中印友好的青年和学者

中印瑜伽学院已搭建集瑜伽本科教育、硕士教育、社会瑜伽教练员培训于一体的教学体系。学院在全国高校开创了瑜伽学历教育的先河，实现了全国唯一的社会体育指导与管理专业（瑜伽）全日制本科生的招收与培养，并获中外合作办学项目"民族传统体育学专业（瑜伽）"硕士学位授权点，是全国唯一的瑜伽硕士研究生招生培养单位。

2018 年 4 月，南亚学院印地语专业师生受邀参加印度外交部长访华活动——"印地语在中印关系中的重要性"主题会议。2018 年 10 月，南亚学院印地语专业以及泰米尔语专业师生再次受印度大使馆邀请，前往印度新德里、海德拉巴、阿格拉进行友好访问。

国际太极学院自 2016 年 6 月开始进行太极公益课培训，截至目前已经开展 4 期，累计培训印度留学生 300 人次。国际太极学院于 2018 年 12 月派 3 名太极教师赴云南民族大学国际太极中心（印度德弗文化大学）进行

交流和授课，致力于推广武术（太极）和我国优秀的传统文化，累计培训500人次。

二、交流合作的思考

印度尼赫鲁大学南亚研究中心的斯·利坎特·康达帕里教授指出，造成中印关系紧张的一个重要原因是缺乏能够理解对方的学者。他估计印度研究中国问题的专家不超过100人，此外，康达帕里教授认为教育领域的交流甚至可以克服文化差异甚至政治差异。[1] 教育，作为一种增进两国之间相互沟通与了解的重要渠道，势必要发挥其在缓解中印关系上的关键作用。中印教育交流是"一带一路"倡议系统工程的重要组成部分，是共建人类命运共同体的大势所趋。

（一）建立政治互信，加强战略对接

中印两国在政治、经济、文化、军事等领域的交流越来越频繁，双方已经建立起战略合作伙伴关系。为进一步深化两国的合作与交流机制，中印双方应做到如下几点：第一，中印两国之间需要达成战略理解并建设一种保证两国共同发展和共同安全的双边机制，例如两国可以签订睦邻友好条约，用法律的形式确立两国关系；第二，除了建立信任机制外，中印之间还应当保持目前国家领导人经常会晤的做法，加强和扩大军事交流，充分利用已经建立的战略对话机制澄清和消除双方在地缘政治或地缘战略上的误解；第三，双方应当充分利用中印高级别人文交流机制，深化教育、

---

[1] 刘宝存、等 . "一带一路"沿线八国国际教育合作与交流政策研究 [M]. 北京：人民出版社，2020：302.

科技、文化、卫生、体育、旅游等各领域务实合作，促进两国人文交流合作；第四，中印双方应继续对接各国政策和发展战略，开展"中印＋"合作，促进地区自由贸易、基础设施建设和互联互通，实现地区共同繁荣。[1]

（二）落实中印教育合作的政策与协议

中印教育交流的发展局限归根结底在于政策的缺乏。双方在政治领域的冲突和外交上的谨慎态度，使得中印之间没有建立起双边合作的政策和机制，严重影响了教育合作的广度和深度。当前，在两国共同利益的驱使下，在金砖国际峰会、上海合作组织峰会以及中国与印度在教育领域的交流可以突破政治屏障而先行，以期通过教育的合作与交流推动两国相互理解和包容。近十几年来，中国政府一直以积极主动的姿态与印度方面进行洽谈，大力鼓励对印合作与交流，支持中印双方制定专门的双边教育交流政策，创建良好的交流平台和合作项目，建立教育合作与交流的长效机制，取得了一些成果。未来双方可以考虑在以下几个方面加强政策设计：放宽签证政策，通过促进人员流动的方式增进两国人民之间的理解；继续推动双边学历学位互认工作，使得更多高等教育学校和专业之间的交流成为可能；设立两国合作与交流的专项政策和专项资金，在战略层面和经费层面保障人员流动和合作研究；鼓励在中国建立印地语和泰米尔语学习中心以及在印度建立汉语学习中心，打破屏障，巩固研究和交往的语言基础；促进两国学校签署双边合作协议和谅解备忘录，促进校际合作交流；创建本科生、研究生双学位项目和联合学位项目，促进中印学生流动；推动基础教育领域的合作与交流，建立国际学校，创建合作项目，加强校际交流等。

---

[1] 刘宝存，等．"一带一路"沿线八国国际教育合作与交流政策研究 [M]．北京：人民出版社，2020：303.

（三）创新高校进行教育合作的方式方法

教育和文化在两国的交往中起着"随风潜入夜，润物细无声"的作用。中印两国都是世界文明古国，都有着非常深厚的文化底蕴。歌舞、电影、画展、节庆、瑜伽、文艺演出等是人们喜闻乐见的文化交流方式。高校有着良好的硬件设施，有着较为集中的交流对象，为民间交流提供了一个极佳的平台。如今，印度的歌舞、瑜伽、电影越来越受到中国人民的喜爱，作为学校，可以联合民间组织发起论坛、研讨会，派出和接待民间文化艺术团体和文艺界人士进行友好访问，举办演出和展览等交流活动。这样的活动可以为全校师生提供深入了解印度艺术作品所蕴藏的深层含义的机会；借助新闻媒体，宣传加强中印友好关系及扩大文化交流带来的积极作用；总结经验，保持现有项目的可持续性发展，做好、做大，形成规模，并使其机制化；积极拓展其他领域的交流与合作，与时俱进，不断开拓新项目，积极探索开发新的合作伙伴和工作渠道，利用文化交流增进相互理解。

（四）发挥非政府组织与社会力量的协调作用

中印双边政治领域的紧张关系和犹疑态度使得政府间政策、协议和项目在短期内的实现情况难以预测，然而，全球化大背景下经济和社会发展的动因，使得两国人员有在教育、人文和贸易领域合作与交流的急切需要，此时，非政府组织可以在其中发挥重要的桥梁作用。目前，云南省中印合作交流促进会、文化学习与发展中心、印中合作联盟在中印教育交流领域发挥了一些作用，促进了教师和学生的跨国交流。未来，可以继续加强非政府组织的协调作用，鼓励社会人士参与中印教育交流工作，政府部门甚至可以建立奖励机制，划拨专项经费来鼓励相关社会组织开展高质量的双边活动。同时，鼓励非政府组织扩大相关项目计划的范围、层次与深度，让更多的中印师生可以参与其中，让各级各类教育都能够涉及其中，真正为深化中印双方学生、教师和学校的合作与交流做出贡献。[1]

在中印交流与合作中，双方的智库起到了重要作用。中印教育智库可以建立联盟，搭建平台，以便更有效地促进双方交流合作。然而，中国教育智库目前研究视角的问题意识与政策导向有待加强，研究内容的实践基础与实证分析有待验证，研究范式的应用创新与交叉协同有待突破，研究成果的整合集成与国际影响力有待提升。中印高端智库对话能增进双方对彼此国情特别是经济社会发展情况的了解，深化大家对国际经济形势和中印经济合作前景的认识，并在此基础上提出推进两国经济合作的一系列建议。[2]

---

[1] 刘宝存，等. "一带一路" 沿线八国国际教育合作与交流政策研究 [M]. 北京：人民出版社，2020：307.

[2] 向元钧. "一带一路" 背景下中印教育交流合作 [J]. 南亚研究季刊，2020（4）：71-76+6.

结　语

共建"一带一路"是党中央、国务院应对全球变化趋势，全方位对外开放，推动构建人类命运共同体的重要规划。"一带一路"沿线国家的印度已与中国建交 70 余年。2020 年 4 月 1 日，国家主席习近平同印度总统科温德互致贺电，热烈庆祝两国建交 70 周年。习近平在贺电中指出，回首 70 年，中印关系走过了不平凡的发展道路。在双方共同努力下，两国建立了面向和平与繁荣的战略合作伙伴关系，正在努力构建更加紧密的发展伙伴关系。两国各领域交流合作日益深化，在重大国际地区事务中的协调不断增强。当前，中印关系站在新起点，迎来新机遇。教育作为联结中印双方的重要桥梁，势必要发挥其在"一带一路"建设中中流砥柱的作用，这也是推进"一带一路"长效发展的题中之义。

近年来，印度政府通过多项政策、指南与建议，推进印度教育发展，注重人才培养。由美国宾夕法尼亚大学"智库研究项目"主任詹姆斯·麦甘领衔编写的《全球智库报告 2020》显示：美国仍以 2 203 家的数量遥遥领先，是全球拥有智库机构最多的国家；中国智库以 1 413 家位居第二；印度有 612 家，位居第三；英国智库以 515 家的数量紧随其后。可以说，印度的智库建设已经赶超绝大多数发达国家。智库排名反映了印度在人才培养方面成效卓著，这不可不归为印度教育的功劳。回望印度教育的改革与发展之路，不乏值得中国和世界借鉴的经验与智慧。

首先，印度教育公平战略施行成效显著。近年来，印度致力于关注弱势群体受教育问题，具体表现为以下三方面。其一，表列种姓和表列部落能够有平等的受教育机会。其二，关注少数民族的教育发展。在印度的主要少数民族群体中，由于历史和文化传统等方面的原因，基督教徒、锡克教徒、佛教徒、袄教徒的教育水平在全国人口中处于领先水平，但是，穆斯林的教育水平却远远地落在后面。近年来，在各方面的强烈呼吁下，印度政府出台了一些有利于穆斯林教育发展的措施，以为其提供更多的受教育机会。其三，关注女性教育。近年来，印度政府为女童教育颁布了一系列措施，印度女性的识字率迅速增长，基础教育阶段辍学率持续下降，女性接受高等教育的机会大大增加。此外，政府还重视残疾人教育、实行"免费午餐计划"等，旨在为更多的弱势群体提供受教育机会。

其次，印度高等教育人才培养效果卓著。虽然，从数据来看，印度的发展水平还远不如中国，但是，印度在高科技领域、核研究领域、生物技术领域以及信息技术领域的发展与中国相比，却并不逊色多少，尤其是在航天、军工、新能源等领域还处于全球领先位置。印度在独立后仅用几十年的时间就把印度理工学院建成世界一流大学，印度的软件业发展及人才培养也取得了巨大成就。上述成就要归功于印度高等教育、职业教育与成人教育的发展。印度教育体系的渐趋完善为人才培养提供了长效保障机制。与此同时，印度还以更为积极主动的方式同外界交流，在全球范围内传播印度经验。例如，印度通过远程教育的方式让高等教育课程走出国门，英迪拉·甘地国立开放大学在非洲、中亚及波斯湾等地区的 38 个国家设有 300 个学习中心 [1]。

最后，关注教育中文化基因的传承。印度文明源远流长，离不开教育在其历史长河中发挥的传承作用。印度学校教育的课程与教学渗透着印度的多种文化，例如：瑜伽文化，培养学生的意志力；宗教文化，培养学生的宗教观和人生观；苦行文化，培养学生的修行力。此外，印度新出台的《国家教育政策（2020 年）》明确了印度教育的愿景："建立一个植根于印度

---

[1] 刘宝存等. "一带一路"沿线八国国际教育合作与交流政策研究 [M]. 北京：人民出版社，2020：294.

精神的教育体系，通过向所有人提供高质量的教育，直接有助于将印度可持续地转变为一个公平和充满活力的知识社会，从而使印度成为一个全球知识超级大国。"该政策设想，印度院校的课程和教学方法必须培养学生对基本义务和宪法的深刻尊重，使个人发展与国家紧密相连，并意识到自己在不断变化的世界中所扮演的角色和责任。印度教育要向学生灌输一种根深蒂固的作为印度人的自豪感，不仅在思想上，而且在精神、智力和行为上，培养学生支持对人权、可持续发展以及全球福祉负责任的价值观，从而成为一个真正的全球公民。

印度教育改革与发展要想有所突破，除了做出制度层面的顶层设计，印度政府相关部门还需有序推进其他具体工作。

首先，教育政策的实施任重道远，需要团结社会多方力量。教育立法过程需要花费相应的时间，政策的有效运行更需要充足的时间付诸实践。从印度教育改革以往的实践来看，许多原则性建议长期以来未付诸实践。比如，1968 年的《国家教育政策》要求每五年对全国教育发展情况进行评估，并根据评估结果规划今后的发展策略，这个要求一直没有得到落实。[1]新颁布的国家教育政策对各个阶段的教育进行规划，在一定程度上促进了印度教育体系渐趋完善，但是，在发展过程中，政治、经济、社会、文化和历史等方面的因素导致印度教育发展的社会背景十分复杂，单纯凭借教育的力量解决问题是不可能的，需要依靠社会其他子系统的变革。印度社会还存在着贫困、失业、种姓制度、阶层问题等，这些无时无刻不对印度教育发展构成威胁，因此印度教育政策的实施还须印度社会多方力量的协调和支持。印度政府需要发动社会各界力量，团结一致解决社会问题，以期为教育发展营造良好的环境，为教育政策的实施排忧解难。

其次，加强普及初等教育、中等教育与高等教育的力度，推进教育公

---

[1] 王战军，雷琨. 印度国家教育政策变革及其对高等教育的影响——基于印度《国家教育政策 2020》的研究 [J]. 江苏高教，2021（10）：109-115.

平发展。尽管印度在扫盲教育、妇女教育、残疾人教育等方面取得一些进步，在某种程度上促进了印度教育公平的发展，但是教育公平的推进依然困难重重。从推进妇女教育的角度而言，印度女性的地位极其低下，受教育的权利得不到保障。这一问题根深蒂固，长期得不到解决。一些女性只能从事家务劳动和低技术、低报酬的工作，没有接受教育的机会。有学者提出影响印度教育公平发展的决定性因素有三：许多发展目标长期停留在口号上，社会经济发展水平低下，现存有些政策与教育公平背道而驰。固然，社会经济发展水平的问题和一些根深蒂固的观念不能在短时间内得到根本改变，但是决不能因噎废食，不予行动。要持续不断地推进教育公平，应该对初等教育、中等教育和高等教育加大普及力度，既要在政策上进行细致、合理的规划，也要切实付诸行动，并因地制宜，结合区域特殊情况调整行动。

再次，加强教师队伍建设，提升教师教学水平。教育教学质量在很大程度上依赖于教师教学水平的高低。由于印度社会发展水平差异较大、阶层分化严重，导致不同地区、不同学校的师资力量差异也较大。然而，越是薄弱地区，越需要高质量的师资予以倾斜。印度从三方面着手提升教育水平：一是加大对教师教育的投入力度。为了促进教师教育的快速发展，提升教师待遇；重视师资培养培训、优化师资结构、提升师资能力水平等方面投入，全面提升教师队伍质量；逐步建立健全各教育阶段教师培训体系，着力提升各类学校教师能力素质，缩小区域、学校和性别之间的财政投入差距。二是强化有效的在职培训项目。当教师由小学教师晋升至初中教师，或由初中教师晋升到高中教师时，应为其提供大量的有针对性的在职培训。印度政府还进一步加强了教师的学习资源以及各种软件和硬件设施的建设，包括图书馆、刊物、手册以及其他资源，以促进教师在职培训的质量能够得到全面改善。三是完善教师教育评估认证制度。一方面，印度对教师教育机构的评估认证工作主要由国家教师教育委员会和国家评估与认证委员会合作开展，从而保障了教师教育评估认证的专业性；另一方面，印度逐渐摆脱过分依赖于最低限度的信息和统计标准，着眼于整个教育大环境和机构所承担的不同任务。

最后，重中之重的问题——变革课程与教学。课程与教学是学校育人之本，无论何种类型的教育、处于何种阶段的教育，都需要科学的课程体系和教学体系来保驾护航。印度的课程改革坚持以学习者为主体的理念，课程内容选择的范围不仅仅局限于课本，而是积极探索，充分利用图书馆、实验室、家庭、社区等有利条件。教学旨在帮助学生建构一个动态的、连续的知识体系。以基础教育阶段的课程为例，基础教育课程包括语言、数学、科学、社会科学、艺术、健康与体育六个部分。此外，基础教育阶段的课程内容还包括职业教育、和平教育和价值观教育等。每一阶段的课程设置都兼具人文性和科学性，不仅重视理科课程的设置，而且将人文学科与艺术作为必修课，以培养学生的人文素养与审美观。印度基础教育的课程与教学相对成熟，相较而言，成人教育、妇女教育、残疾人教育的课程与教学有待于进一步完善。

尽管印度教育实践经验可供学习借鉴，但是在中印教育交流与合作方面，还存在诸多问题和挑战尚未解决。

首先，中印教育交流与合作的国际环境存在安全隐患。"一带一路"沿线国家众多，很多国家面临着政局不稳、民族文化冲突、宗教冲突等问题。国际国内形势是否安稳直接影响中印教育交流的质量。例如，发生于2020年的中印边境冲突极大地伤害了两国人民的深厚情谊，阻碍了中印教育交流的进程，加大了中印教育交流的复杂性。中印互为重要邻国，维护边境地区和平与安宁符合双方的共同利益，需要双方的共同努力。印方与中方应相向而行，严格遵守双方达成的协定协议，继续通过各层级对话与谈判妥善解决有关问题，共同为缓和边境地区局势、维护边境地区和平稳定做出积极努力，从而为中印教育交流营造和谐、安全的国际环境。

其次，中印教育交流与合作内容存在窄化问题。中国与印度的交流主要是引进信息技术，推出医学、高铁等优势学科，学科分布失衡。此外，语言是双方合作的基础，语言教育交流应当走在前端，为其他方面交流打下坚实的基础。目前在印度已建成四所孔子学院，对印度学生学习汉语起到了积极作用。不过也应看到，虽然近年来印度兴起了"中文热"，但目前印度中文教学还面临着不少困境。中印合作办学项目及孔子学院国际人才的培养也面临着数量不足、专业单一等问题。如中国开设印地语专业的高校数量及印度开设中文专业的高校数量都仅占本国高校数量的极少数，而且受师资及教学水平的限制，每所学校每年培养的语言人才非常有限。在中国，中印合作办学项目只有四个：广东工业大学与印度韦洛尔理工大学合作举办的动画专业本科教育项目、黄淮学院与印度迈索尔大学合作举办的软件工程专业本科教育项目、湖北师范学院与印度拉夫里科技大学合作举办的生物技术专业本科教育项目、云南民族大学与印度辨喜瑜伽大学合作举办的体育硕士教育项目，人才数量及类型均不能满足"一带一路"建设对复合型国际人才的需求。

再次，中印教育交流与合作存在浅表化问题。中印两国合作近年来虽有逐渐增多的趋势，但在合作层次上依然停留在友好互访阶段，高层次的合作战略极少。此外，中印两国合作交流平台多是靠政府搭建起来，靠社会力量组织的较少。如中印高等教育部长级会议、中印高等教育论坛、中印高等教育联合声明等高层次合作交流平台都是政府搭建的，两国高等教育交流与合作始终偏重于宏观层面。从交流的内容来看，以交流两国高等教育发展的经验教训为主，达成的合作协议中直接涉及两国学生、教师、课程、科研项目等具体合作方面的内容非常少。

最后，中印教育交流与合作的常态机制还不完善。中印两国都是世界文明古国，各自有着非常深厚的文化底蕴。高校有着良好的硬件设施，有着较为集中的交流对象，为民间交流提供了一个极佳的平台。目前，中印两国依托官方机构以及民间组织举办论坛、研讨会，派出和接待民间文化艺术团体和文艺界人士，互派留学生，举办演出和展览等，这样的学术、文化交流活动虽然为师生提供了深入了解彼此的难得机会，为加强中印友好关系及扩大文化交流带来积极作用，但是，教育交流与合作是一项循序渐进、日积月累的工程，中印教育交流需要建立常态化合作与交流机制，两国都需要在政策上进一步予以倾斜，明确教育交流与合作的基础领域、重点领域、优先领域。激励两国官方与研究机构及时总结实践智慧，一方面，要保持现有项目的可持续性发展，做好、做大，形成规模，并使其机制化，不断扩大影响；另一方面，要积极拓展其他领域的交流与合作，与时俱进，不断开拓新项目，积极探索开发新的合作伙伴和交流渠道，利用文化交流增进相互理解。中印教育交流与合作作为推进"一带一路"建设的重点工程，势必要克服交流与合作进程中的困难与阻力，这既是中国扩大和深化对外开放的需要，也是加强中印互利合作的需要。为有效应对交流与合作中的矛盾与冲突，我国坚持恪守《联合国宪章》的宗旨和原则，坚持开放合作，坚持和谐包容，坚持市场运作，坚持互利共赢等原则。就中印教育交流而言，双方理应坚持和平合作、开放包容、互学互鉴、互利共赢的理念，共同规范教育交流与合作的行为。

总体而言，中印教育交流需要在各自教育发展的基础上，广泛建立多维、多层次的交流和对话机制。中印双方在建立和完善各自教育体系的同时，需要推动和协调教育交流的方向、内容和途径，以期在实践中总结教育交流的经验。

习近平主席在出席第三次"一带一路"建设座谈会时强调，在党中央坚强领导下，我们统筹谋划推动高质量发展、构建新发展格局和共建"一带一路"，坚持共商共建共享原则，推动共建"一带一路"高质量发展，取得实打实、沉甸甸的成就。我们相信，中印教育交流与合作必将贡献更多更科学的实践智慧，为推进"一带一路"建设进程、共同构建人类命运共同体做出更大贡献。

参考文献

一、中文文献

安双宏，等. 印度基础教育管理体制的多视角研究 [M]. 哈尔滨：黑龙江教育出版社，2010.

安双宏，李娜，王占军，等. 印度教育公平战略及其实施成效研究 [M]. 杭州：浙江大学出版社，2015.

安双宏. 印度高等教育 [M]. 哈尔滨：黑龙江教育出版社，2001.

安双宏. 印度教育战略研究 [M]. 杭州：浙江教育出版社，2013.

北京师范大学国际与比较教育研究院. 国际教育政策与发展趋势年度报告2013 [M]. 北京：北京师范大学出版社，2015.

本书编写组. 习近平总书记教育重要论述讲义 [M]. 北京：高等教育出版社，2020.

陈逢华，靳乔. 阿尔巴尼亚文化教育研究 [M]. 北京：外语教学与研究出版社，2021.

董晴. 论印度教育 [M]. 长春：吉林教育出版社，2012.

冯增俊，陈时见，项贤明. 当代比较教育学 [M]. 2 版. 北京：人民教育出版社，2015.

顾明远，梁忠义．印度教育 [M]．长春：吉林教育出版社，2000．

顾明远．顾明远教育演讲录 [M]．北京：人民教育出版社，2014．

国家信息中心"一带一路"大数据中心．"一带一路"大数据报告（2017）[M]．北京：商务印书馆，2017．

贺国庆，朱文富，等．外国职业教育通史 [M]．北京：人民教育出版社，2014．

黄雅婷．塔吉克斯坦文化教育研究 [M]．北京：外语教学与研究出版社，2021．

霍力岩．美、英、日、印四国学前教育体制的比较研究 [M]．北京：北京师范大学出版社，2013．

季羡林．季羡林全集：第 10 卷 [M]．北京：外语教学与研究出版社，2009．

教育部课题组．深入学习习近平关于教育的重要论述 [M]．北京：人民出版社，2019．

江东．印度舞蹈通论 [M]．上海：上海音乐出版社，2004．

久毛措．尼泊尔文化教育研究 [M]．北京：外语教学与研究出版社，2022．

李洪峰，崔璨．塞内加尔文化教育研究 [M]．北京：外语教学与研究出版社，2021．

林太．印度通史 [M]．上海：上海社会科学院出版社，2012．

刘宝存，等．"一带一路"沿线八国国际教育合作与交流政策研究 [M]．北京：人民出版社，2020．

刘辰，孟炳君．阿联酋文化教育研究 [M]．北京：外语教学与研究出版社，2021．

刘迪南，黄莹．蒙古国文化教育研究 [M]．北京：外语教学与研究出版社，2021．

刘捷．教育的追问与求索 [M]．北京：人民出版社，2021．

刘捷．专业化：挑战 21 世纪的教师 [M]．北京：教育科学出版社，2002．

刘进，张志强，孔繁盛．"一带一路"高等教育研究（2019）：国际化展望 [M]．

北京：北京理工大学出版社，2020.

刘生全. 教育成层研究 [M]. 北京：教育科学出版社，2011.

刘欣路，董琦. 约旦文化教育研究 [M]. 北京：外语教学与研究出版社，2021.

卢晓中. 比较教育学 [M]. 北京：人民教育出版社，2020.

陆有铨. 教育的哲思与审视 [M]. 北京：人民教育出版社，2016.

马加力. 当今印度教育概览 [M]. 郑州：河南教育出版社，1994.

秦惠民，王名扬. 高等教育与家庭流动 [M]. 北京：科学出版社，2019.

秦惠民. 教育法治与大学治理 [M]. 北京：人民出版社，2021.

瞿葆奎. 印度、埃及、巴西教育改革 [M]. 北京：人民教育出版社，1991.

任佳，李丽. 印度 [M]. 北京：社会科学文献出版社，2016.

任钟印. 东西方教育的覃思 [M]. 北京：人民教育出版社，2017.

沈有禄. 中国、印度基础教育比较研究 [M]. 北京：人民出版社，2011.

石筠弢. 学前教育课程论 [M]. 2 版. 北京：北京师范大学出版社，2014.

宋鸿雁. 印度私立高等教育发展研究 [M]. 太原：山西人民出版社，2010.

孙有中. 跨文化研究论丛 [M]. 北京：外语教学与研究出版社，2019.

滕大春. 教育史研究与教育规律探索 [M]. 北京：人民教育出版社，2019.

田山俊，等. 美国一流大学智库研究 [M]. 北京：知识产权出版社，2020.

田山俊. 自我指导与教师帮助——马尔科姆·诺尔斯成人教育思想研究 [M]. 呼和浩特：内蒙古大学出版社，2012.

汪永平. 印度殖民时期城市与建筑 [M]. 南京：东南大学出版社，2017.

王长纯. 印度教育 [M]. 长春：吉林教育出版社，2000.

王承绪，顾明远. 比较教育 [M]. 5 版. 北京：人民教育出版社，2015.

王定华，秦惠民. 北外教育评论：第 2 辑 [M]. 北京：外语教学与研究出版社，2021.

王定华，杨丹. 人类命运的回响——中国共产党外语教育 100 年 [M]. 北京：外语教学与研究出版社，2021.

王定华. 教育路上行与思 [M]. 北京：人民出版社，2020.

王定华. 美国高等教育：观察与研究 [M]. 2 版. 北京：人民教育出版社，
2021.

王定华. 美国基础教育：观察与研究 [M]. 2 版. 北京：人民教育出版社，
2021.

王定华. 新时代高品质学校建设方略 [M]. 长春：东北师范大学出版社，
2019.

王定华. 中国基础教育：观察与研究 [M]. 北京：人民教育出版社，2021.

王定华. 中国教师教育：观察与研究 [M]. 北京：人民教育出版社，2020.

王吉会，车迪. 刚果（布）文化教育研究 [M]. 北京：外语教学与研究出版
社，2021.

王建梁. 印度教育治理研究 [M]. 武汉：湖北教育出版社，2020.

王晶，刘冰洁. 摩洛哥文化教育研究 [M]. 北京：外语教学与研究出版社，
2021.

王名扬. 美国公立研究型大学内部质量改进的实证研究 [M]. 北京：中国社
会科学出版社，2020.

王树英. 中印文化交流 [M]. 北京：新世界出版社，2015.

王树英. 宗教与印度社会 [M]. 北京：人民出版社，2009.

吴式颖，等. 外国教育思想通史：第 9 卷 [M]. 长沙：湖南教育出版社，
2002.

吴式颖，李明德. 外国教育史教程 [M]. 3 版. 北京：人民教育出版社，
2015.

习近平. 论坚持推动构建人类命运共同体 [M]. 北京：中央文献出版社，
2018.

习近平. 习近平谈"一带一路" [M]. 北京：中央文献出版社，2018.

谢维和. 我的教育觉悟 [M]. 北京：人民教育出版社，2016.

徐滇庆，柯睿思，李昕. 终结贫穷之路：中国和印度发展战略比较 [M]. 北京：机械工业出版社，2009.

薛克翘. 印度古代文化史 [M]. 北京：中国大百科全书出版社，2016.

闫亚林，等. 印度高等教育发展研究 [M]. 西安：西北大学出版社，2011.

杨汉清. 比较教育学 [M]. 3 版. 北京：人民教育出版社，2015.

杨洪. 印度弱势群体 [M]. 北京：人民出版社，2011.

杨鲁新，王乐凡. 北马其顿文化教育研究 [M]. 北京：外语教学与研究出版社，2021.

苑大勇. 国际高等教育协同创新与人才培养比较研究 [M]. 北京：知识产权出版社，2020.

曾向东. 印度现代高等教育 [M]. 成都：四川大学出版社，1987.

张方方，李丛. 安哥拉文化教育研究 [M]. 北京：外语教学与研究出版社，2021.

张光璘，王树英. 季羡林论印度文化 [M]. 北京：人民出版社，2009.

张弘，陈春侠. 乌克兰文化教育研究 [M]. 北京：外语教学与研究出版社，2021.

张淑兰，等. 印度 [M]. 大连：大连海事大学出版社，2018.

张双鼓，等. 印度科技与教育发展 [M]. 北京：人民教育出版社，2003.

张廷海. 印度 IT 职业教育研究 [M]. 北京：经济科学出版社，2014.

赵中建，等. 印度基础教育 [M]. 广州：广东教育出版社，2007.

赵中建. 战后印度教育研究 [M]. 南昌：江西教育出版社，1992.

郑通涛，方环海，陈荣岚. "一带一路" 视角下的教育发展研究 [M]. 广州：世界图书出版广东有限公司，2017.

中印联合编审委员会. 中印文化交流百科全书 [M]. 北京：中国大百科全书出版社，2014.

周采. 比较学前教育 [M]. 北京：人民教育出版社，2010.

朱昌利. 当代印度 [M]. 昆明：云南大学出版社，2016.

朱睿智，杨傲然. 莫桑比克文化教育研究 [M]. 北京：外语教学与研究出版社，2021.

二、外文文献

ADAVAL S B, AGRAWAL K L, ASTHANA R S, et al. An analytical study of teacher education in India[M]. Allahabad: Amitabh Prakashan, 1984.

GARY A W, JUDITH B, LAWRENCE P. International handbook of early childhood education[M]. New York: Garland Publishing, 1992.

KHAN M S. Teacher education in India and abroad[M]. New Delhi: APH Pub. Corp, 2010.

MOHANTY J. Current issues in education[M]. New Delhi: Cosmo Publications, 1992.

PATNAIK M S. Organisation and progress of teacher education in India[M]. Delhi: Indian Pub. Distributors, 2007.

PORTER M E. Clusters and the new economics of competition[M]. Boston: Harvard Business Review, 1998.

SHARMA S R. Teacher education in India[M]. New Delhi: Anmol Publications, 1992.

The International Institute for Strategic Studies (IISS). The military balance 2022[M]. London: Routledge, 2022.